Egon Erwin Kisch

Schreib das auf, Kisch!

Schreib das auf, Kisch!

Das Kriegstagebuch von Egon Erwin Kisch

Aufbau-Verlag

Mit einem Nachwort von Bodo Uhse

ISBN 3-351-01569-0

2. Auflage 1991

Einbandgestaltung Günter Lerch
Typographie Peter Birmele
Graphischer Großbetrieb Pößneck GmbH
Ein Mohndruck-Betrieb
Printed in Germany

Der Bleistift zitterte und das Herz zitterte, als dieses Manuskript entstand, das du jetzt lesen wirst.

Du bist klüger, als der Soldat war, der all das in sein Notizbuch kritzelte – sechzehn Jahre sind vergangen, Krieg und Frieden sind vergangen mit Lehren, mit Kämpfen um die Mächte und Personen, die wir damals nicht sahen, weil wir in den Schützengraben befohlen waren und auf den Schützengraben gegenüber zu lugen hatten.

Der Herausgeber K. ist mit dem Protokollführer K. nicht mehr identisch.

Die heute erfolgreichen Kriegsbücher sind ohne Zweifel weiser. Sie stellen die Tatsachen von damals auf Grund der Erfahrungen von heute dar, auf Grund der Verhältnisse und Absichten von heute.

Vor dem Resultat sah der Krieg im Grunde überall gleich aus, in den Argonnen wie vor Saloniki, in Serbien wie in den Karpaten, vor Przemysl wie vor Verdun, 1914 wie 1918, auf der sauberen ersten Seite des Notizbuchs wie auf der blutbefleckten letzten. Kriegstagebuch wie Kriegstagebuch.

In das meinige stenographierte ich ununterbrochen. Es war nicht für den Druck gedacht, hat aber dann doch, noch während des Krieges, vergebliche Versuche unternommen, aus dem Schützengraben zu dringen, um sich hörbar zu machen. Schließlich erschien ein Teil davon, und auch das ist schon viele Jahre her, bei K. André in Prag unter dem Titel „Soldat im Prager Korps“. Zur Einleitung wurde damals gesagt:

Wenn einer beim Ausheben der Deckung auf einen verdutzten Maulwurf stieß, so lachte er: „Schreib das auf, Kisch!“

Zwei stritten halb im Scherz: „Wenn du noch mal mein Handtuch benützen wirst, so schmier ich dir eine Ohrfeige, daß man dir gleich die Erkennungsmarke abnehmen kann!“ Und damit diese Warnung auch ordentlich gebucht sei, rief mir mindestens einer der Streitenden zu: „Napiš to, Kischi!“

Wenn ein Kamerad gefallen war, den alle rühmten, dann sagten sie mir: „Er war ein feiner Bursch. Schreib das auf, Kisch!“

Hatte man Rum gefaßt, ging einer auf die Latrine: „Napiš to, Kischi!“

So forderte man (ironisch und ernst) den Journalisten auf, der auch als Soldat stets die Blätter seines Notizbuches bekritzelte, und der Soldat bekritzelte immerfort die Blätter seines Notizbuches, weil man ihn (ironisch und ernst) aufforderte.

Und schließlich wurde das „Schreib das auf, Kisch!“ ein geflügeltes Wort, angewendet auch, wenn ich nicht in der Nähe war.

Nicht in Schlagworten habe ich meine Eindrücke niedergeschrieben, sondern genau in der gleichen Form, wie sie hier im Druck vorliegen. Meist mitten im Abenteuer, niemals aber später, denn vierundzwanzig Stunden nach dem Erlebnis. Während die anderen wuschen, gruben, kochten oder schliefen. Als ich dann verwundet ins Hinterland kam und meine inzwischen aus dem Stenogramm der Notizbüche übertragenen Eindrücke durchsah, versuchte ich anfangs, hier und da einen Satz zu verändern, der mir unwichtig oder falsch erschien, manchmal ein Wort einzufügen, manchmal einen Gedanken fortzulassen. Aber immer wieder mußte ich diese Korrektur beseitigen, denn sie erwies sich im weiteren Verlaufe als unlogisch und unrichtig: was mir heute falsch erscheint, war damals richtig. Und ich mußte eben das Damals gelten lassen und änderte nichts mehr.

So wird freilich der Leser dieses Protokollbuches erkennen, wie ich mich in Charakteristiken und in Voraussagen im Felde häufig getäuscht habe. Wenn man über die Tage Buch führt, dann verzeichnet man nicht bloß die geglückten Spekulationen, und wenn man die Aufzeichnungen in Druck legt, so darf man sich nicht klüger machen, als man war. So ließ ich auch die Fehler und Wiederholungen stehen. Manche Tage waren eintönig. Und doch habe ich ihren Verlauf genau verzeichnet, denn dieses Buch schreibt vor allem den gewöhnlichen Tag des gewöhnlichen Soldaten im Kriege.

Das Buch ist den Soldaten des Prager Korps gewidmet: den Freunden, die man dort unten rasch gewann und die man rasch verlor. Oft allzu rasch.

Freitag, den 31. Juli 1914.

Als zehnjähriger Junge habe ich ein Tagebuch zu führen begonnen. Wenn ich heute, da ich zwanzig Jahre älter bin und andere Möglichkeiten besitze, mich zu äußern, wieder die Führung eines Tagebuches aufnehme, so bestimmen mich dazu mehrere Gründe: das Gefühl, eine historische Zeit zu erleben, die Unmöglichkeit, die wichtigsten meiner Erlebnisse derzeit publizistisch preiszugeben, die persönlichen Ereignisse, die, im Zusammenhang mit der politischen Lage, in den letzten Tagen mich getroffen haben und die in mir die Erwartung wecken, daß ihnen weitere folgen werden.

Allerdings sind die Erlebnisse dieser letzten Tage größtenteils nur von schmerzhaft erotischer Natur, wodurch die Einleitung meiner Kriegsnotizen sozusagen den Memoiren eines Casanova von trauriger Gestalt ähneln wird.

Ich bin auf Grund der alarmierenden Nachrichten aus Binz auf Rügen am Dienstag, dem 28. dieses Monats, nach Berlin abgereist. Am Mittwoch bekam ich einen Expreßbrief meines Bruders, daß ich sofort zum Regiment abzugehen habe. Ich holte mir im k. k. Konsulat meine Beglaubigung für die Freifahrt und eine Wegzehrung von einer Mark und fünfundfünfzig Pfennigen. Meine Freundin Trude sagte mir zum Abschied, sie habe mir noch etwas zu beichten, sie möchte nicht, daß zwischen uns eine Lüge sei, wenn ich in den Krieg ziehe. Sie wollte lange nicht mit der Sprache heraus, dann gestand sie mir, sie habe einmal einen Eingriff an sich vornehmen lassen.

Um 11 Uhr 13 Minuten abends fuhr ich vom Anhalter Bahnhof nach Prag. Auf dem Bahnsteig Tausende von Menschen, die Deutschen sangen die Wacht am Rhein. Nach vielen Irrwegen, Stockungen und Verschiebungen kam der Zug endlich am Donnerstag um 11 Uhr vormittags in Prag an. Schon in Bodenbach hatte ich die gelben Plakate gelesen, darauf stand, daß sich jeder zum 8. Korps gehörige Reservist bei seinem Truppenkörper zu melden habe. Bis jetzt hatte ich geglaubt, daß man auf die Einberufung warten müsse; auch im Berliner Konsulat war mir das gesagt worden. Nun brachten mir die Plakate doppelte Post: ich werde also jedenfalls in den Krieg ziehen, möglicherweise aber noch bestraft werden, weil ich nicht schon am Sonntag bei meinem Truppenkörper eingetroffen war, dem k. u. k. Infanterieregiment Nr. 11 in Pisek, bei welchem ich Reservekorporal bin.

Vom Bahnhof fuhr ich sofort nach Hause und packte meine Sachen. So viel, daß sie ein winziges Handtäschchen füllten, das ich nur auf Ausflüge mitzunehmen pflege. Eine Zahnbürste, Kamm, Seife, vier Taschentücher, drei Hemden, zwei Unterhosen. Meine Mutter wollte mir noch eine dritte Unterhose und ein Nachthemd einpacken, aber ich lehnte ab: „Du glaubst wohl, daß ich in den Dreißigjährigen Krieg ziehe?“

Dann fuhr ich in die Vorstadt Smichow zu Klara. Ich hatte sie schon sechs Monate nicht mehr gesehen, aber statt freudig aufzuspringen, als ich eintrat, wurde sie kreidebleich. „Warum bist du so erschrocken?“ fragte ich sie. Sie war kaum imstande, mir eine Antwort zu geben, so mußte ich von neuem fragen: „Warst du mir nicht treu?“ Sie zeigte mir, ohne mich anzusehen, einen Ring, den sie an der linken Hand trug. „Du bist also verlobt?“ Sie nickte. Nach einer Weile erst begann sie zu sprechen: ich hätte ihr so selten geschrieben, ihr in meinen spärlichen Briefen immer nur zugeredet, daß sie tanzen, sich unterhalten, Ausflüge machen solle, so daß sie längst den Eindruck gewonnen habe, ich möge sie nicht mehr. Das war nun wahr und nicht wahr. Ich hatte ihr allerdings absichtlich so wenig geschrieben, damit sie sich nicht an mich gebunden fühle, damit sie ihre Freiheit habe, wenn ich mich in Berlin unterhalte. Aber insgeheim hatte ich doch geglaubt, sie würde mir auch treu bleiben, wenn sie andere Leute kennenlernen und an verschiedenen Vergnügungen teilnehmen werde.

Um 6 Uhr 20 Minuten abends ging mein Zug nach Pisek. Zu Hause aß ich zu Mittag und sprach mit meinen Brüdern, die nicht einrücken, da sie zu jenen Korps gehören, die nicht mobilisiert sind. Wir machten Witze, um Besorgnisse der Mutter zu zerstreuen, und dann fuhr ich zur Bahn. Dort drängten sich Hunderte von Reservisten um die Kasse, in ihrer Mitte ein hübsches Mädel.

Ich bot mich an, ihr die Fahrkarte zu lösen, was sie gern annahm. Wir kamen ins Gespräch, und während wir im Eisenbahnzug zusammengepfercht nebeneinandersaßen, erzählte sie, daß sie nach Pisek fahre, wo morgen ihre Kriegstrauung mit einem ins Feld abgehenden Reserveoffizier stattfinde. Sie hegte nur die Befürchtung, daß ihr Bräutigam sie nicht auf dem Bahnhof erwarten werde, da man auf dem Postamt die Absendung ihres Telegramms abgelehnt hatte und die Züge unregelmäßig verkehren. Ihre Befürchtung steigerte sich, als sie von den Mitpassagieren erfuhr, daß in Pisek die Züge in zwei Stationen halten, in „Pisek Haltestelle“ und in „Pisek Stadt“, und daß es ganz ausgeschlossen sei, dort im Hotel ein Zimmer zu bekommen, weil die Stadt voll von Offizieren und jedes Zimmer mit sieben bis acht Personen belegt sei. Nun war sie verzweifelt, so spät abends dort einzutreffen und vielleicht allein in der Stadt die ganze Nacht umherirren zu müssen, da sie doch das Haus Pisek 217 nicht finden und – fände sie es auch – ein fremdes Haus nicht alarmieren könne. Die Passagiere rieten ihr, in Příbram die Fahrt zu unterbrechen, zu übernachten und um 6 Uhr morgens weiterzufahren. Ich nahm diese Anregung auch für mich auf und erklärte, es ebenso machen zu wollen, um nicht die Nacht in den Straßen Piseks zuzubringen. In Příbram sprang ich dann mit ihr aus dem Waggon. Wir gingen in das nächste Hotel und aßen Abendbrot. Sie gewann Vertrauen zu mir, erzählte mir von ihrer langjährigen Beziehung zu ihrem Bräutigam, dem sie ziemlich kritisch gegenüberstand und den sie hauptsächlich deshalb heiraten wolle, weil er pensionsberechtigt sei. Im übrigen gewann ich aus dem Gespräch, vor allem aus ihrer Schilderung der Eifersuchtsszenen und der Vorwürfe, die ihr der Bräutigam gemacht habe, die Überzeugung, daß sie selbst nicht allzu einwandfrei sei. Ich verschob nun das Gespräch auf lustigere Basis und bestach draußen den Kellner, daß er erkläre, nur ein einziges Zimmer mit zwei Betten zur Verfügung zu haben, aber kein einziges Zimmer mit einem Bett.

Morgens um 6 Uhr fuhren wir nach Pisek. Ich begab mich sofort in die Kaserne. Hunderte von Reservisten standen im Hof, teils eingekleidet, teils noch nicht. Unzählig viele alte Bekannte. Doch wie hatten sich die meisten seit unserer gemeinsamen Dienstzeit verändert! Solche, die ohne parfümierte Schützenschnur damals die Kaserne nicht verlassen hätten und sogar in der Anordnung der Distinktionssterne Koketterie bewiesen hatten, hielten es jetzt nicht mehr der Mühe wert, sich einen herabhängenden Knopf festzunähen oder die allzulangen Ärmel einzusäumen. Sie sahen verwahrlost aus; das Zivilleben, das sie damals so ersehnt hatten, hatte ihnen übler mitgespielt als der Feldwebel. Sie waren gealtert, trugen Vollbärte und waren Familienväter geworden, und es berührte mich seltsam, als ein einstiger Kompaniekollege, der ein Riesenlausbub gewesen und mit mir monatelang im Arrest gesessen hatte, erzählte, daß er Vater von fünf Kindern sei.

Man sprach über Serbien, über den Selbstmord des Magazinoffiziers Hauptmann Thoma, von dem das Gerücht verbreitet ist, daß er sich heute wegen Unterschlagungen getötet habe. In Wirklichkeit soll das Magazin in Ordnung sein und Thoma die Tat nur aus Nervosität und Angst vor dem Rummel begangen haben.

Am Nachmittag wurde plakatiert, daß der Kaiser die allgemeine Mobilisierung angeordnet habe. Mir fiel meine Mutter ein: meine vier Brüder werden wohl jetzt einrücken müssen; mein Herzschlag stockte, als ich mir vergegenwärtigte, wie jetzt zu Hause alles in der gräßlichsten Aufregung wegen der Abreise in einen großen Krieg sei. Die Leute lasen das unheilverkündende Plakat ohne Verständnis: „Es ist gut, daß auch die anderen Länder drankommen." – „Das bedeutet, daß auch die Jägerbataillone einrücken müssen" usw.

Abends hatte ich meinen Tornister zu packen und den Mantel daraufzuschnüren. Pfui, war das eine Arbeit! Ich glaube, ich würde „im Felde" lieber erfrieren als den Mantel anziehen. Müßte ich ihn doch wieder einrollen.

Samstag, den 1. August 1914.

Ich habe den Abend bei einem Kaufmann verbracht, den ich aus der Zeit kenne, da er in Prag Funktionär der Sozialdemokratischen Partei war. Er bewirtete mich und prahlte vor seiner Frau mit seinen Beziehungen zur Literatur, wozu er mich als Zeugen anrief. Er erzählte, daß er vor drei oder vier Jahren jede Nacht mit Hugo Salus durchgebummelt und ihm in einem Bordell 20 Kronen geborgt habe; Salus habe das Geld versoffen, aber nicht zurückbezahlt. Guter Salus! Du hast wohl in deinem ganzen Leben noch nie 20 Kronen versoffen, am allerwenigsten aber ausgeliehene! – Die Frau des Kaufmanns ängstigte sich, daß ihr Mann als Landsturmmann in den Krieg ziehen werde. Er selbst bestärkte sie durch absichtlich ungeschickte Tröstungen in ihrer Besorgnis, um sich als Krieger großzutun und ihre Liebe durch Befürchtungen zu stärken. So hatte ich die mißliche Aufgabe, die Frau trösten und – um des Mannes willen – gleichzeitig hervorheben zu müssen, daß ihm Gefahr drohe.

Des Morgens faßte ich in der Kompanie mein Gewehr und die Patronentaschen. Ich hängte nun den Tornister und die übrige Rüstung um und wankte unter der Last. Dabei sind die scharfen Patronen noch gar nicht verpackt! Auch eine Legitimationskapsel, das Verbandpäckchen und ein Säckchen mit Salz erhielten wir.

Vormittags wurden wir rangiert; ich bin Flügelmann des vierten Zuges, zweites Glied, und Kommandant des vierten Schwarmes. Zwölf Leute sind meiner Führung unterstellt. Nachmittags erhielt jeder Mann zweihundert scharfe Patronen, ich als Schwarmführer nur vierzig. Ich empfinde dies jetzt als Glück, denn ich weiß nicht, wie ich diese bleierne Last zu meinen anderen Lasten getragen hätte.

In Pisek starb ein Fähnrich vom Train auf dem Marktplatz an Herzschlag. Ein Soldat von der Landwehr hat sich erschossen, ein Kadett von der Artillerie, tödlich angeschossen, liegt im Spital. Die Gattin eines Reservisten in Purkraditz ist wahnsinnig geworden. Obwohl wir solches erfahren, sind wir in bester Laune. Es ist weniger Galgenhumor als Leichtsinn und vielleicht Unkenntnis der Sachlage. Auch hier berührt sich die Wirkung der höchsten Dummheit mit der der höchsten Klugheit: was kann man Besseres tun als sorglos sein? Und es ist ein Glück, daß die gute Stimmung ansteckend wirkt. Die ausgegebenen Kaffeekonserven werden von uns an die Dorfjugend verteilt. Den steinernen Zwieback und die Fleischkonserven pakken wir in die Brotsäcke, mit dem Kommißtabak wird von den Nichtrauchern ein schwunghafter Handel getrieben. Distinktionssterne sind in Pisek nicht erhältlich, die Chargen haben sie sich deshalb mit Kreide oder Bleistift auf die Egalisierung gemalt. Hotelier Seltmann aus Prag, der eben mit dem Automobil hier angekommen ist, erzählt, daß Jaurès wegen seiner Kriegsgegnerschaft ermordet und daß der Lovčen von den Österreichern im dritten Sturm genommen worden sei. Ich kann diese Nachrichten nicht glauben.

Auf dem Markt war um 7 Uhr Vereidigung. Der Platz konnte die Menschen nicht fassen; wie in einem Heringsfaß war man gedrängt. Oberstleutnant Haluska umarmte seine alten Kompaniesoldaten, aus den Fenstern des Rathauses wurden Blumen gestreut, und jeder der armen Reservisten, die gestern verzweifelt von Weib und Kind fortgezogen sind, bezog die Kußhände der eleganten Damen nur auf sich und erwiderte sie. Als die Regimentsfahne unter den Klängen der Volkshymne auf den Platz getragen wurde, stieg die Erregung, und in der Pause zwischen den beiden Befehlen „Zum Gebet“ und „Vom Gebet“ sandte gewiß fast jeder ein Stoßgebet zum Himmel, obwohl bei den hundertfachen Wiederholungen dieser Übung auf den Exerzierfeldern niemandem jemals gesagt worden war, daß dieser Zeitraum für ein Gebet verwendet werden solle. Nach kurzer Messe las Hauptmann Turner mit Schwung, Pathos und erstaunlichem Organ den Schwur deutsch für die deutsche Mannschaft, die ihn wiederholte; dann kam der tschechische Schwur. Es war falsch organisiert, daß man nicht aus den Deutschen ein Bataillon formiert hatte, das getrennt von den anderen geschworen hätte. So stand bei jedem Schwur die Mannschaft der nichtbeteiligten Nation bedeckten Hauptes in „Ruht“-Stellung dabei. Die Worte der Schwurformel sind überdies in jämmerlichem Stil abgefaßt, die Zäsuren unsinnig, die Sprache ist phrasenhaft und geschwollen. Es folgte eine an Hand des kaiserlichen Manifestes ausgearbeitete Rede des neuen Regimentskommandanten, des Obersten Karl Wokoun, die vom Major Lašek ins Tschechische übersetzt wurde. Hierauf brachte der Oberst ein Hurra auf den Kaiser aus, die Mannschaft schwenkte die Kappen, die Offiziere zückten die Säbel, das Publikum in den Fenstern winkte mit Hüten und Taschentüchern. Nachdem noch vom Bürgermeister die Fahne mit einem rot-weißen Band geschmückt worden war, begann der Abmarsch, Blumen regnete es aus manchen Fenstern, Frauen und alte Männer im Publikum weinten, und die Erregung pflanzte sich auf die Mannschaft fort, die sich mühte, die Rührung unter Zynismen zu verbergen.

Sonntag, den 2. August 1914.

Heute nacht ist ein ehemaliger Freiwilliger des Regiments, ein Serbo-Kroate, der sich freiwillig zur Dienstleistung gemeldet hatte, unter Spionageverdacht festgenommen und verhört worden. Es wurde ihm bis jetzt nichts nachgewiesen. Um 2 Uhr nachts ist die erste Kompanie mit dem Zug über Tabor südwärts abgegangen. Wir anderen lungern vor der Kaserne herum. Die einen erzählen, daß es bestimmt gegen Rußland gehe, aber Offiziere und Bahnbeamte glauben aus verschiedenen Anzeichen schließen zu können, daß wir gegen Serbien bestimmt sind. Mittags wurde die Löhnung verteilt. Angeblich wurde ein Mann verhaftet, dessen Buckel nicht echt war, sondern ein Paket von Giften – was die Leute so erzählen! Um halb 6 Uhr abends formierten wir uns auf der Straße zum Abmarsch. Wir wurden mit Blumen beschenkt, eine alte Frau verteilte an die Soldaten broschierte Exemplare des Evangelium Johanni, und die Abschiednehmenden und die Zurückbleibenden bekreuzigten einander. Wir formierten uns in vier Kompanien (die drei anderen Bataillone sind bereits im Laufe des Tages abgegangen), der Bataillonskommandant ließ die Straße absperren und die Zivilisten verjagen, wobei er laut und erregt schimpfte, weil die Frauen sich nicht vom Anblick ihrer abziehenden Männer losreißen konnten. Die Maßregel schien mir nicht opportun und nicht unbedingt notwendig; den Reservisten traten die Tränen in die Augen, als sie ihre Frauen davongejagt sahen. Waren nicht auch die drei anderen Bataillone ohne Absperrungsmaßregeln ordnungsgemäß abgereist? Überdies kletterten einige Reservistenfrauen durch die Fenster wieder in unser Karree und brachten den Soldaten Wasser, von neuem ihre Männer unter herzzerreißendem Schluchzen umarmend.

Bis halb 12 Uhr nachts saßen und standen wir in der Einteilung. Einige Sänger hatten sich zusammengetan und ließen Choräle und Volkslieder ertönen, mehrere Soldaten spielten auf Pflanzenblättern hübsche Lieder. Manche hatten sich besoffen, die Offiziere übersahen dies im allgemeinen. Dann marschierten wir, von wenigen Menschen begleitet, durch die sternenlose Nacht an einem Teich vorbei, der matt schimmerte, zum Bahnhof.

Montag, den 3. August 1914.

Um Mitternacht stiegen wir in den Militärzug, die Waggons sahen in dieser umwölkten Nacht schwarz aus, und mir fiel ein, daß ich noch nie im Innern eines Güterwagens gewesen war. „Für 40 Männer oder 6 Pferde“ stand auf dem Waggon, dreiunddreißig Mann nahmen darin Platz, und unser Raum war knapp genug bemessen. Durch die Längsmitte liefen zwei Bänke mit gemeinsamer Rückenlehne, an den beiden Längswänden war je eine Bank, nur die Mitte des Waggons war zum Ein- und Aussteigen frei gelassen. Wir legten Gewehr, Tornister und Brotsack unter die Bank und schlossen die Augen.

Ich saß in einer Ecke, an meinen hilfsbereiten Waffenübungskameraden Wenzel Marek, Kanalarbeiter aus Pisek, gelehnt, und versuchte einzuschlafen. Aber wir drückten einander zu sehr, jede Bewegung des einen störte den anderen. Deshalb betteten wir uns auf den Boden zwischen die Mittelbank und die Bank an der Wand. Es war nicht leicht, denn auch der Boden war von Menschen vollkommen belegt. Die schweren Tornister waren in der Dunkelheit und räumlichen Beschränktheit nicht von der Stelle zu schieben – so mußte man Rumpf und Beine in die vorhandenen Lücken pressen. Aber man schlief in dieser Stellung eines Schlangenmenschen immerhin ein. Durch kleine vergitterte Fenster hoch oben im Waggon, die den Luken eines Polizeiwagens ähneln, schauten einige Piseker den Lichtern nach, die in der Stadt brannten. Sie versuchten sich zu orientieren und fragten einander trübselig, was wohl dieser oder jener Bürger, dieses oder jenes Mädchen eben machen möge.

Morgens um 7 Uhr hielt der Zug in Tabor. Dort wurden Erinnerungen anderer Natur laut. Im Vorjahr hatten wir hier im Kaisermanöver friedlich gekämpft, viele – darunter auch ich – in der Überzeugung, daß sie zum letzten Male Bajonett und Tornister trügen. Und Kommandant war der Erzherzog Franz Ferdinand gewesen.

Wir kamen an Hütten vorüber, an Wächterhäuschen und

an Dorfbahnhöfen, an Bahnschranken, Feldern; überall standen Leute am Bahndamm und segneten den Zug, Weiber rangen die Hände und schrien vor Leid. An manchen Stellen Gattinnen unserer Reservisten, sie waren herbeigekommen und hatten stundenlang den Zug erwartet (wann er kommen werde, konnte ja niemand wissen), nur um ihren vorbeifahrenden Männern ein Wort der Liebe zurufen zu können. Um 9 Uhr fand in Veseli-Mezimosti die Kaffeeverteilung statt. Der Kaffee war auf den flachen, ungedeckten Waggons gekocht worden, auf denen je drei Fahrküchen die ganze Nacht hindurch gedampft hatten – kleine Lokomotiven mitten im Eisenbahnzug. Ich verzichtete auf den elenden Kommißkaffee und wollte mir im Bahnhofsrestaurant einen besseren kaufen. Aber der Schanktisch war voll von Soldaten, die Semmeln erstehen wollten, so daß ich nüchternen Magens den Zug wieder besteigen mußte.

In Wittingau wurde wieder Station gemacht, dort erzählten uns die Leute, daß Rußland auf die befristete Anfrage über den Zweck der russischen Rüstungen mit der Kriegserklärung geantwortet habe. Die Soldaten sind sich im allgemeinen der Tragweite dieser Mitteilung nicht bewußt, die nicht viel anderes zu bedeuten scheint als einen großen europäischen Krieg, einen – Weltkrieg.

Um halb 10 Uhr waren wir in Chlumetz. Auf dem Bahnhof stand der kleine Herzog Max von Hohenberg mit der jüngsten Schwester seiner Mutter, der Gräfin Henriette Chotek, und einem jungen Geistlichen. Er sah aus, als ob er seinem Vater, dem Erzherzog Franz Ferdinand, aus dem Gesicht geschnitten wäre. Der Prinz war aus dem Schloß Chlumetz herbeigekommen, um den Generalmajor Prziborski, einen Freund des erzherzoglichen Hauses, bei der erwarteten Durchfahrt der 21. Landwehrdivision zu begrüßen. Da diese nicht kam, betrachtete er mit Interesse die aussteigenden Truppen unseres Regiments und freute sich, daß man ihn umstand. Dann bestieg er das Auto, das – man kann dies als symbolisch bezeichnen – der Geistliche lenkte. Die Offiziere und einige Soldaten riefen Hoch, und der Bub dankte im Wegfahren durch begeistertes Schwenken seiner Matrosenmütze den Truppen, die auszogen, um den Mord an seinen Eltern zu rächen.

Bei der Station Erdweiß verließen wir Böhmen und waren um halb 12 Uhr in Gmünd. Da nur den Offizieren der Besuch des Bahnhofsrestaurants gestattet war, versuchte ich zum erstenmal die Menage zu essen, ohne Erfolg. In Sigmundsherberg hörten wir von der Ermordung Poincarés und von den ersten Kämpfen an der russischen Grenze. In Eggenburg verteilten Rote-Kreuz-Damen Liköre und Aprikosen an die Offiziere, Zigaretten und Bier an uns.

Bei Tulln wurde die Donau passiert, und einige Infanteristen beugten sich aus dem Fenster, um zu sehen, wo – Belgrad liege. Mir wurde elendiglich schlecht. Mein zimperlicher Magen, das unregelmäßige Stoßen und Rattern des Güterzuges, eine Erkältung, die ich mir beim Waschen auf dem morgenkalten Bahnhof zugezogen hatte, die Unmöglichkeit, Wäsche zu wechseln, und andere Unbequemlichkeiten bewirkten, daß ich unter Kopfschmerzen erbrach, und meine Kameraden schüttelreimten: „Ihr werdet ihn noch sterben sehen, bevor wir vor den Serben stehen."

Dienstag, den 4. August 1914.

Es war 6 Uhr früh, als wir auf dem Wiener Ostbahnhof landeten. Dreißig Stunden haben wir zur Fahrt von Pisek nach Wien gebraucht. Nach einer halben Stunde ging's weiter, durch Floridsdorf, rechts und links lachte auf allen Bäumen der August mit Blüten und Früchten. Kleine Bauernhäuser nahmen sich seltsam aus angesichts der riesigen Gasanstalten, Schlote, Kuppeln und Türme im Hintergrund. Wir fuhren über Brücken, vor denen graubärtige Landstürmer mit Aufschlägen der Deutschmeister Wache hielten; sie hatten Werndlgewehre mit dem langen Bajonett und winkten uns mit den Mützen zu. Um halb 10 Uhr waren wir in Preßburg, wo Menage eingenommen wurde. Im Schaufenster der Bahnhofsbuchhandlung, in der wir ein serbisch-deutsches Konversationsbüchlein kauften, sahen wir den „Mädchenhirt“. Auch Zeitungen wurden gekauft, in denen wir den Beginn des deutsch-französischen Krieges und die Besetzung von Czenstochau und Kalisch durch die Deutschen lasen.

Viel zu schöne Mädels schenkten uns in allen Stationen Zigaretten, Schnaps, Feldpostkarten. In Nagymaros brachten uns Jüdinnen (Sommerfrischlerinnen) Blumen, Zigaretten und Obst an die Bahn und sandten uns Küsse nach, in Waizen besorgten Pfadfinder unsere Bewirtung, kurz, die Strecke durch Ungarn glich einer Via triumphalis. Diese Vorauszahlung stimmte mich trüber als die Tränen der Zurückbleibenden in Böhmen. Wird man uns verhöhnen, umjubeln oder bedauern, wenn wir zurückfahren, oder werden wir nicht mehr zurückkehren? Um 9 Uhr waren wir in Budapest, kauften dort etwas Salami und tranken Bier. Gegen halb 11 Uhr fuhren wir weiter.

Mittwoch, den 5. August 1914.

In der Nacht an Moorlandschaften vorüber, in denen sich der Mond spiegelte. Der Kompaß belehrte uns, daß unsere Fahrtrichtung die südliche ist. Also, es steht fest: wir ziehen gegen Serbien. Kukuruzkolben, Tabakstauden und Hopfenranken standen rechts und links von uns. Der ehemalige (degradierte) Korporal Valta, ein Prager Strizzi, sang Bänkel, ein Vorreiter unseres Trains, im Zivilverhältnis Zirkusartist, produzierte sich in unserem Waggon als Feuerfresser und Entfesselungskünstler, aus einem Tränkeimer holte er mit dem Munde Zwanzig-Heller-Stücke heraus. In Tomboracs, Südungarn, bekamen wir um halb 1 Uhr nachmittags Menage. In Csasvar-Masor trafen wir einen Zug mit Kadettenschülern aus Temesvár, dann Züge mit Eisenmaterial, mit Kanonen, mit Munition.

Diese kriegsgemäßen Transporte schoben sich zwischen uns und eine Landschaft von biblischem Frieden und herrlicher Fülle. Die Sonne leuchtete über die sanften Höhen, die Sonne leuchtete über die grünen Rübenblätter und roten Mohnblüten, die Sonne leuchtete über das reife Obst und über die Weinranken an den Bäumen, die Sonne leuchtete. Wird die Sonne jedoch so leuchten, wenn wir marschieren werden, so trifft uns alle der Hitzschlag.

Man fühlt nicht mehr, daß man schon drei Tage in der Eisenbahn steckt, man ist schon immunisiert gegen das Rattern, die Leute haben die Zeltblätter von Fenster zu Fenster gespannt und liegen darin wie in Hängematten, die Taschentücher müssen den Dienst von Moskitonetzen versehen, denn die Stechmücken haben keinen von uns mit ihren Stichen verschont. Niemand denkt mehr an die Wollust des Bettes daheim. In Hidas-Bonyhad wurden wir von Deutschen mit Wein bewirtet. Es waren Bewohner der Sprachinsel „Dolnaer Hütte“. Ein Riesentunnel folgte mit Lärm und Rauch, und Ruß flog uns in die Augen. In den Stationen überall deutsche Bauern und Bäuerinnen. Sie sprechen bayrische Mundart und haben schwäbische Namen, tragen schwarze Stickereien von kostbarer Schönheit.

In Moragy erzählte man uns von Spionage und Spionageverdacht, aber auf allen Waggons der Truppentransporte sind gekritzelte Aufschriften zu lesen: „Es lebe das 28. Landwehrregiment“, „Hoch die Prager Sanitätssoldaten“, „Drum san mer Landsleut, Leitmeritzer Buben“ usw.

In Bataszek menagierten wir und hörten vom Stationsvorstand, daß ein russisches Luftschiff mit zwei Offizieren gestern heruntergeschossen und die Piloten gefangengenommen worden seien. In Baja (dem alten Bajae) trafen wir mit unserem dritten Bataillon zusammen.

Donnerstag, den 6. August 1914.

An einem Zaun, an dem sich die Ranken eines Lebensbaums emporstreckten, sah ich, als der Zug abends im Freien hielt, einen Jungen, mit dem ich ins Gespräch kam. Er stand schon die zweite Nacht draußen und sah den Militärzügen nach. Volkmann Josef spricht nicht Ungarisch, aber er versteht es und kann es lesen, denn er hat es in der Schule gelernt. Deutsch kann er jedoch nicht lesen, obwohl er ein Deutscher ist, denn er hat es in der Schule nicht gelernt.

Um 8 Uhr früh fuhren wir über die starkbewachte Donaubrücke. Im Wasser standen bizarre Bäume und seltsame Inselformationen. Alles ist hier Überschwemmungsgebiet. Die Leute am Ufer trugen serbische Trachten und riefen uns in serbischer Sprache Segenswünsche auf den Weg nach. Die Brücke mündet in Erdut, alles ist bereits doppelsprachig: ungarisch und kroatisch. In Dalj ließen sich alle Soldaten auf der automatischen Waage, die am Perron stand, wiegen. Ich wog 74 Kilo ohne Ausrüstung. Wir sandten Ansichtskarten ab. Man darf nicht schreiben, wo man ist und wohin man fährt. Man darf nur schreiben: „Mir geht es gut, was macht Mariechen?" Und auch das nur auf offenen Karten. Aber alle hielten die Hände über ihr Gekritzel, damit niemand erfahre, was sie ihrem Mädel für wichtige Geheimnisse mitteilen.

England soll an Deutschland den Krieg erklärt haben, Japan an Rußland – wer weiß, ob's wahr ist.

In Neu-Dalj, einer Militärstation, 2 km von uns entfernt, sind gestern um 6 Uhr früh durch einen Zugzusammenstoß (?) zwei Militärzüge entgleist. 16 Tote und 47 Verletzte vom 62. Infanterieregiment aus Ungarn. Wir passierten auf der Weiterfahrt die Unglücksstätte, schrecklich zertrümmerte Waggons, die Puffer verbogen wie altes Blech, die Räder aufwärts gestreckt wie die Beine eines verreckten Hundes, die Wände sind Späne geworden.

Durch diese Katastrophe wird sich unser Aufmarsch um mindestens zwei Tage verzögern.

Bajaer deutsche Schnitter kamen von der Pußta Slawoniens, wo sie Erntedienste verrichtet hatten. Bosnische Reservisten, manche mit österreichischen Militärmedaillen, sahen wie Greise aus, obwohl sie höchstens vierzig Jahre alt waren.

Die Hitze ist so stark während unserer Fahrt durch die unendlichen Maisfelder Slawoniens, daß einige Ohnmachtsanfälle vorkommen und schwere Befürchtungen laut werden. Um halb 7 Uhr fallen – ein einstimmiges Gottseidank begrüßt sie – große Regentropfen in die Waggonfenster. Aber schon in Borovo an der Donau hörte es leider zu regnen auf. Um 7 Uhr abends stiegen wir in Vinkovce mit umgehängter Rüstung aus. Dann wurden wir wieder einwaggoniert und kamen um 10 Uhr abends in Zupanye an.

Nach einigen Kontrollen marschierten wir 6 km bis zum Ufer der Save bei Orasze.

Der Durst klebte unsere Zunge an den Gaumen, wir wankten auf dem Marsch unter der Tornisterlast, da wir nichts gegessen hatten und vier Tage lang durchgeschüttelt worden waren. Am Ufer rollten wir uns in unsere Zeltblätter ein und legten uns auf den feuchten Wiesen schlafen. Gegen 2 Uhr wurden wir geweckt und froren wie die Spatzen. Alle zogen sich Westen an und Leibbinden.

Wir bestiegen drei Lastkähne der Donau-Dampfschifffahrtsgesellschaft, in denen – wie Heringe eingepfercht – zweitausend Mann Unterkunft fanden. Die drei Schiffe wurden von einem Dampfer ins Schlepptau genommen und die Save aufwärts gezogen. An Bord wurde ein Soldat ohnmächtig, ein anderer von religiösem Wahnsinn befallen.

Freitag, den 7. August 1914.

Gegen halb 11 Uhr früh wurden wir, bedeckt mit Kohlenstaub und Dreck, in Jamena ausgeschifft. Wir marschierten. Die Sonne brannte wie irrsinnig, von unseren Gesichtern floß es in Bächen, unsere Hosenträger waren naß zum Auswinden, meine Unterhosen hatten sich schon vorher in der Hitze an die Haut geklebt und waren so beim Aufsteigen und Aussteigen während der Eisenbahnfahrt zerrissen worden, daß jetzt meine Haut an der Tuchhose klebte, was zum Schreien weh tat, die Strümpfe drückten, und ich spürte blutige Fußblasen. Halbtot machten wir im Dorfe Oberska nach acht Kilometern Rast, wo es wenigstens Wasser gab.

An einem orthodoxen Kirchhof vorbei, dessen Kreuze wie Scheiben zum Vogelschießen aussahen, kamen wir um halb 8 Uhr abends nach Bjelina. Wir hatten ein Nest erwartet und fanden eine Stadt mit allen Merkmalen des Orientalischen und doch auch mit vielen modernen Bauten; und inmitten der Menge verschleierter Frauen, der kleinen Mädchen in Pluderhosen und der weißbärtigen Türken, inmitten des Blumengartens von roten, grünen, weißen und blauen Fezen und Turbanen sah man elegante Dragoneroffiziere, Automobile, Generäle und derlei. Ähnlich ist es voriges Jahr im albanischen Skutari bei der Übergabe an die Mächte zugegangen, aber diese ungeheueren Massen von Militär, von einem Militär, das mit der orientalischen Umgebung durchaus kontrastiert, hatte es dort nicht gegeben. Wir wurden in einer Scheuer einquartiert und durften dann durch die Stadt schlendern. Das Rathaus ist jetzt vom Kommando des 8. Korps okkupiert.

Bei einem Kaufmann trank ich für einen Kreuzer Kukuruzbier und aß Sultansbrot – bisher hatte ich geglaubt, daß der Gauner Duko Patkovic diesen Schmarren eigens für die Märkte der Großstädte erfunden habe.

Auf dem Marktplatz steht ein Galgen, ein Pflock mit einem Nagel oben. Heute sind ein Pope und ein Student gehängt worden. In der Nacht hörten wir Schüsse, es gibt schon Vorpostengeplänkel.

Samstag, den 8. August 1914.

Vormittags fand das Begräbnis eines 73ers statt, der gestern nacht auf Feldwache erschossen worden ist. Um 4 Uhr nachmittags hörte ich das Gebet des Muezzins. Im gelben Gebetmantel sang er eine Kol Nidre-Melodie, rings um den filigrangeschnitzten Balkon des Moscheeturmes schreitend. Ich ließ mich von dem Mann auf dem Kampanile nicht zweimal einladen und begab mich sofort zum Gottesdienst in die Moschee. Dort sprach der Hodscha kroatisch darüber, daß die moslemischen Soldaten im Kriege nicht fasten müssen. Der Raum war quadratisch und mit Teppichen bedeckt. Die Moslems hielten die Hände zum Gebet ausgebreitet und bewegten rhythmisch ihren Körper.

Im Café erfuhren wir von zeitungslesenden Männern,

spaniolischen Juden, England habe wirklich den Krieg an Deutschland erklärt. Sie teilten uns auch mit, daß die Nachrichten von der Ermordung Poincarés und von der Erstürmung des Lovčen nicht richtig seien. In einem Wagen fuhr eine verwundete Serbin vorüber. Sie hatte angeblich einen Brunnen vergiftet und war dabei ertappt worden; als sie flüchtete, sandte man ihr einen Schuß nach. Ein Serbe wurde mittels Automobil ins Korpskommando eingeliefert. Er trug die Uniform eines Infanteristen unserer bosnischen Regimenter. Der Junge – er soll ein serbischer Offizier sein – hatte die Augen verbunden. In seinem Gesicht zeugte kein Fältchen von Besorgnis oder gar von Angst, obwohl ihm der Tod von Henkershand gewiß ist. Denselben entschlossenen, gleichmütigen Eindruck mußte ich von einem Komitatschi gewinnen, der in seiner tiaraartigen, schwarzen Fellmütze mit Handschellen in das Gendarmeriekommando eingeliefert wurde. So leicht, wie man sich's denkt, wird der Kampf nicht sein gegen diese zum Tode entschlossene Welt!

Man glaubt auf der Prager Grabenpromenade zu sein. Vor dem Korpskommandogebäude und dem Hotel sah man fast alle Mitglieder des böhmischen Adels: Lobkowitz, Schönborn, Thun, Windischgrätz, Schwarzenberg, Lažansky, Kolowrat, Ringhoffer.

Sonntag, den 9. August 1914.

Das Regiment marschierte etwa vier Kilometer bis zu einem freien Platz, wo eine Feldmesse abgehalten wurde. Der Divisionspfarrer hielt eine Predigt, in der er mitteilte, Papst Pius X. habe den Soldaten einen Ablaß von allen ihren Sünden gewährt. Dann wurde „Zum Gebet" geblasen. Unsere Kompanie bezog mittags den Wachtdienst. Im Militärlager, wohin wir zunächst abmarschierten, erzählten uns die Dragoner und die dort in den Baracken untergebrachten Prager Landsleute des 28. Infanterieregiments von den Verwundeten, die am Morgen von den Feldwachen in das Spital gebracht worden waren, darunter ein Infanterist mit elf Maschinengewehrschüssen und ein Zugführer, der zweimal in den Kopf getroffen wurde. Gerade werden fünf Frauen vorbeigeführt, bei denen man Anilin fand; man beschuldigte sie, daß sie damit Obst vergiften wollten, aber sie erklärten, den Farbstoff zum Färben von Wolle zu benötigen. Die Militärbehörden sind unendlich mißtrauisch, denn die ganze Bevölkerung ist hier serbophil gesinnt. Mit Serbien verbindet sie die Sprache und die gemeinsame Religion, der sie fromm angehören und deren Autonomie Gelegenheit zu irredentistischer Politik gab; drüben, jenseits von Save und Drina, sitzen die Kirchenfürsten, aus Belgrad und Schabatz kommen alle Bücher und alle Zeitungen.

Auf der Stationswache sind die Spionageverdächtigen. Ich schaute in die Arreste. In der ersten Zelle stand der junge serbische Offizier in der Bosniakenuniform, den man gestern im Auto ins Korpskommando gebracht hatte. In der nächsten Zelle waren drei zerlumpte Burschen, Ziegenhirten. Im dritten Raum war ein dunkelfarbiger Mann untergebracht, der die Uniform eines österreichischen Feuerwerkers trug. In der vierten Zelle lag auf einer Pritsche ein Mann mit langem, pechschwarzem Prophetenhaar und Christusbart. Seine Augen funkelten auf, als sich der Dekkel über dem Guckloch bewegte, und ich sah, daß sie schwarz, feurig und intelligent waren. Er dürfte ein Pope sein. Ich schaute noch in der Nacht in seine Zelle: er ging schlaflos auf und ab, während alle anderen schliefen. Der Feuerwerker ist angeblich von der Behörde gesucht worden, da sich bei der Untersuchung des Sarajevoer Doppelmordes herausgestellt habe, daß er ein Mitwisser gewesen; er war nicht zu finden, erst jetzt habe man ihn bei seinem Artillerieregiment entdeckt, wohin er bei der Mobilisierung als Reservist in der Hoffnung eingerückt war, dort nicht gefunden zu werden. In der letzten Zelle waren etwa zwölf Tschužen (so nennen wir die Landleute), darunter ein ganz alter mit weißem Vollbart, schwarzer Lammfellmütze und roten Strümpfen; auch er soll ein Anhänger des Sarajevoer Princips gewesen sein.

Im oberen Stockwerk: die Geiseln. Es sind Honoratioren

aus österreichischen Landstrichen, wo Hinterhältigkeiten gegen das Militär vorkamen. Sobald sie sich wiederholen sollten, werden die Geiseln hingerichtet – die einzigen, die an diesen Feindseligkeiten nicht direkt beteiligt sein können, weil sie eben in Präventivhaft sind. Das riecht noch stark nach Mittelalter. Die zwölf Geiseln sind teils Popen, teils europäisch angezogene und europäisch aussehende Männer, die sich sorgfältig wuschen und die Zähne putzten. Aus ihrem Fenster läßt sich alles beobachten, was im Militärlager vorgeht, und wenn sie für Serbien spionieren wollten, so können sie sich nicht beklagen: man macht ihnen die Recherchen leicht.

Ich hatte die Meldung, daß in der Nacht Bäume im Militärlager gesprengt werden würden, um Plätze zur Landung von Militärballonen zu schaffen, an die Regimentskommandos von 11 und 73 und an den Divisionär Scheuchenstuel zu bringen, damit die Truppen durch die Detonationen nicht alarmiert werden mögen. Die Meldung war auch in der Divisionskanzlei auszurichten. Auf dem Korridor hielt mich eine Ordonnanz an. Was ich hier wolle. Wir erkannten einander: es war ein Herr Stohl, dessen Schwestern die Pionierinnen des Hosenrocks und des Tango in Prag gewesen waren. Wir sprachen von besseren Zeiten, dann trat ich in die Divisionskanzlei ein. Der Oberleutnant ließ sich im Schreiben nicht stören. Ich begann meine Meldung, als er aufsprang: „Wie heißen Sie?“ Nun wiederholte sich die Erkennungsszene, die sich eben vor seiner Tür abgespielt hatte. Es war ein Oberleutnant Dr. von Schönfeld, mit dem ich viel verkehrt hatte. Schönfeld war eben aus der Kriegsschule zum Generalstab ausgemustert worden. Er erinnerte sich, daß er mich schon einmal vor zwei Jahren in meiner schäbigen Uniform als Kommißkorporal mit zwei hocheleganten Damen auf dem Graben gesehen hatte. „Der Bruder der zwei hocheleganten Damen ist Ihre Ordonnanz, Herr Oberleutnant.“ – „Wer? Der Stohl?“ Und schon rief er den Stohl herein, und wir unterhielten uns in kollegialer Gleichheit.

Montag, den 10. August 1914.

Nachts ging unser Schwarm auf Patrouille in die Umgebung des Militärmagazins und besetzte dann die Posten in dessen Innenräumen, um Automobile, Benzinlager und Stallungen zu bewachen. Die ganze Nacht war Kanonendonner zu hören, am Morgen ratterten Aeroplane durch den Äther, und auch einen Meteor sah ich fallen. Eben habe ich die ersten Leichen dieses Krieges gesehen. In der Totenkammer des Militärlagers lagen zwei Leichen auf Brettern. Einer in Infanteristenuniform des 73. Regiments, der andere nackt, beide blutüberströmt, von Projektilen durchlöchert, die Hände gefaltet, beide von unheimlichem Gelb und von Myriaden von Fliegen umschwärmt.

Ich habe Feldpostkarten gelesen, die die Leute nach Hause schrieben. Mich interessierte es, weil man ja nichts Sachliches mitteilen darf. Einer schrieb seiner Braut: „Ich ergreife den Bleistift und das Papier, um an Dich einige Zeilen zu richten. Dein inniger Gottlieb." Ein anderer: „Liebe Eltern! Mir geht es gut, Obst habe ich genug gegessen, besonders Zwetschgen, herzliche Grüße von Euerem Franz." Andere Karten, auf denen die Absender schon von blutigen Gefechten, überstandenen Gefahren und vollbrachten Heldenstückchen faseln, werden wohl nie ihr Ziel erreichen, denn die Zensur ist streng.

Am Nachmittag war dienstfrei, und ich wollte mir ein Freudenhaus ansehen, in der Erwartung, es werde irgendeinen orientalischen Charakter haben. Statt eines Harems fand ich aber die beiden tolerierten Häuser in der Račanska ulica nur als typische Bordelle von Militärlagern vor. Der Preis für einen Zimmerbesuch beträgt eine Krone und darf – Anordnung des Militärkommandos! – nicht erhöht werden. Die meisten der Frauen saßen gerade an einer langen Tafel unter einem Taubenschlag im Hof und stärkten sich mit einem Abendessen. Die Soldaten standen zu Hunderten begierig vor den Zimmern, auf den Korridoren und im Flur bis auf die Straße hinaus, unterhielten sich durch entsprechende Gespräche oder versuchten durch die

Schlüssellöcher zu gucken. Die Dirnen waren fast durchweg Magyarinnen und einige hübsche Kroatinnen. Der Kuppelwirt saß schwarzbärtig und streng hinter dem Büfett, um seinen Arm schlang sich die Binde des Roten Kreuzes ...

Einige 73er von der 1. Kompanie erzählten mir, sie hätten gestern in der Nähe des Franz-Josef-Feldes einen Zehnerjäger gefunden, dessen Kopf abgehackt und dreißig Meter weit geworfen war, beide Arme seien abgetrennt und von den Unterschenkeln die Haut abgezogen. Es habe den Eindruck gemacht, als sei er bei lebendigem Leibe geschunden worden. Wenn die Geschichte wahr ist, woran ich zweifle, so haben die Serben den armen Kerl nicht aus Lust an der Bestialität geschändet, sondern um uns vor den ersten Gefechten Entsetzen und Angst einzuflößen.

Dienstag, den 11. August 1914.

Im gestrigen Befehl waren die Nachrichten verlautbart, die wir über die Serben besitzen, die Dislokation der Hauptarmeen und der Vortruppe, daß Pavlovič das Kommando des Generalstabs an Stelle des Herzogs Putnik übernommen habe, und über angebliche Mängel der Proviant- und Munitionsnachschübe. Morgens übten wir auf dem Bjelina-Exerzierfeld das Vorrücken im Kukuruzfeld und den selbständigen Aufmarsch der Schwärme, die fast so groß sind wie unsere Kompanien im Frieden. Außerdem wurden wir über das Vorgehen gegen die Komitatschi, gegen Weiber und Kinder, welche Waffen gebrauchen, belehrt. Als wir an der Leichenbaracke vorüberkamen, sahen wir darin den Hauptmann Pokorny von den 73ern auf der Bahre; er war gestern nacht an der Drina erschossen worden. Wir marschierten bald nach Hause. Von zwei Leuten wurde mir gesagt, daß gestern ein Brief für mich eingelangt sei, aber die Tagchargen und der Rechnungsunteroffizier erklärten, von nichts zu wissen. Ich war in Besorgnis, daß der einzige Brief, den ich seit einem Dutzend von Tagen bekommen sollte, verlorengegangen wäre. Bisher hatte ich das Fehlen von Post nicht empfunden, aber jetzt, da ein Brief hier war und nicht in meine Hände kam, wurde ich ganz nervös und rannte von Pontius zu Pilatus, um nach ihm zu forschen, und ich weiß nicht, was ich für ihn gegeben hätte. Endlich – ich war bereits überzeugt, daß die Leute falsch gelesen hätten und nichts für mich eingelangt sei – übergab mir ein Soldat unseres Schwarmes den Brief, den er für mich eingesteckt und in der Tasche vergessen hatte. Er war von meiner Mutter. Sie zwang sich darin zu einem gefaßten, beruhigten Ton. Aber alle meine Brüder sind bereits Soldaten geworden, und mein seit kurzem verheirateter Bruder Wolfgang, der als Fähnrich nach Stryj eingerückt ist, dürfte bereits heute im Feuer stehen. Meine Mutter hatte einige Ausschnitte von Zeitschriften beigelegt, die sich mit meinem letzten Buch befassen und während meiner Abwesenheit erschienen waren. Sie prophezeiten mir eine Zukunft. Zukunft! Heute nacht gehen wir an die Drina.

Unserem Zug wurde die Fahne zugeteilt, dann verließen wir Bjelina. Daß dies unwiderruflich die letzte Station der Kultur und der Heimat sei, war uns allen klar, und zum erstenmal zog die Truppe in trübseliger Stimmung los. Wir sangen ein Lied, das wir im Frieden hundertmal angestimmt hatten und das heute zum erstenmal zur Situation paßte: das Lied von dem Soldaten, der fühlt, daß er niemals mehr über die Grenze heimmarschieren werde. Der Tornister war schwer, Staubwolken lagen über den Kolonnen, und Müdigkeit machte sich bald geltend. Da Hunderte von Train- und Geschützwagen die Passage erschwerten, stockte jeden Augenblick der Zug. Bei jeder Stockung warfen wir uns auf die Landstraße, obwohl wir wußten, daß das Aufstehen mit der schweren Rückenlast eine mühselige Arbeit sei.

Die vorrückenden Truppen boten ein Nocturno von gewaltiger malerischer Wirkung. Werestschagin, du Stümper! Am Himmel ein Armeekorps von Sternen, wie man es kaum je im Abendlande sieht, und von dem fast hellblauen Nachthimmel hob sich die Silhouette der kriegerischen Figuren und ihrer Gewehre und Säbel düster und bedrohlich ab; an der rechten Straßenseite war eine Böschung, auf der einzelne Leute neben ihrer Kolonne marschierten, um nicht soviel Staub zu schlucken. Von unten sahen sie aus wie Giganten unheimlichster Art.

Nach sieben Kilometer Marsch gegen Osten via Konvaluka machten wir hinter Amalijah, einem Ort hart an der Drinakrümmung, auf einem niedergemähten Kukuruzfeld halt. Vor uns schossen unsere Schwarmlinien. Wir lagen da, von Mücken belästigt. Manchmal surrten große Fliegen laut vorbei. Es dauerte einige Minuten, bis wir erkannten, daß es keine Fliegen seien, die das Surren verursachten, sondern – – Gewehrkugeln. In kurzen Intervallen pfiffen sie über unsere Köpfe hinweg. „Pzing, das war eine", lachten die Leute, „und wieder eine." – Das waren die ganzen Bemerkungen, die wir machten, und der Gefreite Hevera, der, durch die Zähne pfeifend, den Schall der Kugeln täuschend nachzumachen wußte, hatte großen Lacherfolg. Was hatte ich nicht schon über die Gefühle im ersten Kugelregen gelesen! Aber keinen von uns berührte die Feuertaufe besonders. Vielleicht nur deshalb, weil wir keinen Feind sahen und die Schüsse nicht direkt gegen uns gerichtet, sondern für die Schwarmlinie vor uns bestimmt waren. Als uns erlaubt wurde, uns in die Zeltblätter einzuwickeln, legten wir uns nieder und schliefen ein.

Mittwoch, den 12. August 1914.

Um 12 Uhr nachts wurde ich von dem Hauptmann als Ordonnanz zum Regimentskommando beordert. Ich legte mich dort auf meinen Tornister und wollte eben einschlafen, als ich vom Regimentsadjutanten geweckt wurde, um dem Bataillonskommandanten Banauch die Meldung zu überbringen, daß er nach Einstellung des Artilleriefeuers eine Kompanie selbständig für sich verwenden könne. Ich konnte den Major eine Stunde lang nicht finden und irrte auf Wegen umher, die trotz der ungeheuren Truppenzusammenziehungen menschenleer waren und wo es rechts und links hinter Hecken und Kukuruzfeldern aus zehntausend Flinten krachte. Endlich brachte ich ihm die Meldung.

Um Viertel 5 Uhr ging ein grausames Krachen los. Es war unsere Artillerie, die, um unseren Pionieren den Brükkenbau zu erleichtern, die in dem jenseitigen Gehölz versteckten Serben verjagen und die Büsche rasieren wollte. Diese eigenen Schüsse wirkten auf die Stimmung schrecklicher als die fremden. Die Pferde bäumten sich auf, die Enten und Hühner rannten wie verrückt umher. Die Ordonnanzen und Offiziersdiener sprangen von ihrem Faulbett, alles wurde nervös, der Oberst begab sich zum Divisionär Scheuchenstuel und dann weiter bis zur kleinen Drinainsel, die von der zweiten Kompanie durch eine provisorische Brücke in der Nacht besetzt worden war. Über unseren Häuptern schoben sich, unsichtbaren Riesenvögeln gleich, die Geschosse der hinter uns postierten Kanonen vorwärts. Als einmal ein Schrapnell durch die Krone eines Baumes huschte, unter dem wir standen, griff sich ein alter Generalmajor erbleichend ans Herz: „Herrgott, das Geschoß hätte leicht krepieren können! Ich gehe lieber zurück."

Übrigens trog der Instinkt nicht, der eine größere Unruhe vor den eigenen Kanonenschüssen als vor dem fremden Feuer hervorgerufen hat. Vier Schrapnelle unserer Artillerie waren zu kurz eingestellt oder platzten vorzeitig: von der vierzehnten Kompanie unseres Regiments, die gefechtsmäßig in Schwarmlinie vor den Haubitzen als Geschützbedeckung lag, wurden von eigenen Füllkugeln 21 Soldaten verletzt. Andere Geschosse unserer Kanonen krepierten in der Drina, große Wasserhosen bildend, statt am jenseitigen Ufer niederzufallen. Ordonnanzen der Infanterie rannten zurück, um der Artillerie zu melden, daß sie zu kurz schieße. Eine Batterie schob die Schuld auf die andere.

Die serbischen Schüsse verstummten, und man entsandte eine Patrouille auf das serbische Ufer. Der Generalstabshauptmann Stojan von Lasotič sprang mit dem theatralischen Ruf „Für Kaiser und Vaterland" als erster ins Wasser, um hinüberzuschwimmen. Die Patrouille gab übrigens bald die Nachricht, daß sich die Serben unter dem

Druck des Artilleriefeuers zurückgezogen hatten. Nur einige Komitatschis müssen drüben versteckt sein, denn hier und da bohrt sich eine Gewehrkugel ins Wasser oder surrt an uns vorbei. Die Pioniere begannen sofort auf großen Holzzillen, die in Lastautomobilen ans Ufer gefahren kamen, eine Brücke zu bauen. Neben uns etablierte sich die k. u. k. Feldtelefonstation. Wenn ich so jetzt nach Haus telefonieren könnte! Was wäre die Stimmung in Werfels „Interurbanem Gespräch“ gegen diese!

Wir lagerten den ganzen Morgen vor der Brücke, die die Pioniere über die Drina bauten.

Trinkwasser gab es nicht, da die zahlreichen bosnischen Schwengelbrunnen vergiftet sein sollen. Wir sandten nach Amalijah, aber in den Trinkeimern kam nur trübes, von Infusorien bevölkertes Wasser zu uns. Ich trank es durch einen blauen Nackenschützer, den ich an den Mund legte. Durch diesen Nackenschützer, der bisher auf dem Halse eines Infanteristen geklebt hatte und den nun schon der halbe Zug als Filter im Mund gehabt hatte, schmeckte das Wasser besser als Sekt.

Ich saß auf der Straße und kritzelte in diesem Notizbuch, als mich Leutnant Görner fragte, ob ich ihn schon in meinem Tagebuch verewigt habe. „Zuerst müssen Sie etwas Besonderes getan haben“, entgegnete ich. Etwa eine halbe Minute später pfiff eine verirrte Serbenkugel durch die Luft, und Leutnant Görner äußerte schnell, aber nicht erregt: „Ich bin getroffen.“ Er wies auf seinen Fuß. Wir wollten es zuerst nicht glauben, sahen aber bald darauf, daß er die Wahrheit gesprochen hatte. „Es schmerzt wie ein Peitschenhieb“, sagte Görner und humpelte in der Richtung zum Sanitätsplatz davon; er hatte seine Verwundung, die eine Heimreise bedeutet.

Um 1 Uhr mittags überschritten wir die Pontonbrücke und waren auf der ersten Drinainsel, auf serbischem Gebiet. Die südlich von dieser großen Insel gelegene Gutič Ada war schon in der Nacht von der 2. Kompanie besetzt worden. Die Insel, auf der wir in Gefechtsform als rechter Flügel des Regiments vormarschierten, ist auf der Spezialkarte nicht als Insel eingezeichnet, da die sie umgebenden und durchfließenden Drinateile als tote Arme dargestellt sind. Aber die Drina ändert jedes Jahr ihren Lauf, und so geschah es, daß wir beim Vormarsch dreimal bis an die Hüften im Wasser, von der Strömung fast umgeworfen, mit Gewehr und Gepäck von Ufer zu Ufer marschieren und dann steile Böschungen hinaufklettern mußten.

Vor einer Kutja auf der Amalijah Ada im Gehölz Osmin Sip trat ein Komitatschi, der dort gelauert hatte, plötzlich, während die 3. Kompanie vorbeimarschierte, aus dem Versteck hervor und erschoß aus einer Nähe von drei Schritten den Reserveleutnant Hugo Schulz aus Auval, mit dem ich im Frieden gedient hatte. Der Serbe wurde sofort von Kugeln durchlöchert und lag auf dem Rücken, Hände und Füße von sich gestreckt, die Augen noch im Tode offen, und es schien, als ob er lächle, weil er sein Leben gegen das eines feindlichen Offiziers eingetauscht. Die meisten Komitatschis hatten sich auf Bäumen versteckt, ließen die Truppen passieren und gaben dann von hinten auf sie Feuer, wodurch heillose Verwirrung entstand und alles gegeneinander zu schießen begann.

Ein solcher Vorfall ereignete sich um 3 Uhr nachmittags. Die Leute fühlten sich beschossen und hörten die Kugeln über ihren Köpfen pfeifen. Sie rannten wie aufgescheuchte Hühner auseinander, und ohne daß ein Befehl zum Feuern gegeben worden oder ein Gegner zu sehen gewesen wäre, schossen sie nach rechts, schossen sie nach links, nach vorne und nach hinten und verletzten in Massen eigene Leute. Unsere Kompanie, die gar nicht geschlossen war, sondern in dem dichten, unwegsamen Gehölz ungeordnet vorwärts ging, war gleichfalls nicht zu halten. Im allgemeinen waren die Leute, welche feuerten, wohl in der Minderzahl, aber sie richteten viel Unheil an. Neben mir stand ein Korporal, der ununterbrochen mit seinem Schwarmpfeifchen das Signal zum Feuereinstellen gab. Plötzlich vernahm ich einen Fall, dem ein Krachen folgte, das durch das heftige Niederfallen eines Gewehres verursacht war. Ich wandte mich nach rechts und sah den Korporal auf der Erde liegen, aus seiner Stirn spritzte ein ungeheurer Blutstrom. Eine Minute später regte er sich nicht mehr.

Es dauerte zehn Minuten, bevor endlich auf das laute Pfeifen und Brüllen der Besonneneren das Feuer ganz eingestellt war und wir weitermarschieren konnten. Auf dem Weg sah es böse aus: hier und da ein toter Serbe, aber viel mehr verwundete Kameraden vom Regiment. Das war unser erstes Gefecht.

Am Abend nach Vorrücken über die Prud-Au und Skokica Ada lagerten wir am östlichen Ende des Osmin Sip auf dem Karrenwege, der gegen Novoselo führt, mähten vor uns alle Kukuruzstauden bis zur Drina nieder und sorgten für gute Deckungen. Ich war mit den Infanteristen Šlapák und Tima als Seitenpatrouille ausgesendet worden, um den Anschluß an die bisher noch nicht bis zu uns vorgerückte 14. Kompanie zu suchen. Wir bekamen vom jenseitigen Ufer des Flusses Feuer, suchten Deckung.

Wir lagen etwa zehn Minuten hinter den Bäumen, und wenn ich meine Gefühle während dieser Zeit schildern wollte, da ich mich als Belagerter hätte fühlen müssen und beim Aufstehen von der Kugel lauernder Gegner getroffen werden konnte, vermag ich nichts anderes zu sagen, als daß mich die Landschaft entzückte. Die Sonne ging über der glitzernden Drina unter, die Laubbäume boten sich in feingeäderten Zeichnungen dar, der Sand des sonst überfluteten Drinaufers leuchtete hell wie neuer Schnee, die Birken und Weiden streckten sich gerade und stark in Turmhöhe empor. Kriechend zogen wir uns zurück und begaben uns zur Kompanie, nachdem wir wieder einen Drinaarm bis zur Brust durchschritten hatten. Zurückgekehrt wechselte ich die Strümpfe.

Wir begannen uns einen Tee zu kochen, aber bevor das Wasser zu sieden anfing, erhielten wir den Befehl zum Vormarsch. Den mühselig erschaufelten Schützengraben mußten wir zurücklassen, fünf Minuten später watete ich mit meinen reinen Strümpfen wieder durch die Drina. Dann wurde wieder Halt befohlen, aber es gab keine Ruhe. Unser

Schwarm wurde als Feldwache am Rande eines Kukuruzfeldes aufgestellt. Ohne einen Bissen gegessen zu haben (seit zwei Tagen), legte ich mich in den nassen Kleidern, meinen Kopf auf die Patronentaschen stützend, auf den hügeligen Boden und blieb so zähneklappernd, bis der Morgen tagte.

Donnerstag, den 13. August 1914.

Frühmorgens kochten wir aus Konserven und Flußwasser Kaffee. Du guter Mokka von Bjelina, wie sehnsüchtig dachten wir deiner!

Seit Bjelina begleitet uns ein schwarzer Wächterhund, der angeblich der 8. Landwehr gehört und seine Truppe verloren hat. Im Gefecht von Osmin Sip wurde er durch einen Schuß auf dem Rücken verwundet und schleicht jetzt müde und blutig hinter uns her. Wir, die wir immerfort auf österreichische und serbische Leichen und auf schrecklich verwundete Menschen stoßen, haben mit diesem Hund ein grenzenloses Mitleid. Wir wuschen seine Wunde und verbanden sie, ja einige gebärdeten sich geradezu verzweifelt über das traurige Schicksal des Tieres. Auch wenn wir an verendenden Pferden vorbeikommen, werden Rufe unwilligen Mitleids laut: „Die armen Tiere, die ohne ihren Willen in den Krieg müssen und nicht wissen, warum sich die Menschen schlagen!“ Und die Menschen?

Bis zum Nachmittag waren wir damit beschäftigt, Kukuruzfelder niederzuhauen und zu durchsuchen, um die nachfolgenden Truppen vor Überfällen aus dem Hinterhalt zu bewahren. In einer Pause äußerte einer von uns, man könnte sich Zigaretten auf Vorrat drehen. Ich wunderte mich, daß alle Leute plötzlich traurig wurden und von ihren Familien zu sprechen anfingen. Erst aus den Gesprächen wurde mir der Grund klar: keiner drehte und stopfte die Zigaretten so gut wie seine Ehefrau; die hatte ja ihre Bekanntschaft mit ihrem jetzigen Mann begonnen, als sie noch Arbeiterin der Piseker Tabakfabrik und er noch aktiver Soldat vom „Elften“ war. Nachmittags rückten wir in der Richtung gegen Lešnica vor, in den Kleidern die Drinica durchschreitend, bis zum Hals im Wasser, und dann wieder durch die gelbe Unendlichkeit der Kokorica, des Maisgebietes.

Freitag, den 14. August 1914.

Das Wasser schepperte in den Stiefeln, die Zunge war wie aus Leder, so daß nicht einmal der Rauch der Zigarette gespürt wurde. Wir hatten lange nicht geschlafen, der Feind war vor uns, und der (ärgere) Feind im Rücken war der Tornister; Müdigkeit; Gestrüpp, daß Kleider und Haut in Fetzen gingen; Brennesseln; Hunger; Kukuruz; nächtlicher Frost nach der Hitze des Nachmittags – so rückten wir gegen Lešnica vor. In den Maisfeldern platzten Minen, drei Leute unseres Bataillons wurden verletzt. Hier und da kamen wir an eine Kutja oder in ein Dorf, wo natürlich alles ausgeräumt war. Kein Lebewesen zu sehen, außer einigen Hühnern.

Gegen Viertel 5 Uhr morgens schritten wir aus unserer Stellung zur Besetzung eines Hügels, zu dessen Füßen die Stadt liegt. Kaum waren wir im Morgengrauen aufgebrochen, als aus den (wie wir später konstatieren konnten) sorgfältig ausgebauten Schützengräben der Serben Hunderte von Projektilen über unsere Köpfe sausten, jedoch ohne in meiner unmittelbaren Umgebung jemanden zu verletzen. Wir gingen vor, überschritten eine Eisenbahnstrecke, auf der wir von einem rechts von uns befindlichen Gegner Flankenfeuer bekamen, beschleunigten unser Tempo und machten hinter einer Böschung halt. Im selben Augenblick krachten die Haubitzen der Serben, und etwa hundert Schritte vor uns ging ein Sprühregen von Schrapnellkugeln nieder. Im ersten Moment erschraken wir, um so mehr als wir wußten, daß sich die Artillerie erst einschießen und mit dem nächsten Schuß unsere Schwarmlinien erreicht haben würde. Aber drei Minuten später trat Gleichmut an Stelle dieser Unruhe, und als nun unsere eigene Artillerie das Feuer zu erwidern begann, schauten wir interessiert zu, wie die Schrapnelle zunächst oberhalb des Gegners einen feurigen Punkt in die Luft setzten, aus dem dann eine

Rauchwolke und aus dieser ein Hagel niederging. Obwohl die eigenen Geschosse scharf über unseren Köpfen wie elektrische Schlitten hinsausten, empfanden wir keine Angst mehr, und als das Infanteriefeuer eingestellt wurde, dachte ich an die belanglosesten Dinge der Welt, dachte daran, daß die Offiziersdiener, deren Herren verwundet sind, jetzt schön in Bjelina spazierengehen, fragte mich, ob Frau Saftová am Obstmarkt in Prag noch so billige Pflaumen verkaufe, und schlief, den Tornister auf dem Rücken, im Kanonenfeuer ein. Rechts und links platzten die Schrapnelle, aber von unserer Kompanie wurde niemand verletzt. Unser Schlaf dauerte etwa eine halbe Stunde. Patrouillen meldeten, daß die feindlichen Gräben, die wohl nur schwach besetzt gewesen waren, geräumt worden sind.

Gegen 6 Uhr erklommen wir den Hügel (Cote 404), der teils mit Laubwald, teils mit undurchdringlichem Gestrüpp bewachsen ist, so daß man die steile Höhe nur mühsam empor konnte. Wir waren kaum oben, als das Gefecht losging. Natürlich war beim Klettern alle Einteilung verlorengegangen, und wir standen, völlig ungeordnet, etwa 150 Schritte vom Feind entfernt. Ich wurde beordert, mit einem Schwarm von 15 Leuten auf der linken Flanke rechtwinklig auf die Schwarmlinie Front zu nehmen. Als wir uns in dieser Stellung hinter den Bäumen niederwarfen, feuerten die Serben wie wahnsinnig auf uns, da wir ihnen näher waren und ein besseres Ziel boten als die im Walde liegende Hauptmacht unserer Truppe. Die Infanteristen Barbanek und Vavra erhielten Kopfschüsse und waren sofort tot, dem Gefreiten Perin wurde das Schulterblatt zerschmettert, zwei Leute trugen ihn weg. Ich riß eine Seite aus meinem Notizbuch und schrieb folgende Meldung, die ich an den Kompaniekommandanten sandte: „Haben fünf Mann Verluste in fünf Minuten. Stellung sehr gefährdet.“ Nach wenigen Minuten kam ein ganzer Zug unter Kommando des Kadetten Weiser. Der rechte Flügel der Serben bog sich nach hinten mit der Front gegen uns ab, um dem Flankenfeuer zu begegnen, aber er vermochte sich nicht mehr zu halten. Von unserer rechten Seite wurden Hurrarufe hörbar, und als nun auch wir zum Sturm vorgingen, war die feindliche Reihe bereits auf dem Rückzug.

Nun gingen wir weiter auf dem Bergrücken vor. Was Durst ist, habe ich da erfahren, man bat auf den Knien die Kameraden um einen Schluck dreckigen Wassers; sie hatten es aus einem Tümpel geschöpft, der bald leer war. Auch ich bekam von einem Soldaten ein paar Tropfen und trank sie unfiltriert. Wenn das so weitergeht, sterben alle unsere Leute an Cholera oder verdursten.

Beim Vorrücken gegen den Hügel fanden wir sechs tote serbische Soldaten, einige 15-mm-Gewehrpatronen aus Blei ohne Stahlmantel, was nach der Genfer Konvention verboten ist, massenhaft weggeworfene serbische Gewehre und Patronentaschen. Auf dem Hügel selbst, welcher das ganze Land in weitem Umkreise beherrscht und nach Bosnien bis Bjelina Aussicht gewährt, hatten die Serben eine Kanone zurückgelassen. Hauptmann von Löw, der diese Geschützposition gestürmt hatte, übergab die Kanone unserer Artillerie, die sie mit großer Mühe fortführte.

Unsere Verluste sind außerordentlich groß. Der erste Gefechtstag hat uns alle drei Bataillonskommandanten gekostet: Oberstleutnant Haluska ist tot, Oberstleutnant Hoffmann hat einen tödlichen Kopfschuß, Major Banauch ist durch Sturz vom Pferde kampfunfähig, sein Adjutant, Oberleutnant Ullrich, durch Schuß in den Unterleib und Oberleutnant Suchovsky durch Halsschuß getötet. Es ist mir schon gestern aufgefallen, wie unvorsichtig sich manche höhere Offiziere benehmen: die meisten saßen während des Marsches zu Pferde, als ob sie den Komitas ein besonders deutliches Ziel zeigen wollten. Einige trugen Feldbinden, alle Säbel, die kilometerweit blitzen.

Wir rasteten auf dem Gipfel des Hügels, um dann von oben herab Lešnica zu stürmen. Aber um 8 Uhr morgens wurde auf dem Kirchturm eine weiße Fahne gehißt, und mit den Ferngläsern konnte man beobachten, daß auch aus allen Häusern weiße Tücher herausgesteckt wurden. Wir hofften nun, in die Stadt einmarschieren und dort unter Dach und Fach nächtigen zu können. Diese Annehmlichkeit hatten aber nur die anderen Regimenter unserer Division, wir mußten noch lange weitermarschieren, bis in das Dorf Slatina. Auch hier wehten schmutzige Leintücher als weiße Fahnen aus den Fenstern. Wir führten Feldwachen auf und rasteten im Dorf. Zum ersten Male kamen wir hier mit der serbischen Bevölkerung in Berührung. Sie war sehr erstaunt, von uns zu vernehmen, daß unser Regiment aus tschechischen Soldaten bestehe, aus slawischen Brüdern. Es wurde uns nicht erlaubt, in den Häusern zu schlafen. Wir lagerten die ganze Nacht auf einem niedergemachten Kukuruzfeld.

Samstag, den 15. August 1914.

Unseren Kompaniekommandanten, Hauptmann Neseny, hatten wir seit gestern früh nicht mehr gesehen und ihn schon tot geglaubt. Erst heute erfuhren wir, daß er am Eisenbahndamm einen Schuß bekommen habe, der ihm den rechten Arm zertrümmerte.

Am Morgen fiel mir beim Waschen meine Seife in den Dorfteich von Slatina. Ich blickte ihr wehmütig nach, dem letzten Rest der Kultur. Wie sagte doch König Franz I. von Frankreich, als ihm ein Glied amputiert wurde: „Adieu mon plaisir . . .“

In Jadranska Lešnica machten wir mehrstündige Rast auf einer Wiese und badeten pudelnackt und feuchtfröhlich in einem Bächlein. Bald sah man Serben herankommen, eine furchtbare Panik entstand, einige Offiziere und Soldaten rannten nackt zu den Gewehrpyramiden, aber bald erkannte man den Anlaß der Panik: vier Serben mit weißer Fahne, ohne Gewehre, blutjunge Burschen, Überläufer. Es folgten ihnen vierundzwanzig andere serbische Deserteure nach, teils aus dem mazedonischen Neu-Serbien, teils aus dem geschlossenen bulgarischen Sprachgebiet Serbiens.

Ein geradezu tödlicher Regen ging um 5 Uhr nieder, als wir abmarschieren sollten. Die Kolonne hatte sich bereits so formiert, wie sie aus Slatina hierher abmarschiert war, ein Bataillon 73 als Flankensicherung, die restliche Brigade im Tal der Lešnica, als Tête ein Bataillon 73, unser Bataillon unter Kommando des Hauptmanns Popelak, Gebirgshaubitzen, unser II. Bataillon, schwere Haubitzen, I. Bataillon 11, Gefechtstrain und zuletzt der Bagagetrain. Als der Regen begann, der uns in der Hitze des Tages höchst willkommen gewesen wäre, rissen wir die Zeltblätter vom Tornisterdeckel und schlugen sie über den Kopf.

An ein Weitermarschieren war nicht zu denken, obwohl es heißt, daß wir am 18. August, zu Kaisers Geburtstag, Valjevo bereits erobert haben müssen und zu diesem Geschäft also nur drei Tage Zeit gelassen ist.

Die Truppe stand. Die bewegten Gruppen schienen zu Felsblöcken erstarrt. Das steinerne Heer! Die sandsteinfarbenen Zeltblätter waren über Mann, Tornister und Brotsack geworfen, über stehende, sitzende und liegende Leute. Dergleichen Formationen habe ich, wenn auch nicht so mannigfaltig, in der böhmisch-sächsischen Schweiz gesehen.

Wir haben schon viel erlebt während dieses serbischen Feldzuges, wir haben Tote, Verletzte, Häftlinge und Hinrichtungen gesehen, wir haben Strapazen, Müdigkeit, Hunger, Durst, Frost und Hitze in den vierzehn Tagen überstanden, seit wir Kleider und Stiefel nicht von unseren Leibern ziehen konnten. Aber ich glaube, wenn wir noch tausendmal Seltsameres und Grausameres erleben, nichts wird stärker in unserer Erinnerung haften, nichts werden wir je deutlicher schildern können als diesen unerbittlichen Guß. Stundenlang stand ich unter meinem Zelttuch und dachte, daß jetzt ein Serbenfranktireur den Lagerplatz beschleichen und mit einem Gewehr ein paar hundert von uns vermummten Gestalten über den Haufen schießen könnte.

Es troff durch mein zerrissenes Dach aus Zeltstoff, die Wäsche wurde naß, und die Füße standen bis zum Knöchel in einer Lache. Der Tornister zerrte nach hinten, die Füße wankten. Niederlegen konnte man den Tornister nicht, denn er wäre zu kotig, zu naß und zu schwer geworden.

Manchmal zerbrach ein Rattenkönig von Blitzen die Finsternis, und die Bäume rings um den Lagerplatz hoben sich in solchen Sekunden vom Hintergrunde ab, als ob sie Geier wären oder Furien oder riesige Hunde. Dem Einsamen unter Bataillonen von Menschen wurde fast ängstlich zumute bei diesen Lichteffekten. Auch andere kleine Beleuchtungsscherze gab es, wenn ein Leutnant mit seiner elektrischen Taschenlampe umherging, oder eine Zuglaterne zum Ausweiden eines eben mitten unter uns geschlachteten Stieres leuchtete, oder der Assistenzarzt und die Blessiertenträger sich über einen ohnmächtig gewordenen Mann beugten. Dann erblickte man unverständliche Bilder, nur Füße oder nur Hände, die sich bewegten, oder ein Gesicht auf einem riesigen Buckel – dem eingehüllten Tornister am Rücken. Bald sah es aus, als ob man in einem Heinzelmännchen-Bergwerk wäre, bald wie in der Adelsberger Grotte, bald wie in einem Weinberg.

Wiederholt versuchten wir fortzumarschieren, aber bei jedem Schritt auf der Landstraße rutschte man zwei Schritte zurück. (Das Mittel, verkehrt zu marschieren, ist in solchen Fällen problematisch.) So blieben wir. Einige legten sich auf ihre Zeltblätter, auch ich versuchte es, aber der Boden war zu naß, und mein halber Rumpf lag im Wasser. Schließlich setzte ich mich mit fünf Kameraden auf den Kutschbock der Fahrküche und dachte eine endlose, endlose Nacht lang, daß ich niemals mehr im Hotel oder im Restaurant oder im Café oder zu Hause über Bett, Heizung, Speisen, Getränke schimpfen würde, wenn ich je wieder in ein Land des Friedens käme.

Sonntag, den 16. August 1914.

Eine Kotlösung, die sich Kaffee nannte, im Magen, gingen wir um 4 Uhr früh durchnäßt auf der unwegsamen Landstraße vorwärts. Gleich rechts am Wege sahen wir eine Feldkanone und ein totes Pferd im Bach liegen; das Geschütz mit Bemannung ist gestern abend infolge des Sturmes, des Drecks und der Dunkelheit die acht Meter tiefe Böschung hinabgestürzt. Dann kamen wir zu einem Aeroplan, dessen Pilot verwundet worden und niedergegangen war. „Erbeutet von der 11./11. Kompanie“ steht mit Tintenstift auf dem weißen Aluminiumrand des Eindeckers geschrieben, dessen Steuer blau-rot-weiß ist.

Gegen halb 12 Uhr besetzten wir, die wir bisher neben der 8. Korpsartillerie vormarschiert waren, im Laufschritt die Höhe Rasuljaca. Nun wurden wir hinauf- und hinabdirigiert, bis den Leuten die Geduld riß, die seit drei Tagen nur einmal (und sehr schlecht) gegessen hatten, kein Stückchen Brot, kein Streichholz, keinen Tabak, keinen Tropfen Wasser gesehen hatten (einer gurgelte, um den Mund zu nässen, nachdem er in seine Eßschale uriniert hatte). Sie knurrten über die Führung und über die Wirtschaft, ohne sich vor dem Feldwebel und den Offizieren irgendwie zu genieren. Ja, im Gegenteil, sie verstärkten vor ihnen die Äußerungen des Unmutes. Andere Regimenter hatten ihre Fahrküchen auch auf den steilsten Hügeln mit sich, die unsrigen waren durch die Artillerie aufgehalten worden, andere Regimenter hatten Wasserfässer, wir hatten nichts.

Um 5 Uhr ging ein Gewitter nieder. Wir hatten eine Höhe der Cer-Planina, etwa eine Stunde von Milina entfernt, besetzt und standen unter dem Kommando eines 73er Oberstleutnants nordwestlich von Valjevo. Der Hügel hieß Rajin-Grob. Wir hackten uns Schanzgräben, maskierten sie mit Kukuruzstauden und erwarteten als rechte Flügeldeckung der Division den Angriff.

Friedlich lagen wir hier in einem ununterbrochenen Lärm von Geschützen und Gewehren, hatten uns schön eingegraben, als vom Oberst Wokoun der Befehl kam, man möge einen Unteroffizier samt Schwarm zu ihm entsenden. Der Befehl des Kompaniekommandanten lautete: „Schwarm Kisch zum Regimentskommando.“ Schon bevor ich mich auf den „Feldherrnhügel“ zu unserem Oberst durchfragen konnte, der auf der dem Feinde abgekehrten Lehne des Hügels Velka Glava unter einem aufgespannten Zeltdach saß, erlebte ich grauenhafte Bilder des Krieges.

Zahllose Verletzte wurden an uns vorbeigetragen, auf Tragbahren, auf dem Rücken oder von je zwei Leuten bloß auf den Händen, Stöhnende, Wimmernde, Schreiende, Zugedeckte, Blutende, Verbundene und Unverbundene, Leute, denen die Wange weggerissen war oder die Nase, Soldaten, die hinkten, und solche, die sich den blutenden Kopf mit ihrem Verbandzeug selbst verbinden wollten, und solche, deren Arm nur an einem Knochen und an Hautfetzen hing. Ein Kadettaspirant unseres Regiments war tobsüchtig geworden; vier Infanteristen führten ihn und hielten mit Mühe seine Arme fest, einer trug seinen Säbel, der Kadett aber schrie, Schaum stand vor seinem Munde, vom Augapfel war nur das Weiße sichtbar. Als er uns bemerkte, brüllte er: „Da sind die Serbenhunde", riß sich los und wollte die Scheide emporziehen, in der Meinung, daß es der Säbel sei. Wir packten ihn, und auch seine Begleiter hielten ihn schon wieder fest und führten ihn weiter. Unsere Stimmung war durch diesen Vorfall so gedrückt, daß es beim Infanteristen N. zu Verzweiflungsausbrüchen und „hochverräterischen Äußerungen" kam. Übrigens war der Kadett nicht der einzige psychisch Verletzte, den wir trafen. Ein Kanonier riß sich die Montur unter gräßlichem Schreien vom Leibe.

Beim Regimentskommando erhielten wir den Auftrag, mit den Munitionstragtieren nach Milina abzugehen, dort beim Trainpark Brot zu fassen, es den Pferden aufzuladen und nun in die Schwarmlinie den Leuten zu bringen, die seit zwei Tagen nichts gegessen hatten. Das war leicht gesagt. Schon unbeladen konnten sich die Pferde auf den steilen Seitenwegen kaum vorwärts bewegen. Jeden Augenblick kam uns ein Verwundetentransport entgegen, dem wir Platz machen mußten, obwohl unsere Aufgabe dringend genug war. Waren wir uns doch bewußt, daß unsere Kameraden in der Schwarmlinie vor Erschöpfung, hauptsächlich aber vor Hunger und Durst, halbtot sein mußten. Endlich kamen wir beim Fouragetrain an, der Trainkommandant, Hauptmann Oberdanner, war nie Proviantoffizier gewesen und bewies das, indem er völlig den Kopf verlor. Seine Tätigkeit begleitete er mit wüstem Schimpfen. Er hatte keinen Wecken Brot und wollte mich veranlassen, daß ich mit Hafer und Kukuruz, also mit Pferdefutter, wieder in die Schwarmlinie gehe, hinter der allerdings auch die Pferde der Offiziere und der Maschinengewehrabteilung hungerten. Schließlich erhielt ich zwei Kisten Zwieback und eine Kiste Kaffeekonserven. Aus einem Faß Essig machten wir in zwei Fässern je eine Mischung von drei Viertel Wasser und ein Viertel Essig, worauf wir nicht ohne Schwierigkeiten die beiden Fässer auf die kleinen Tragtiere verluden. Die Karawane ging aufwärts. Wiederholt scheuten unsere Pferde, weil sie die Last nicht zu schleppen vermochten oder weil ein totes Pferd am Weg lag. Wir Menschen waren nicht so empfindlich. Überall sahen wir Leichen unserer Kameraden, aber stumm, ruhig und eilig gingen wir weiter.

Wir kamen an einem Oberst vorbei, dem eben von einem Zugführer fünf Tschužen vorgeführt wurden. Der Adjutant des Obersten, der schwarze Aufschläge hatte, fragte den Führer: „Wer hat gesehen, daß sie geschossen haben?“ – „Der Herr Hauptmann und zehn Leute.“ – „Sie haben es bestimmt gesehen?“ – „Ja.“ Schon mußten die fünf Bauern hinter einer Böschung niederknien, und die Schüsse eines Schwarmes krachten gegen sie. Der Jüngste mochte fünfzehn Jahre alt sein.

Links von uns fiel Schrapnellhagel in das Gehölz und auf die Wiese. Wir waren so müde, daß ich glaube, auch wenn uns hier der Tod gewiß gewesen wäre, würden wir unser Tempo nicht beschleunigt haben. Plötzlich erwachten wir aus unserer Apathie, denn über unseren Köpfen blitzte ein Schrapnell, und fünfzehn Schritte vor uns sahen wir die Füllsel auf die Erde fallen, ein schreckliches Wimmern und Stöhnen erhob sich, ein Verwundetentransport, Blessierte und Blessiertenträger waren getroffen, von neuem verwundet worden oder getötet. Wir wollten auseinanderstieben, sahen aber alsbald ein, daß eine Flucht ja Blödsinn sei, da Artilleriegeschosse überall niederfallen. Schließlich kamen wir wieder vor dem Feldherrnhügel an, banden die mitgebrachten Lasten von den Tragtieren, schwärmten aus und rückten bis zu unserer Schützenreihe vor, die auf der

Kammhöhe etwa einhundertzwanzig Schritte vom Feind entfernt lag. Dort stellten wir die Kisten nieder, beluden unsere Taschen und Mützen mit Zwieback und Kaffeekonserven und liefen nun die Schwarmlinie entlang, den Leuten die Nahrungsmittel zuwerfend. Sobald unsere Hände und Taschen leer waren, mußten wir um neuen Vorrat zu den Kisten zurück. Daß sich das ganze Feuer des Gegners nun gegen uns konzentrierte – überflüssig zu sagen. Zwei Infanteristen, Burda und Novak, wurden getroffen und verletzt, die übrigen Schüsse, die fast jeden von uns trafen, bohrten sich nur in die Eßschalen oder in die Feldflaschen. Das Essigwasser konnten wir den Leuten in der Schwarmlinie nicht zubringen, so liefen sie – Durst ist stärker als Angst – selbst zu den Fässern und tranken aus der hohlen Hand ... Dann zog unser Schwarm nach Milina hinunter.

Wir kamen an einer ländlichen Ziegelei vorüber, die zu einem Spital umgewandelt worden war, Divisionssanitätsanstalt, Regimentshilfsplatz und Bataillonsverbandplatz zugleich. Ein Rummel ohnegleichen herrschte in dem langgestreckten, aber doch viel, viel zu kleinen Raum. Soldaten der Sanitätsgruppe, Bandagenträger der Infanterie, Mediziner von vier Regimentern, Assistenzärzte, Oberärzte, Regimentsärzte, Stabsärzte – alles wimmelte durcheinander, es gab keinen Überblick, Einjährig-Freiwillige-Mediziner des 2. Semesters knüpften die Enden zerrissener Stirnadern aneinander, vernähten die gefährlichsten Wunden, der Oberstabsarzt verband Streifschüsse, die Doktoren hatten nicht einmal Schürzen über ihrer Uniform, nur einer oder zwei hatten die Bluse ausgezogen und arbeiteten mit aufgeschlagenen Hemdsärmeln.

Es gab kein Stroh in dem Ziegelschuppen, der Kranke, der von den Blessiertenträgern nicht mitsamt der Bahre niedergestellt worden war, mußte auf dem nackten Tennenboden liegen. In den schmalen Gängen zwischen den Ziegelregalen kauerten zu Füßen der Liegenden Verletzte, die ihre noch unverbundene, zerschmetterte Hand betrachteten oder aufschrien, wenn jemand auf ihr von Maschinengewehrfeuer durchlöchertes Bein trat.

Man hatte einen Tisch und einen Schrank aus irgendeiner Hütte requiriert, und auf diesen Möbelstücken nahm man die schweren Operationen vor. Den Schrank hatte man umgelegt im Mittelraum untergebracht, ein narkotisierter Infanterist unseres Regiments, der vollkommen angekleidet war und dem man nur die Hose bis zur Hüfte aufgeschnitten hatte, lag darauf, und ein Regimentsarzt amputierte sein Bein oberhalb des Kniegelenkes. Auf dem kleinen Tisch, der draußen stand, wühlte ein Stabsarzt in den Eingeweiden eines gleichfalls narkotisierten Soldaten, der einen Bauchschuß erhalten hatte.

„Sparen mit dem Verbandzeug", schrie der Arzt, die Verletzten und die Blessiertenträger wurden beschimpft, wenn sie erklärten, keine Verbandpäckchen bei sich zu haben. Immerfort kamen neue Verwundete auf Gewehren, auf Feldbahren oder huckepack herbeigetragen oder schleppten sich selbst herein, die Ärzte um Hilfe anflehend.

Bäche von Blut flossen durch die engen Gänge, die zwischen den Ziegelstellagen führten, durch den betäubenden, stickigen Staub der Mauersteine. Durch den Geruch von Lehm und Blut und Schweiß und bloßgelegten Eingeweiden drangen die Schmerzensschreie, das Röcheln von Sterbenden und der Streit von Verwundeten, die um Plätze rauften.

Ich wollte meinen Freund Bergstein sprechen, der, wie mir die Mediziner sagten, schwerverwundet war. Aber es war nicht daran zu denken, in diesem Tohuwabohu menschlichen Jammers einen Schritt vorwärts zu tun.

Meine Kameraden waren beschäftigt, auf dem Abraumplatz des Lazaretts nach Schätzen zu suchen, nach einem Stückchen Brot und einer Konserve. Draußen lagen nämlich Hunderte von Brotsäcken, Tornistern, Rucksäcken, Gewehren, Patronentaschen, Feldflaschen, Mänteln, Feldspaten, Beilpicken, Säbeln, Zeltblättern, Mützen und Blusen, die man den Kranken abgenommen hatte.

Einer fand in einem Brotsack außer einem Spiel Karten eine Tafel Schokolade, die er mit seinem Nachbar, der ihn bei dem Fund gesehen, teilte. Zwei andere aßen eine kalte

Fleischkonserve, die sie in einem Patronentornister entdeckt hatten.

Sanitätssoldaten saßen draußen auf einem Berg von Tornistern und notierten nach den Legitimationskapseln die Namen der Verwundeten und der Toten in eine große, rubrizierte Liste. Hinter der Ziegelei lagen nebeneinandergeschichtet etwa einhundert Menschen – tot. Es waren die, welche erst hier oder auf dem Transport hierher gestorben waren.

Immerfort schob man in die zwei Stockwerke der Ambulanzwagen Tragbahren mit Schwerverwundeten, die Kutscher hieben auf die Pferde ein, und die traurige Fahrt ging grenzwärts, in das mobile Feldspital.

Inzwischen schlugen in unmittelbarer Nähe feindliche Artilleriegeschosse ein. Wie konnte man auch, kaum einen Kilometer Luftlinie von der vordersten Front entfernt, direkt an der Landstraße, von der die Serben genau wissen, daß sie unsere einzige Kommunikation bildet, das Lazarett einrichten! Aus dem Bach, dessen Wasser durch das ununterbrochene Schöpfen breiig und schokoladenbraun geworden war, tranken wir, indem wir uns auf die Erde legten und den Mund ins Wasser steckten. Dann füllten wir unsere Feldflaschen und zogen wieder aufwärts.

Wir wollten in dem kleinen Wald vor Milina bleiben. Wußten wir doch, daß jetzt unsere Kompanie in die Schwarmlinie gesandt werden würde. Selbst das von einem Unschlüssigen geäußerte Bedenken, der Kompaniekommandant könnte sich beim Regimentskommando nach unserem Verbleib erkundigen und dabei erfahren, daß wir nicht mehr dort seien, fruchtete nichts. Wir waren äußerst übermüdet und der Gefahr ausgesetzt gewesen, während die übrige Kompanie ruhig und kampflos als Flankenschutz in ihrer Stellung gelegen hatte. „Soll man glauben, daß wir desertiert sind! Ob wir vom Feind erschossen werden oder von den Herren mit dem Goldkragen, ist egal." Bei den Fahrküchen aber erfuhren wir, daß unsere Menage auf den Hügel geschafft worden sei, und nun waren wir hungrigen Burschen gern bereit hinaufzuklimmen.

Unterwegs hörten wir die Granaten sausen, und über den Wald, in dem wir hatten rasten wollen, fünfzig Schritte vom Trainplatz und siebzig Schritte vom großen Lazarett entfernt, krachten Sprengstücke nieder, Hunderte von Soldaten stürzten verletzt, aufgeschreckt und panikartig aus dem Wäldchen, der Train jagte davon, scheue Pferde rannten umher. Wir schauten einander an: gut, daß wir nicht unten geblieben waren.

Oben angekommen, hatten wir neue Verschanzungen zu graben, denn im Laufe des Tages war das IV. Bataillon von 73, unter dessen Kommando wir gestanden, wegdirigiert worden, so daß nur wir, als äußerste rechte Flankendekkung, und links von uns die 16. Kompanie und die Maschinengewehrabteilung den Rajin-Grob besetzt hielten. Die 16. Kompanie wurde abends gleichfalls abberufen. Unsere Vorposten gaben Feuer und verjagten den Gegner, der wohl hier eine starke Besetzung vermutete. Durch die sternenhelle Nacht flogen irdische Meteore aus den Leuchtpistolen, der Kanonendonner verhallte langsam, am Horizont wetterleuchtete es, Lichtsignale wurden gegeben – die Schwarmpfeifen der Grillen verstummten für einen Augenblick – Sternschnuppen und vereinzeltes Aufblitzen der Gewehrmündungen – Morgennebel und Kanonenruhe – man wußte nicht, wo der Friede der Natur begann und der Krieg der Menschen aufhörte. Mein Schreibtisch ist die Brustwehr der Schützendeckung.

Dienstag, den 18. August 1914.

Die Serben hatten uns umfaßt, unsere Schwarmlinien bekamen Flankenfeuer, wir mußten unsere Flügel nach hinten einbiegen, Stellungen zurücknehmen, Verletzte kamen zu Hunderten vorbei, die Artillerie der Serben war glänzend eingeschossen. Wir seien unglücklicherweise in den Artillerieschießplatz der serbischen Armee geraten, erzählten sogar hohe Offiziere. Lächerlich! Es wäre unbegreiflich, wenn die Serben, die seit sechs Jahren nur gegen Österreich zu rüsten hatten, nicht auf der Hauptzugangsstraße aus Bosnien nach Serbien (Janja-Lešnica-Valjevo) jeden Richtpunkt, jede Distanz, jede Ortschaft, jede Straße und jeden Hügel so genau kennen würden und so genau abgesteckt und eingezeichnet hätten wie auf ihrem Schießplatz. Sind sie doch hier zu Hause, und dort, wo ihr Generalstab die für Österreich günstigste Einfallstelle ausgemittelt hatte, waren ihre Geschütze am Mobilisierungstage aufgefahren. Natürlich haben hier auch Manöver und Scharfschießübungen stattgefunden. Damit mußte man rechnen, und von einem zufälligen Malheur kann keine Rede sein.

Einzeln wurden die Züge unserer Kompanie ins Gefecht eingesetzt. Unser Zug bekam den Befehl, zur Sicherung des Trains abzugehen. Aha! Ist man schon draufgekommen, daß es Wahnsinn war, den Train und die Lazarette so weit vorzuschieben? Kaum waren wir aufgebrochen, als ein neuer Befehl kam: unser Zug habe zur Sicherung der Maschinengewehrabteilung in die Schwarmlinie abzurücken. Und wieder ein neuer Befehl, woraus klar wurde, daß wir die letzte Reserve seien, da sich alle Dispositionen nur auf uns bezogen. Die Order lautete: „Dritter und vierter Zug der 15. Kompanie hat nach Rasuljača abzugehen und sich dem Kommando des Hauptmanns Kňourek zu unterstellen.“

Geschieht. Durch Schluchten mit unreifen Brombeeren, die samt Stiel und Stengel verschlungen werden, geht es auf Rasuljača zu, wo sich eine Art Bataillon formiert: 2./11. Kompanie, die halbe 15. und die IV./11. Maschinengewehrabteilung. Vorwärts über Trigonometer 426, Biljevina, Trigonometer 589 und Cote 706, Todorow Rt, wo wir gegen eine feindliche Stellung auf dem Rücken der Cer-Planina gegen Lisnija vorrücken sollen. Wir schwärmen aus. Auf Todorow Rt stößt unser Detachement auf die 5. Kompanie von 73, die unter Kommando des Hauptmanns Wagner in Schützengräben liegt.

In einen Wald auf der rechten Seite wurden Nachrichtenpatrouillen ausgesendet, von uns eine und von 73 eine. Die Patrouille des Egerländer Regiments kam mit der Meldung zurück, daß sich auf dem Rücken bei der Ruine

Trojan die Stellung der feindlichen Artillerie und eine von Infanterie (wohl eine Kompanie Geschützbedeckung) schwach besetzte Schanze befinde. Unsere Patrouille war noch nicht zurückgekehrt. Sie hatte Feuer bekommen und wehrte es ab. Um 5 Uhr nachmittags begann die Schlacht. Der Befehl lautete: „5./73. Kompanie mit Maschinengewehrabteilung und Halbkompanie 15./11. haben zur Durchstreifung der Rückenlinie in der Richtung gegen die Ruine Trojan und zur Erstürmung der vor der Ruine befindlichen Schanze vorzugehen."

Wir gingen. Formation: Schwarmlinie. Auf Schritt und Tritt fanden wir blutige Verbände, zerbrochene Feldspaten und andere Spuren eines Kampfes, auch Landwehrpatronentaschen. Hier mußte es gewesen sein, wo gestern die 21. Landwehrdivision des Generals Prziborsky vernichtet worden ist. Bald sahen wir auch tote Landwehrsoldaten. Nach zweihundert Schritten bekamen die 73er Feuer aus einem Häuschen, das kaum vierhundert Schritte entfernt war. Da wir hinter dem Hang vorrückten, sah man uns noch nicht. Wir überschritten die Höhenlinie. Nach fünfzehn Schritten ergoß sich eine Höllenflut von Schüssen gegen das welke Laub zu unseren Füßen, gegen die Bäume zu unseren Seiten, klirrend flogen Projektile gegen unsere metallenen Rüstungsteile, Aufschreie in unseren Reihen wurden hörbar – wir sprangen die fünfzehn Schritte zum Rand des Hanges zurück und begannen gegen die Serben zu feuern, von denen wir nichts sahen als einen kleinen Erdwall und das Mündungsfeuer der Flinten. Dennoch mußten unsere Schüsse drüben fühlbar geworden sein, denn die Serben zogen sich zurück, wobei wir sie eigentlich zum erstenmal zu sehen bekamen: manche krochen rückwärts, manche rannten gebückt davon, aber sie waren kaum eine halbe Minute in Sicht. Wir glaubten, daß sie sich bis zur Schanze zurückzogen, auf der sich das feindliche Geschütz bis jetzt stumm verhalten hatte. Schnell sprangen wir auf, um bei ihnen zu sein, bevor sie ihre Rückzugsstellung technisch verstärkten. Wir durchschritten ihren Schützengraben, darin zwei Tote, ein Sterbender und ein

Mann mit zerschossenem Bein lagen, der flehend die Hände in die Höhe hob: wir möchten ihn nicht erschießen. Ein Infanterist blieb bei ihm zurück, wir anderen gingen weiter vor, ohne beschossen zu werden, und hofften schon, daß die Serben zurückgegangen seien.

Aber das war nur ein Trick. Sie wollten uns anrennen lassen, und wir – wir rannten an. Ganz plötzlich prasselten Schüsse auf uns nieder. Wir sahen im ersten Augenblick keinen Gegner, aber wir wußten sofort, wo er steckte. Hundert Schritte vor uns war eine niedrige Gartenmauer, stark verwittert. Dort hatten sich die Serben Löcher in das Mauerwerk gehackt, die sie als Schießscharten benützten, oder sie hatten ihre Gewehrläufe durchs Geröll gesteckt. Jetzt konnte man die Einzelschüsse nicht mehr unterscheiden, durch die ununterbrochene Aufeinanderfolge wurde das Pfeifen der Bleigeschosse zu einer gellenden Einheit.

Rechts und links fielen unsere Leute leblos oder schreiend um, aber das allerärgste waren die Handgranaten, die vor uns und neben uns mit schrecklicher Detonation explodierten und ihre Splitter weithin auseinanderwarfen. Diese Waffe kannten wir noch nicht, sie erfüllte uns mit Grausen.

Nur eine Sekunde hatten wir gestutzt, nur eine Sekunde überlegt, ob wir flüchten sollten (wir sahen sofort, daß dies der sichere Tod wäre), nur eine Sekunde dauerte es, bevor wir uns hinter Baumstämmen und kleinen Unebenheiten des Bodens niederwarfen – aber in diesen Sekunden wurden wir dezimiert, von einer geschlossenen Schützenlinie war keine Rede mehr. Was blieb uns übrig als zu schießen, zu schießen, zu schießen?

Dann kam die kühlere Erwägung: sich selbst zu schützen. Hinter den Bäumen hoben meine Kumpane kleine Brustwehren aus. Ich hatte natürlich – was habe ich denn überhaupt? – keinen Feldspaten. Mit dem Bajonett stieß ich in den Boden, um ihn zu lockern und dann das Erdreich auszuheben und mit den Händen vor mich hin zu werfen.

Bald sah ich, daß ich mit dieser Kratzerei nicht vorwärtskomme. Fünf Schritte vor mir lag ein Toter in einer Blutlache auf dem Bauch. An der Montur erkannte ich, daß es der Infanterist Roubal war – er pflegte immer seine Hosen so kokett und sorgfältig aus den Hosenspangen hervorzuziehen, daß sie wie Pumphosen aussahen. Ich kroch zu der Leiche und schob sie, ohne sie anzusehen, wieder kriechend, zu dem dünnen Baumstämmchen, das mir bisher als Deckung gedient hatte. Der Tote lag nun quer vor dem Baumstamm, unter seinen Körper hatte ich mein Gewehr geschoben, zuerst mit der Breitseite. Als ich es umdrehte, daß das Korn nach oben lag, bäumte sich der tote Roubal ein wenig auf, und ich sah sein Gesicht: Wangen, Stirne, Augenhöhlen waren grünlich, Nase, Mund und Kinn rot von vorgequollenem Blut.

Ich begann meine Gefühle von Angst, Grauen und Verzweiflung zu betäuben, indem ich immerfort lud und feuerte. Diese Bewegungen folgten einander in immer größerer Hast, bis ich mich dabei überraschte, daß ich nur repetierte (ich beschoß die Geröllhaufen, hinter denen serbische Schützen steckten) und abzog, aber zu laden vergaß.

Nun sah ich meinen Munitionsvorrat nach. Ich hatte nur noch zwei Magazine zu je fünf Patronen. Sollte ich weiterschießen oder mir beide Patronenrahmen für einen Notfall aufheben? Ich entschloß mich zum Sparen und legte das Gewehr flach auf die Erde. Im selben Moment rutschte natürlich mein toter Beschützer Roubal auf den Boden, und schon fiel mir ein: der muß doch Patronen haben. Er lag auf dem Bauch, so daß ich nur die Hand auszustrecken brauchte, um den Patronentornister auf seinem Rücken aufzuklappen. Sechs volle Kartons waren darin.

Plötzlich ertönte ein serbisches Hornsignal, wir hielten erschreckt einen Augenblick im Schießen inne und erkannten, daß auch drüben das Feuer eingestellt worden sei. Über der Mauer wurde ein weißes Tuch geschwungen. Von drüben wurde in deutscher Sprache unser Kommandoruf geschrien: „Feuer einstellen!“ Wir schossen nicht. Aus einer Mauerluke trat ein junger serbischer Offizier heraus, ein weißes Tuch in der Hand. Er rief: „Offiziere vor.“

Hauptmann Wagner sprang auf und wollte (mir nicht sichtbar) dem feindlichen Offizier entgegengehen. Er war aber kaum zwei Schritte gekommen, als er getroffen zusammenbrach. Ich sah, wie der serbische Leutnant wieder hinter seine Deckung zurücksprang. Jetzt ging ein Taifun von Handgranaten und Flintenkugeln über uns nieder, die Mauer war zu einem Vulkan geworden, und nun begann das feindliche Geschütz uns mit Kartätschenfeuer zu bespeien. Die Äste der Bäume zerbrachen, und wir glaubten, der Wald stürze ein.

Unsere Panik war ungeheuer, der Kommandant der Maschinengewehrabteilung ließ, da seine ganze Bedienungsmannschaft verloren war, das Gewehr zurückschaffen, und das war das Signal zur allgemeinen Flucht; wir rannten wie von Furien gehetzt davon und machten erst auf dem dem Feinde abgekehrten Hang des Todorow Rt halt. – Die 73er liefen dem Hauptmann von Löw in die Arme, der gerade an der Spitze unserer 14. Kompanie zur Verstärkung heranrückte. „Halt, kehrt euch!" schrie er sie an, „das also ist das Reklameregiment! Großsprecher seid ihr, Maulhelden! Ihr singt, daß ich euch nicht fürchten würdet, wenn die Welt voll Teufel wär, und vor ein paar Serben lauft ihr bis Afrika!" Als einige 73er dennoch weiterliefen, zog er den Revolver und drohte, jeden Flüchtenden zu erschießen.

Es regnete, und Dunkelheit brach herein. Hauptmann von Löw trat mit seiner Kompanie und unserer Maschinengewehrabteilung den Vormarsch von neuem an. Er ging in den Tod . . . Die 2. Kompanie bildete Reserve, die sehr dezimierte Kompanie von 73 begab sich nach Biljevina zurück, woher sie gekommen war. Zugführer Krebs rangierte den Rest unserer Halbkompanie, zweiundzwanzig Mann, von meinem Schwarm waren nur Infanterist Sperl, der ein wenig aus der Schläfe blutete, und Marek, dessen Kopf von einem niederfallenden Ast verletzt war, in der Einteilung. Die andern fehlten. Die zurückgekehrten Verwundeten wurden auf improvisierte Tragbahren geladen, und mit diesen schweren Lasten versuchten wir bergab zu schreiten, die letzten Goten.

Ach, was war das für ein Weg! Aufwärts hatten wir ihn schon bei Tageshelle mit Mühe erklommen, jetzt in der Finsternis bergab zu gehen war fast unmöglich. Vom Weg abzuweichen und ein steiles Stück des Abhanges hinunterzurutschen gehörte zum Programm jeder Minute. Welch ein Gewitter, welch ein Sturm, welch ein Hagel, welch ein Kot auf den Wegen! Wir warfen die Tornister weg, die Gewehre der Bahrenträger nahm immer abwechselnd einer, der gerade nicht Hand anlegte, auf die Schulter. Die Eßschalen trugen wir so, daß etwas Wasser hineinregnete, denn wir hatten Durst. Aber die Hagelkörner schlugen uns die Näpfe fast aus der Hand. Korporal Hanf, ein ehemaliger Freiwilliger, lag auf der Bahre; Bauchschuß. Er fröstelte und war nicht zugedeckt. „Gib mir deinen Mantel." Nun fror ich noch mehr.

Der Marsch dauerte Stunden. Manchmal glomm etwas am Wege, und wir sprangen hinzu, in der Hoffnung, ein Zigarettenstümpfchen zu finden. Aber es waren Glühwürmchen. Die Fahrküchen hatten abends zu ihren Abteilungen zu fahren versucht. Sie lagen umgeworfen auf dem Wege, und wir stießen in der Finsternis dagegen. Wenn ein Blitz die Nacht aufhob, sahen wir Gewehre, Brotsäcke, Patronentaschen, Helme, Säbel, Mützen und Blutlachen auf dem Pfad und an seinem Rand.

Beim Lazarett von Milina machten wir halt, um unsere Verwundeten abzusetzen und auf den Morgen zu warten. Ich saß auf einem Tornisterberg, in der Ziegelei gingen die Ärzte mit elektrischen Taschenlampen und mit Instrumenten umher, ohne der Arbeit Herr werden zu können. Über zweitausend Verwundete von einer Division binnen drei Tagen. Wie viele sind tot!

Mittwoch, den 19. August 1914.

Die Armee ist geschlagen, ist auf einer regellosen, wilden, überstürzten Flucht. Wir haben die Nacht auf dem Gerümpel der Sanitätsanstalt verbracht, dem Gußregen ohne Schild preisgegeben, klappernd und nur von einer Hoffnung aufrechterhalten: daß es bloß endlich tagen möge. Aber als sich der Gesichtskreis erhellte, war das erste, was wir sahen, die in zügellosen Haufen vom Todorow Rt laufend ankommenden Soldaten unserer 14. Kompanie und unserer IV. Maschinengewehrabteilung. Dreißig Offiziere tot oder verwundet, Hunderte von Soldaten tödlich oder schwer getroffen, zwei Maschinengewehre verloren, der Rest waffenlos, rüstungslos wie wir.

Auf dem umgelegten Schrank in der Ziegelei und auf dem kleinen Tisch vor ihr hantierten die Ärzte, die die ganze Nacht nicht geschlafen hatten, amputierten Beine und Arme, trepanierten Schädeldecken, renkten Kieferbrüche ein, extrahierten Geschosse aus der Schläfe oder aus Eingeweiden. Immerfort brachte man neue Verwundete, nicht mehr auf Tragbahren, denn es gab keine mehr. Man trug sie auf Gewehren oder auf Ästen oder in Zeltblättern.

Wie eine Hyäne des Schlachtfeldes öffnete ich alle Tornister der Spitalspatienten, nach einem Hemd suchend. Es brauchte nicht sauber zu sein, nur trocken. Endlich fand ich ein vergilbtes Kommißhemd und zog es an. Es war viel zu kurz, und das nasse Tuch der Hose klebte jetzt statt des nassen Linnens an meiner Haut. In der Ziegelei, in der ich meine über und über blutende Hand verbinden lassen wollte, war ein noch beängstigenderes Gedränge als gestern. Ich sah hier auch unseren Regimentskommandanten, er hatte den Fuß verstaucht; der Oberst lag eingepfercht zwischen verwundeten Infanteristen, aber man hatte ihm eine Decke gegeben.

Gegen fünf Uhr früh bekam der Train den Auftrag, sich auf der Straße rückwärts zu verschieben. Auch die Divisionssanitätsanstalt wurde jetzt nach hinten befohlen. Die meisten Krankenwagen waren aber mit Krankenabschub unterwegs, und um einen Platz in den wenigen Wagen, die eben vorfuhren, bettelten die Patienten herzzerreißend. Wer sich halbwegs fortzuschleppen vermochte, schleppte sich fort. Denn alle wußten, daß der in Gefangenschaft geraten müsse, der sich jetzt nicht davonmache.

Die Ärzte blieben bei den nichttransportfähigen Kranken. Vom steilen Hang des Rajin-Grob, wo eben Sturmlärm gehört worden war, rannten Soldaten. Die Serben hatten unseren rechten Flügel umfaßt, und daß am linken Flügel, am Todorow Rt, gleichfalls alles verloren war, wußten wir seit heute nacht besser denn jeder andere. Auch von der Velka Glava fluteten nun die Truppen in Massen herab, zuerst die Offiziersdiener mit dem Gepäck ihrer Herren, dann alles andere, Kanonen, Generalstäbler, Stabsoffiziere, die Kompanien.

Die Flucht hatte begonnen und riß uns fort. Eine geschlagene Armee – nein, eine zügellose Horde rannte in sinnloser Angst der Grenze zu. Kutscher peitschten ihre Pferde. Fahrkanoniere spornten und schlugen die ihren, Offiziere und Soldaten drängten sich und schlängelten sich zwischen den Wagenkolonnen durch oder stapften im Straßengraben, Gruppen, in denen alle Truppengattungen vertreten waren, solche mit ziegelroten Aufschlägen auf den Blusen, solche mit dunkelgrünen und mit papageigrünen und mit milchgrauen, Landwehr, Heer, Kanoniere, Sanitätssoldaten, Sappeure.

Von allen Höhen und durch die Hecken fuhren Geschütze rücksichtslos auf die mit Wagen vollgepfropfte Landstraße und drängten sich mitten in die Wagenkolonnen, nicht achtend des Schimpfens von Kutschern und Unteroffizieren, der Befehle von Offizieren, die naturgemäß immer nur das Interesse ihrer eigenen Geschütze und Wagen vertraten.

Leute wurden überfahren, die Räder der Lafetten, der Fahrküchen, der Wagen und Kanonen verfitzten sich ineinander, Pferde bäumten sich auf und bissen einander, von den Peitschenhieben und den Anfeuerungsschreien halb toll gemacht, man konnte oft weder vorwärts noch rückwärts.

Außer diesen Stockungen, welche die eigene Sinnlosigkeit verursachte, gab es andere, für die der Serbe sorgte. Er beschüttete den ganzen Weg, auf dem unser Heer von Flüchtlingen davonjagte, mit Artilleriegeschossen. An zweitausend Schrapnellschüsse wurden während des Tages gegen uns gerichtet und platzten fast alle genau über der Straße oder wenige Schritte von ihrem Rand entfernt.

Manchmal prasselten die Füllkugeln nur auf Bagagewagen nieder und zerschlugen die Fässer, Kisten, Koffer und Verschläge, manchmal schlugen sie klirrend auf die Kessel der Feldküchen oder auf Kanonenrohre und Munitionswagen, manchmal aber wurden auch Gruppen von Soldaten getroffen, die mit Aufschreien, Stöhnen, Hilferufen oder Resignation in Sümpfen eigenen Blutes liegenblieben. Die nachfolgenden stolperten über sie.

Wurden Pferde von den Sprengstücken und Zündern erwischt, so stürzten sie mit triefendem Hals, durchbohrtem Rumpf, gebrochenen Beinen, noch lebend, in ihrem Zaumzeug zusammen. Den niederbrechenden Munitions- oder Wassertragtieren, deren Führer gleichzeitig (noch vom Zivil her) ihre Besitzer waren, schnallten diese die Gurte ab, und man sah darunter uralte Druckwunden voll von Eiter und Fliegen und Würmern, denn die faulen Maultiertreiber in Slawonien und Bosnien nehmen ihren Tieren zeitlebens die Sättel nicht ab. Waren es aber Pferde von Bagage- oder Krankenwagen, die getroffen niedersanken, dann ließen die Kutscher die Fahrzeuge im Stich und liefen davon. Wozu sich plagen, die Pferde ausspannen und den Wagen auf dem Wege schleppen? Zu retten war er ja doch nicht! Und fluchend mußten die Dahinterfahrenden das Hindernis irgendwie beseitigen oder ausweichen, was ungeheuere Arbeit und neue Stockungen gab. Mehr als zweihundert verendete oder erst traurig und langsam ohne Gnadenschuß verendende Tiere umsäumten unseren Weg.

Es war offenes Terrain, durch das wir flohen, und es gab keine Deckung vor den Schrapnellen. Wir konnten nichts tun, als – geduckt weiterlaufend – ihre Explosion über unseren Köpfen zu befürchten. Wenn ihr Flug in einem gelben Wölkchen mehr als 30 Schritte von uns entfernt seinen Abschluß fand, wenn plötzlich das Sausen in den Ton des Niederprasselns überging, so strafften wir wieder erleichtert und aufatmend unsere Körper.

Manchmal kamen wir durch Dörfer, und man konnte sich vor dem Regen von Eisenkugeln durch einen Sprung in ein Haus retten.

Aber die Augen der Ortsbewohner waren eine neue

Qual: sie, die bei unserem Vormarsch uns so haßerfüllt als den zukünftigen Mördern ihrer Gatten, Söhne und Brüder nachgesehen hatten, blickten uns nun mit offenem Hohn an, da wir, geschlagen, mit Mann und Roß und Wagen wieder aus dem Land zogen.

Die Brunnen waren ausgetrocknet, die Soldaten drangen in die Häuser und schenkten sich aus den Branntweinfässern ein. Rakjaschnaps ist klar wie Wasser, und die Leute tranken ihn wie Wasser. Nach wenigen Schritten begannen sie zu lallen, zu taumeln und fielen hin.

Jede halbe Stunde verstellte irgendein Stabsoffizier den Infanteristen den Weg: wir hatten uns auf dem Straßenrand unter Kommando eines Offiziers zu sammeln, in Schwarmlinie zu entwickeln und den Rückzug zu decken. Es kamen bei diesen schlecht organisierten Versuchen höchstens zweihundert bis dreihundert Soldaten zusammen, welche natürlich nicht imstande gewesen wären, die Straße vor einem Angriff des feindlichen Heeres zu schützen.

Man lag eine Viertelstunde lang, sah wütend die Wagen und Artilleristen auf dem Weg weitereilen, um sich in Sicherheit zu bringen, man schimpfte darüber, daß man sinnlos geopfert werde, verzehrte sich in Angst vor einem feindlichen Ansturm fünfzigfach überlegener Kräfte und besonders vor einer Umfassung, die der ganz kurzen Schwarmlinie jeden Augenblick widerfahren konnte. Wenn wir aus der Sicht eines Offiziers waren und uns die Ausrede vom Mangel an Patronen zurechtgelegt hatten, löste sich die Schwarmlinie ohne Befehl und via facti auf, und wir schlossen uns wieder der allgemeinen Flucht an.

Nur einmal, gegen Abend schon, wurde vor Lešnica ein etwas besserer Widerstand organisiert. Ein dicker Oberstleutnant-Ordonnanzoffizier (Zivilberuf: Oberstlandmarschall des Königreichs Böhmen) stand als Sperrbaum auf der Straße, lief jedem Infanteristen nach, der zu entwischen drohte, und packte ihn höchsteigenhändig. Unser Regiment sammelte sich rechts von der Straße. Es waren genug Soldaten da, aber fast gar keine Offiziere, weil diese zum Teil verwundet sind, zum Teil die Flucht auf den Wagen mitmachen, die nicht angehalten wurden. Das Bataillonskommando wurde von Leutnant Basch, die Kompaniekommandos von Unteroffizieren übernommen. Über die 40 bis 50 Leute, die offizierslos von der Fünfzehnten vorhanden waren, ergriff Zugführer Urban das Kommando. Schwarmlinie, Deckungen.

Wir sehen den Feind etwa eineinhalb Kilometer entfernt die Höhen hinabschreiten, wir feuern mit höchster Aufsatzstellung, und einige Geschütze, die hinter uns aufgefahren sind, eröffnen die Kanonade. Das bringt den wohl ohnedies erschöpften Feind zum Stehen, auch drüben fährt Artillerie auf und beginnt statt der flüchtenden Kolonnen uns zu beschießen.

So bleiben wir bis zur Nacht, richten aus angstvollen Schüssen eine Schutzmauer vor uns auf, nicht zielend, aber den Lauf halblinks haltend, damit wir nicht unsere Leute auf der Landstraße treffen.

Donnerstag, den 20. August 1914.

Die ganze Nacht ratterten die Fluchtkolonnen über die Chaussee, vor Tagesanbruch fuhren auch unsere Kanonen von dannen, und wir schlossen uns ihnen an. Bei der Kirche in Lešnica sahen wir neue Gräber, an der Kirchenwand stehen die Namen: Oberstleutnant Haluska, 11. Regiment, gefallen 15. August 1914. – Oberleutnant Ullrich, 11. Regiment, gefallen 15. August 1914. – Weiter die Namen von fünf Infanteristen und darunter: „Zehn Unbekannte des I. R. 11."

In Lešnica erfuhren wir den Rückzugsbefehl: „Bis über die Drina zurückzugehen und das Ufer bis zum letzten Mann zu halten." Ich schloß mich zwei Prager Bekannten an, und wir marschierten zusammen, Otto Weinberg, Korporal im 91. Regiment, Paul Brandfeld, Korporal im 102. Regiment, und ich, Korporal im 11. Regiment. Weinberg hatte einige Sportzigaretten, mit denen wir uns den Sitz auf einer Kanone erkauften. Da saßen wir oben und fuhren etwa fünf Stunden. Oft stockte die Fahrt, dann zog ich mein Notizbuch hervor und beschrieb den Verlauf des gestrigen Tages. Wenn wir fuhren, deklamierte Brandfeld, seines Zeichens Schauspieler, den Lärm der Schrapnelle und das Geratter der Räder überschreiend, die Rolle des Zanga aus „Der Traum, ein Leben“:

Jetzt Feinde, jetzt Brüder
Streckt der Mordstahl nieder;
Empfangen und geben
Den Tod und das Leben
Im wechselnden Tausch,
Wildtaumelnd im Rausch.
Die Lüfte erschüttert,
Die Erde zittert
Von Pferdegestampf,
Laut toset der Kampf!

Schließlich jagte uns ein Artillerieoffizier von unserem Sitz auf der Protze, und wir stapften wieder zu Fuß.

Gegen Abend überschreiten wir die Drina auf einer Kriegsbrücke, in deren Pontons schon Pioniere stehen, um sie abzubrechen. Das österreichische Ufer ist von einer Schwarmlinie Honveds besetzt. Wir ziehen weiter nach Janja, wo in einem Pflaumengarten sich das 11. Regiment vergattert, leeren Magens seit zwei Tagen, entnervt, gebrochen von den Gefechten und der Flucht.

Wie die Soldaten erzählen, die gestern serbisches Vieh nach Bjelina getrieben haben, sind die beiden Korps an unserer Seite, das 13. und 16., noch stärker geschlagen worden als wir und auf dem Rückzug begriffen. Auch andere Soldaten haben Tausende von Angehörigen dieser Korps nach Bosnien zurückfluten sehen.

Ununterbrochen äußert sich die allgemeine Depression in Verwünschungen und Verdächtigungen der Führer. „Lauter unfähige alte Esel sind unsere Generäle.“ – „Wer Protektion hat, dem wird das Schicksal von Hunderttausenden anvertraut.“ – „Das sind prachtvolle Kerle, diese Serben, sie wissen ihr Land zu verteidigen. Wenn ein Feind nach Böhmen käme, würden wir ihn auch hinausprügeln.“ – „Lauter Redls! Einer wie der andere, lauter bestochene Schufte, lauter Spione, lauter Verräter.“ Dieser Vorwurf kehrt immerfort wieder, auch von den intelligentesten Burschen ausgestoßen. Das Vertrauen in die Führung ist schon in Friedenszeiten infolge der albernen Behandlung der Affäre des Generalstabschefs Redl erschüttert worden. Wie hat man in Frankreich den kleinen Hauptmann Dreyfus, der des Verrats eines Bordereau von fünf Stücken verdächtigt war, inquiriert, bestraft, hat monatelang recherchiert, prozessiert und diskutiert, bis sich eine aufgeregte Volksmenge so heftig gegen den (vermeintlichen und nicht überwiesenen) Verräter richtete und gegen alle seine Stammesgenossen, bis Frankreich eine Revolution drohte und bis eine Gegenattacke die Klarstellung der wahren Schuldigen forderte. Beide Parteien waren sich in der Verdammung des Verrates einig, und es war ein reinigendes Gewitter: Nach jener Bewegung gab es keinen Franzosen, der nicht mit Recht davon überzeugt gewesen wäre, daß nach dieser Angelegenheit sich niemand mehr zur Fortsetzung des Verrats oder gar zu einem neuen bereit erklären würde. Österreich aber? Redl, Generalstabschef eines der wichtigsten Korps, Oberst und besonderer Vertrauensmann, wird unzweifelhaft des fortgesetzten Verrats überwiesen, und sofort drückt man ihm den Revolver in die Hand und gewährt ihm einen „ehrenvollen Tod“, nur aus Angst vor der Öffentlichkeit. Nach keinem Komplicen wird er gefragt, nicht über seine jahrelangen Beziehungen, nicht über deren Entstehung, nicht über die Mittelsmänner, nicht über die Wege und nicht über die Objekte seines Verrats verhört, und so vervielfältigten unsere weisen Militaristen den Glauben des Volkes, die Armee sei voll solcher Verräter. Und es ist selbstverständlich, daß man nach einem geschlagenen Feldzug diese Vermutung bestätigt glaubt, den Rest von Vertrauen in die Führung verliert und seinen Pauschalverdacht unverblümt ausspricht. Aber die wichtigsten Gründe für die Widerstandsunfähigkeit der Monarchie liegen tiefer.

Freitag, den 21. August 1914.

Lager in Janja. Jetzt sucht man die Fehler in der Verpflegung gutzumachen. Wir fassen ungarische Salami, eine gute Suppe, Rindfleisch, Kaffee mit Rum und Brot. Soldaten haben sich Ansichtskarten gekauft zum Andenken. Es sind nicht etwa Ansichten aus Bosnien, sondern kitschige „Künstlerkarten" mit Aufschriften wie „Oh, daß sie ewig grünen bliebe". Post wird ausgeteilt, die Offiziere studieren die Namen der Beförderten im Verordnungsblatt.

Die Namen der Adressaten von Briefen und Karten werden verlesen. „Ist tot", erschallt es jede Weile beim Namensaufruf, und alles ist still. Der Tagskorporal steckt den Brief in die Tasche, den Brief, in dem eine Mutter, eine Geliebte, eine Gattin geschrieben hat, wie bange ihr sei und wie sehnsüchtig sie den Augenblick des Wiedersehens erwarte.

Mittags wurde es düster: Sonnenfinsternis. Eine endlose Kolonne von Verwundetenwagen des 15. Korps kam an uns vorbei. Honvedsoldaten eskortierten etwa fünfhundert Gefangene, größtenteils Komitatschis und nur wenige serbische Soldaten.

Wir schlenderten durch die Stadt. Ärmliche, mitteleuropäische Kleinhäuser, orientalisches Leben, Betondamm am Flußufer, alter Moslemin waschen ihre wunden Füße und Augen, über heißen Metallformen werden Feze geglättet, Bäckereien mit offenem Herdfeuer im Ladenfenster, ein uralter Schmied, Männer, Kinder mit verschränkten Beinen, Rasierstuben, in denen noch Bilder vom Sultan hängen, als ob es weder Okkupation noch Annexion gegeben hätte. Da ich an der 1. Kompanie vorbeikomme, bei der ich im vorigen Jahr zugeteilt und als ihr Schalksnarr während der Taborer Kaisermanöver beliebt war, höre ich Ausrufe der Überraschung und kann diese erstaunte Begrüßung nicht verstehen, denn ich habe meine vorjährigen Kumpane bereits wiederholt während des Feldzuges gesehen. „Warum wundert ihr euch so?" – „Einige haben behauptet, daß sie dich tot am Weg liegen sehen haben. Hallo, Lenor, du hast ja auch gesagt, daß du den Korporal Kisch als Leiche gesehen hast." Lenor wird rot, er hatte die kleine Sensation weiterkolportiert und mit grausamen Details ausgeschmückt. „Ich hätte geschworen, daß du es warst", beteuert er. „Der Tote hatte zwar ein ganz verstümmeltes Gesicht, von Füllkugeln zerrissen, aber ich hätte geschworen, daß du es bist."

Samstag, den 22. August 1914.

Am Morgen meldeten sich etwa vierzig Leute der Kompanie zur Marodenvisite. Alles hat Diarrhöe, Magenkatarrh und Brechreiz. Ob es vom Kaffee kommt oder ob der Magen, der Nahrungsaufnahme längst entwöhnt, durch das Brot und die Menage kaputtgegangen ist, wird diskutiert, oder ob das nicht durchgelegene Fleisch des eben geschlagenen Viehs, das nasse Bett aus Gras, die heimtückische Kälte der bosnischen Nächte daran schuld sind.

Die Mediziner sind der Meinung, daß es sich wohl um eine Ruhrepidemie handelt, aber sie haben keine Mittel, um sie einzudämmen. Das Fläschchen Opium, das ihnen zur Verfügung steht, reicht kaum für den Bedarf der erkrankten Offiziere aus. Ich presse die Zähne zusammen, um vor Schmerz nicht zu brüllen, und begehe einen Kameradschaftsdiebstahl: ich öffne einen fremden Tornister und stehle daraus eine ärarische Leibbinde, die der Mann auf seinem Rücken von Pisek bis nach Serbien geschleppt hat, um für den bewußten Krankheitsfall gerüstet zu sein. Es wird mir nicht besser, und nach und nach werden alle Kameraden von Bauchschmerzen befallen und scheißen Blut. Das Lager hat sich in eine einzige Latrine verwandelt. Es zirkuliert der Vers:

An der Drina, an der Drina
Herrscht die rasche Katharina.

In diesem Epidemielager wurden die Kompanien neu geordnet. Die unsrige ist derart zusammengeschmolzen, daß wir als vierter Zug der 16. Kompanie zugewiesen werden. Am Abend wurde mir so schlecht, daß ich mich, von Erbrechen befallen, in Krämpfen auf dem Boden wand.

Krank kroch ich in das Zelt, in dem schon alle Leute meines Zuges schliefen. Diese Leinwandpyramide von acht Meter Länge und eineinhalb Meter Breite, in der mehr als dreißig Menschen auf nacktem, nassem Grasboden aneinandergepreßt schliefen, ist das primitivste Massenquartier, das ich je in der Welt gesehen. In der Nacht wollte ich hinaus, aber ich konnte es nicht übers Herz bringen, alle Schläfer um meinetwillen zu wecken. Schließlich hob ich einen Zeltpflock aus dem Boden und entfloh durch die gelockerte Seitenwand. Die ganze Nacht goß es in Strömen.

Sonntag, den 23. August 1914.

Das ist der Tag der Gerüchte: In Madrid finden Friedensverhandlungen statt, das 13. Korps sei zertrümmert, die beiden anderen Korps aus Serbien nach Rußland dirigiert worden, in der 1. Kompanie grassiere der Flecktyphus usw., usw. Tatsache ist, daß unser Brot infolge des nassen Bodens, auf dem die Brotsäcke liegen, über und über mit Schimmelpilzen bedeckt ist. Tatsache ist weiter, daß die Geschäfte in Janja geschlossen sind, weil heute Sonntag ist; das taten die orientalischen Händler natürlich bloß aus alter Gewohnheit und aus Dummheit, aber man hätte ihnen von Amts wegen sagen sollen, daß die Vorschrift der Sonntagsruhe für den Krieg nicht gilt. Richtet sie sich doch bloß gegen die Soldaten.

Montag, den 24. August 1914.

Heute bauten wir Schanzgräben gegen Artilleriefeuer. Natürlich werden die mit morschem Holz überdeckten Gräben einen Schmarren gegen Schrapnellhagel helfen.

Nachts war Alarm auf Grund irgendeiner beunruhigenden Meldung. Aber man durfte sich wieder schlafen legen. Die Leute fluchten, daß man sie grundlos aus den Zelten gejagt hatte. Wie hätten sie erst geflucht, wenn es nicht grundlos gewesen wäre.

Dienstag, den 25. August 1914.

Wir froren alle in unserem Zelt, aber die Leute, die ihren Mantel am Tornister festgeschnallt hatten (ich habe keinen Mantel mehr), wären lieber zu Eis erstarrt, bevor sie sich am Abend die Mühe des Auseinanderrollens und am Morgen wieder die des Zusammenrollens gemacht hätten.

Wir hatten uns auf Grund der Manövererfahrung, ohne daß man gerade an Stendhals Waterlooschilderung oder wenigstens an Wallensteins Lager dachte, vorgestellt, daß uns Marketenderinnen oder Marketender begleiten würden. Leider war dies nicht der Fall. Nur hier in der Janja tauchen bosnische Weiber auf und bieten zu niedrigem Preis Zwetschgen feil. Wir haben Geld, die Pflaumen sind süß, aber wir sind bauchschmerzbefallen und dürfen sie nicht kaufen.

Heute wurde die erste Verlustliste fertiggestellt. Wir haben 69 Offiziere und Offiziersaspiranten, das sind 71 Prozent, und über 1000 Mann, das sind 25 Prozent der Mannschaften, in einer Gefechtswoche verloren. 23 Offiziere sind tot, darunter 6, die eben aus der Kadettenschule ausgemustert und direkt in den Krieg gesandt worden waren. Allgemein glaubt man, daß für unser Regiment unter solchen Umständen der Krieg beendet ist. Man wird uns wohl nach Pisek zurücksenden.

Selbst die belanglosesten Mitteilungen auf Feldpostkarten werden von der hochwohllöblichen und infalliblen Zensur der Rechnungsoffiziere nicht zur Beförderung zugelassen. Geheimhaltung aller Nachrichten ist gewiß nötig, aber die Serben wissen doch genau, wen sie vor sich hatten, finden doch Bajonette und Gewehre mit den Nummern unserer Regimenter, finden doch Monturstücke mit den Paroli unserer Korps, und selbst wenn sie daraus nichts ermitteln könnten, so fänden sie in den Legitimationskapseln der Verletzten, Toten und Gefangenen, in den Namenszetteln der zu Tausenden aufgefundenen Uniformstücke, Tornister und Brotsäcke viel mehr, als Spione je erzählen können. Die Mitteilungen unserer Feldpostkarten würden sie also gar nicht interessieren, selbst wenn sie ihnen zugänglich wären. Die einzigen, die nicht einmal erfahren dürfen, daß wir in Serbien sind, sind unsere Angehörigen.

Ich ging mit dem 4. Bataillon um 3 Uhr auf Feldwachen an die Drina. Nach einer Stunde waren wir an Ort und Stelle. Wir Schwarmführer gingen mit unserem Zugkommandanten und dem Hauptmann von 73, dessen Bataillon wir ablösten, zu den Befestigungen. Der Abend war von atemraubender Schönheit, die Kukuruzfelder waren von der noch nicht ganz verschwundenen Sonne vergoldet, und die Silhouetten des Ahornlaubes und der Kastanienzweige hoben sich schwarz vom Hintergrund ab. Die Birkenstämme leuchteten silbern durch den Abend, die Drina floß schnell und glitzernd an Gras, Schaumkraut und Löwenzahn vorbei, und die Landschaft war wie das Paradies. Längs der Drina verlaufen Schanzgräben. Quer darein haben unsere Pioniere Traversen gegen Flankenfeuer eingebaut.

Mittwoch, den 26. August 1914.

Im Regimentsbefehl wird verlautbart, daß an der russischen Grenze bei Sokal am 23. dieses Monats ein großer österreichischer Sieg erfochten und tausend Russen gefangen wurden. Wir waren schon nahe daran, uns mit der völligen Impotenz Österreichs abzufinden.

Unter einem weitverzweigten Kirschbaum, nahe beim Hauptposten, lag ich heute nacht. Im Halbschlaf huschte so etwas wie ein erotischer Gedanke durch meine Sinne. Es war die erste Regung dieser Art, und so deplaciert sie hier war, so schnell mußte sie auch verschwinden. Übrigens sind dergleichen Gefühle auch bei den anderen verstummt, man hört keine frivolen Scherze mehr, die große Sehnsucht nach baldigem Frieden scheint ihren Hauptgrund in dem brennenden Verlangen nach einem guten Schweinsschlegel und vor allem nach Piseker oder Smichower Lagerbier zu haben, wenn man den Reden der Leute glauben darf. Von Frau und Kind sprechen sie jetzt schon viel seltener.

Die Köche, die in Bjelina einkaufen waren, bringen das

Gerücht mit, daß Italien an Österreich die Forderung gestellt habe, von Serbien abzustehen.

Der Nachmittag brachte Abwechslung in unser Lageridyll. Ein nackter Mann kam atemlos zu uns gelaufen und sank zu Füßen unseres Oberleutnants nieder, wie der Neger Freitag vor Robinson. Er stöhnte und gewann erst nach und nach die Sprache wieder. Dann erzählte er, daß er vor zwei Stunden in einer Zille eine Patrouille der 13. Kompanie unseres Regiments über die reißende und breite Drina nach Serbien übergesetzt habe. Nun wollte die Patrouille wieder herüber, und unser Nackter – er lag, während er erzählte, auf dem Boden – und der Infanterist Wintera von meinem Schwarm waren hinübergerudert, um sie zu holen. Unterwegs aber hatten sie mörderisches Feuer bekommen, unser Mann war in die Drina gesprungen, hatte sich darin seiner Montur und Waffen entledigt und war unter Wasser ans Ufer geschwommen.

Wenige Minuten nach diesem ersten Berichterstatter kam Wintera mit durchschossenem Arm an. Er hatte sich mutiger benommen. Trotz der schweren Wunde hatte er den Kahn durch Feuer und Wasser zu einer Sandbank gerudert, um unser einziges Überschiffungsmittel nicht in die Hände der Serben gelangen zu lassen. Erst als das Boot angelegt und befestigt war, sprang er ins Wasser und schwamm mit dem verwundeten Arm in Kleidern zu uns. Der arme Kerl, der schon auf dem Rajin-Grob einen Schrapnellsplitter ins Gesicht bekommen hatte und davon noch immer geschwollen ist, wurde gleich verbunden, und der Oberleutnant verfaßte einen Antrag, ihm die Tapferkeitsmedaille zuzuerkennen. Der Rest des Tages war damit ausgefüllt, den Kahn von der Sandbank zu uns zu bringen, was gelang. Aber die viermaligen Anstrengungen, die Patrouille der 13. Kompanie herüberzuschaffen, die des Schwimmens nicht kundig war, gelangen nicht. Das Kanu war schlecht, die Strömung stark, der Fluß breit, und die Serben feuerten intensiv auf das Boot. Zum Glück wußten sie aber nicht, daß die fünf Leute von der 13. Kompanie drüben sind. Sie hatten sich dort eingegraben und mußten bis zum Abend warten, bis die Pioniere kamen und sie übersetzten.

Donnerstag, den 27. August 1914.

Das Schießen verstummt heute nicht. Bald taucht drüben eine serbische Patrouille auf und bekommt Feuer von uns, bald werden unsere Patrouillen von drüben beschossen. Eben bringt man einen Schwerverletzten von der 14. Kompanie vorüber.

Freunde vom 3. Bataillon haben mir durch eine Verbindungspatrouille die Neue Freie Presse vom 20. dieses Monats geschickt. Japan hat an Deutschland ein Ultimatum gestellt, und der Papst ist gestorben. Ich glaube, beides ist für uns derzeit gleich unwichtig, wenigstens läßt es mich kalt.

Mich bewegen viel größere Sorgen. Mit Lebensgefahr habe ich mein letztes Taschentuch in der Drina ausgewaschen und zum Trocknen an einen Strauch gehängt. Als ich es holen wollte, war es weg. Was soll nun weiter werden?

Unsere Kompanie hat ein Geschenk gekriegt, das nichts Gutes verheißt: ein Tragpferd. Also wird es mit unserer Wacht an der Drina bald zu Ende sein, und die Zeit der Märsche im Sonnenbrand kann wieder beginnen.

Der Tragtierführer ist ein Bauernbursche aus der Slowakei, schwerhörig und schwer von Begriffen. Er sei zu belehren, daß er dem Militärstrafgesetz unterstehe, stand in dem Dienstzettel, der mit ihm ankam. Als man ihm begreiflich zu machen versuchte, daß er bei Flucht oder Verrat den Strick zu gewärtigen habe, verstand er unsere Gesten falsch und glaubte, daß er jetzt gehängt werden würde, begann seine Unschuld zu beteuern und schließlich bitterlich zu weinen. So unterließ man es, ihm das Kolleg über Militärstrafrecht zu lesen.

Aeroplane der Serben und unsere eigenen fliegen immerfort über uns hin. Am Nachmittag kam ein Major visitieren, ein Mummelgreis, der den Tatterich und Rückenmarkschwindsucht hat. Er hat sich wohl aus einer Lokalanstellung ausgraben lassen und ist nun hierhergekommen, um die orientalische Frage und die Balkanwirren einmal endgültig zu lösen. Der alte Narr im Silberkragen beanstandete bei unserem Verteidigungsabschnitt, daß sich die Feldwachenkommandanten nicht stramm genug melden, daß die Leute bei Verrichtung von Bedürfnissen das Gewehr aus der Hand legen und daß die Offiziere nicht den (am Ufer ganz besonders zwecklosen) Säbel umgehängt tragen. Dabei schrie er in den Deckungen am Drinaufer mit den Vorposten so laut, daß Exz. Pavlowitsch in Kragujevac diese Ausstellungen hätte mitstenographieren können – wenn er auf die Theorien eines österreichischen Majors aus den sechziger Jahren hinsichtlich des Feldwachdienstes Wert legen würde.

Durch das Auftauchen dieser der „Muskete“ entsprungenen Figur ergaben sich witzige Situationen. Wir mußten zu lächerlichen Mitteln aus der Manöverzeit greifen und – natürlich ohne sein Wissen – eine Feldwache, die er noch nicht visitiert hatte, von seiner Ankunft und seinen Wünschen warnend benachrichtigen. Leider war es ein Gefreiter, den man sandte, aber kein Kirchenlicht. Er kam geradewegs von seiner Mission, als ihm der Major begegnete. „Wo waren Sie?“ – „Bei der Feldwache 3.“ – „Was haben Sie dort gemacht?“ – „Ich habe gemeldet, daß Herr Major visitieren kommen und auf stramme Meldung und Habachtstellung Wert legen.“

Ohne ein Wort zu sagen, kehrte der Major um. Knapp vorher hatte er beim Vorbeigehen an der Drinica, einem toten Drinaarm, auszusetzen gehabt, daß die Badenden nicht von fünf Leuten mit Gewehren beschützt werden. Als er nun so schnell zurückkehrte, nur vom Oberleutnant und von mir, der ich als Ordonnanz hinten ging, begleitet, war ich mir dessen bewußt, daß die fünf Leute noch nicht postiert seien, da im Kriege unwichtige Befehle nicht mit übertriebener Schnelligkeit und nicht mit unvornehmer Hast ausgeführt zu werden pflegen. Es konnte also einen Skandal setzen. Deshalb schlug ich mich seitwärts in die Büsche und rannte zur Badestelle, wo ich mich aufstellte.

Eine Minute später watschelte der Major heran, ich leistete die Ehrenbezeigung, als ob ich ihn nie gesehen, geschweige denn eben verlassen hätte, und er dankte. „Wo haben Sie Ihre Leute?“ – „Fünf Mann im Dickicht längs des Ufers verteilt“, entgegnete ich, ohne auch nur einen Augenblick bei dieser frechen Lüge zu stocken. – „Sehr zweckmäßig, bin vollkommen einverstanden.“

Gegen 4 Uhr kam das Marschbataillon unseres Regiments zu uns. (Ein zweites soll bereits – wo nimmt man nur so viele Leute her? – in Pisek aufgestellt worden sein.) Es ist von Wien auf der Donau und der Save zu Schiff hierhergekommen, um unsere Bestände aufzufüllen. Die Leute schauten auf das schöne Drinicawasser, dem man nicht ansah, daß es einige Schritte aufwärts über Pferdekadaver und Menschenleichen floß und uns allen gut schmeckte; es war weitaus das beste Wasser, das wir seit Wochen getrunken. Die Neuen rümpften aber die Nase und verschmähten es, Flußwasser zu trinken. Da fühlte sich die ganze alte Mannschaft beleidigt.

Ein Reserveleutnant kam mit seinem Koffer an, was geradezu Hallo erweckte, und als er erst seine Brautausstattung auspackte: ein Nachthemd, einen Gesichtsschwamm, eine Zahnbürste und Pasta, Kamm, Bürste und Schnurrbartbinde und andere Dinge eines übertriebenen Luxus, staunten wir wie die Indianer zur Konquistadorenzeit über den Glasschmuck der Europäer. Die Ankunft der neuen Leute hatte Einfluß auf die Gespräche, plötzlich begann man die Erlebnisse der Schlachten und Heldentaten auszukramen, während man bisher über das Furchtbare, das man gemeinsam erlebt, lieber geschwiegen hatte . . .

Freitag, den 28. August 1914.

In der Nacht wurden wieder drei Leute, die auf den Drinainseln patrouillierten, angeschossen. Der eine, ein gewisser Diviš, kam mit ausgeflossenem Auge zur Sanitätspatrouille, er sah grauenhaft aus. Nach Aussage des Mediziners wird er wohl auch das andere Auge verlieren. Man brachte ihn nach Janja ins Feldspital.

Im Regimentsbefehl steht, daß der Ersatzreservist Wintera wegen besonderen Mutes zum Gefreiten befördert wird, die erste Beförderung innerhalb meines Schwarmes.

Um 12 Uhr bezogen wir die Feldwach-Hauptreserve. Der Drinaarm bildet zwei rechte Winkel, so daß der uns zugewiesene Raum eine rechteckige Halbinsel ist, mit schlanken Eschen an den Konturen. Auch hier sind langgestreckte Deckungen ausgehoben. Der Bataillonskommandant hat einen eigenen Schlupfwinkel für sich, die meisten anderen ziehen es vor, statt die dumpfe Lust im „Asyl gegen Geschoßfeuer" zu atmen, im Freien das Quartier aufzuschlagen, ungeachtet der Projektile, die sich von Zeit zu Zeit zu uns verirren. Gestern hatte ich als Schreibunterlage für mein Tagebuch den Reisekoffer des Reserveoffiziers, manchmal schreibe ich auf Patronenverschlägen. Unbequemer ist es, wenn ich auf dem Tornister oder auf der Erde schreiben muß, wie heute. Die Mannschaft macht sich übrigens über mein fortwährendes Schreiben lustig, das auf Kosten meines Schlafes geht. Wenn jemand eine Dummheit sagt oder wenn sich etwas Komisches ereignet, rufen alle: „Schreib das auf, Kisch!"

Im Regimentsbefehl steht, daß die Deutschen bei Metz acht französische Armeekorps zurückgeworfen haben. Die übrigen Nachrichten im Regimentsbefehl, zum Beispiel daß zwischen Brčko und Bjelina der Autobusverkehr eingeführt wurde, daß weiter die Soldaten bei langsamem Feuergefecht die Patronenhülsen sammeln sollen, und eine Reihe von Verfügungen administrativer Natur sind „interessant, aber langweilig". Wichtiger ist für uns der Punkt, daß, einem aufgefangenen serbischen Befehl zufolge, feindliche Patrouillen sich durch unsere Vorpostenlinien schleichen und in unsere Trains und Artilleriekolonnen Handbomben werfen sollen. Einstweilen stört uns das wenig, wir baden und plätschern im Drinaarm, dann kochen wir Türkenweizen in Salzwasser. Es schmeckt wie Schoten, nicht gerade schlecht.

Am Himmel formiert sich eine Armee von Sternen: unser Mediziner, der sich anscheinend mehr mit Astronomie als mit Heilkunde befaßt hat, ist unser Seni. Das gibt Anlaß zur Erkenntnis, wie klein der Krieg im Vergleich zum Kosmos ist, und anderen ebenso tiefsinnigen wie originellen Betrachtungen. Wir unterhalten uns ganz gut, nur stört uns manchmal ein serbisches Gewehrprojektil, das an uns vorüberpfeift. Auch unsere Kanonen hört man wieder nach längerer Pause donnern. „Das Leben ist schön, aber unsicher." (Kisch)

Samstag, den 29. August 1914.

Habe ich es nicht gesagt? Der Herr Major, der so stramme Dinge von uns verlangt, hat seine Felderfahrung vom Monturdepot in Korneuburg her. Heute ordnete er an, man möge ein bißchen exerzieren, Gewehrvisiten ansagen und derlei, damit Disziplin in die Leute komme. Unsinn! Jede Sekunde, in der wir uns von den Emotionen und Anstrengungen erholen, ist Gewinn. Und Disziplin? Wer hat denn die Leute diszipliniert und exerziert, wer mit ihnen Gewehrvisiten gemacht, als sie, vier Jahre nach ihrer letzten Waffenübung, als Eheleute, Bauern, Handwerker lebten? Und doch mußten sie direkt aus dem Zivil in die Schwarmlinie von Lešnica. Man macht die Leute nur unwillig, denn Schwenkungen und Aufmarschieren kommen ihnen mit Recht überflüssig, läppisch und vor allem erniedrigend vor.

Heute trafen die Zeitungen vom 22. dieses Monats ein. In den Abendausgaben findet sich der vom k. k. Telegraphen-Korrespondenzbureau ausgegebene amtliche Bericht über unseren Rückzug vom 19. August. Was die einleitenden Worte über die herabgeminderte Wichtigkeit des serbischen Feldzuges anlangt, spricht das Kommuniqué die Wahrheit. Im übrigen ist es ganz und gar verlogen und unaufrichtig, speziell die Behauptung, daß Österreich von vornherein den Einmarsch in Serbien nur als einen kurzen Vorstoß gedacht hatte und zur sofortigen Rückkehr entschlossen war. Das wird auch kein Mensch glauben, ebensowenig wie die Behauptung, daß unsere Aufgabe erfüllt worden ist. Ferner wird totgeschwiegen, um welche Korps es sich handelte, obwohl die Serben doch genau die Nummern der geschlagenen Korps kennen. In Österreich wird vielleicht dadurch die Befürchtung erweckt werden, daß noch mehr Truppen auf dem Rückzug waren.

Den Beschwichtigungshofräten, die diesen Wechselbalg von Kriegsbericht verfaßt hatten, ist also gewiß das Gegenteil ihrer Absicht geglückt. Ich glaube, diese schlau sein sollende Stilübung wird in Salzburg und Innsbruck und in anderen, an unserem Rückmarsch gar nicht beteiligten Ergänzungsbezirken den gleichen Schrecken hervorrufen wie bei unseren Angehörigen in Böhmen und zu einem Sturm auf die Verlustlisten Anlaß geben. Es wird wohl ein beruhigender Kommentar zu diesem beruhigenden Kommentar nötig sein: sollte man aber einen solchen nicht erlassen, so deshalb, weil sich die Herren schämen werden, ihre Blamage einzugestehen. Warum nicht die Wahrheit? Man erfährt sie ja doch bald genug, die Verwundeten im Hinterland werden noch übertreiben. Hier der Wortlaut des Kriegsberichts:

„Mit dem Eingreifen Rußlands in den Kampf zwischen Österreich-Ungarn und Serbien waren wir genötigt, unsere ganzen Kräfte für den Hauptkampf im Nordosten zusammenzufassen. Damit wurde der von der Öffentlichkeit vielfach als Strafexpedition aufgefaßte Krieg gegen Serbien von selbst zu einer die Hauptentscheidung kaum berührenden Nebenaktion. Nichtsdestoweniger ließ die allgemeine Lage und die Nachrichten über den Gegner eine Offensivaktion zweckmäßig erscheinen, die aber mit Rücksicht auf die vorstehend dargelegten Gesichtspunkte nur als kurzer Vorstoß auf feindliches Gebiet gedacht war, nach dessen Gelingen notwendigerweise wieder in die frühere zuwartende Haltung zurückzukehren war, um bei Gelegenheit abermals zum Schlage auszuholen. Dieser kurze Offensivstoß erfolgte denn auch in der Zeit zwischen dem 13. und 18. August durch einen Teil der im Süden verwendeten Kräfte mit hervorragender Tapferkeit und Bravour und führte dazu, daß er fast die ganze serbische Armee auf sich zog, deren mit großer numerischer Überlegenheit geführter Angriff unter den schwersten Opfern an dem Heldenmut unserer Truppen scheiterte. Daß auch diese zum Teil bedeutende Verluste erlitten, ist bei dem an Zahl weit überlegenen, um seine Existenz kämpfenden Gegner nicht zu verwundern. Als dann unsere auf serbisches Gebiet weit vorgedrungenen Truppen am 19. August abends nach erfüllter Aufgabe den Befehl erhielten, wieder in die ursprüngliche Situation an der unteren Drina und Save zurückzugehen, ließen sie auf dem Kampfplatz einen vollständig erschöpften Gegner zurück. Unsere Truppen halten heute die Höhen auf serbischem Boden und den Raum um Schabatz besetzt. Im südlichen Serbien befinden sich die aus Bosnien dorthin vorgedrungenen österreichisch-ungarischen Truppen unter fortwährendem Kampf im Vorgehen in der Richtung nach Valjevo. Wir können mit voller Beruhigung den weiteren Ereignissen entgegensehen, deren Verlauf das Vertrauen rechtfertigen wird, dessen sich unsere unter den schwierigsten Verhältnissen kämpfenden und mit einer dem Laien undankbar scheinenden Aufgabe betrauten braven Truppen in den Tagen vom 13. bis 19. August wieder in vollständigem Maße würdig gezeigt haben."

Die Lüge von der Besetzung der serbischen Höhen durch österreichische Truppen, die Verschweigung der Tatsache, daß es sich um einen Vormarsch aus dem Westen gegen Valjevo gehandelt habe, läßt sogar gegen die sehr glaubhafte Behauptung des Kommuniqués mißtrauisch werden, daß es fast die ganze serbische Armee war, die uns gegenüberstand. Wenn das aber doch wahr ist, wo ist unser Kundschafterdienst gewesen, unsere Nachrichtenpatrouillen, unsere Aeroplane und – unsere Führung?

An allen Bäumen sind Soldaten der 13. Kompanie angebunden, weil sie Konserven der Reserveportion trotz Verbotes aufgegessen haben. Die Gesichter der Bestraften sind verzerrt, denn ihre Arme sind bei den Schulterblättern fest an den Stamm des Baumes gebunden, Arm, Kreuz und die Striemen an den Knöcheln schmerzen stark. Indianerdorf: Europäer am Marterpfahl. Die leinenen Zeltpyramiden und die mit Kukuruzkolben überdachten Deckungen sehen wie Wigwams aus. Um die Lagerfeuer versammelt sitzen Krieger und rauchen das Calumet. Die Häuptlinge halten Kriegsrat vor ihrem Zelt, die Mustangs schnauben und scharren.

Einer der Festgebundenen wimmerte, er sei erst eine halbe Stunde angebunden und zu zwei Stunden verurteilt. Das könne er nicht aushalten, er spüre, daß er wahnsinnig werde und Krämpfe bekomme; zu Hause habe er vier Kinder. Er bat mich flehentlich, ich möge seine Fesseln ein wenig lockern, ich näherte mich ihm, um seinen Wunsch zu erfüllen, aber der Posten ließ es nicht zu und erklärte, daß er mich anzeigen müßte. Der Angebundene bat schließlich selbst: „Also lassen Sie es sein, Herr Korporal, wenn es für Sie gefährlich ist, sonst werden Sie auch noch angebunden." – Ich mußte leider weggehen, da der Posten – aus Angst – auch nicht durch ein Angebot von Geld von seiner Pflicht abzubringen war. Die Stricke taten mir weh, sie schmerzten mich vielleicht mehr als den Angebundenen. Lange konnte ich nicht einschlafen.

Am 30. August 1914.

Liebe Mutter!
Herr Fähnrich Hugo Robitschek, der verwundet nach Prag transportiert wird, ist so liebenswürdig, Dir dieses Notizbuch zu bringen, in welchem ich meine Erlebnisse während des ersten – und wohl noch nicht letzten – Kriegsmonates verzeichnet habe. Gib das Notizbuch Herrn Elsner (Annahof), der das Stenogramm mit Schreibmaschine übertragen wird, damit Du lesen kannst, wie es mir ergangen ist. Ich hatte einige Gefahren zu bestehen, denen ich wie durch ein Wunder heil entgangen bin, aber jetzt geht es mir sehr gut. Wir sind in einer schönen Uferlandschaft, das Leben im Freien wirkt wohltuend auf meine Nerven, die Bedürfnislosigkeit erfüllt mich mit Glück. Deine letzte Karte war vom 18. d. M. datiert, ich hoffe aber, daß die darauf enthaltene Versicherung Deines Wohlbefindens noch immer Geltung hat und Du auch seither vom nördlichen Kriegsschauplatz günstige Familiennachrichten erhältst. Bestätige mir, bitte, den Empfang des Tagebuches sofort und sei geküßt von Deinem Egon Erwin.

Gefechtsabschnitt 2, Drinaufer,
Sonntag, den 30. August.

Ich fuhr frühmorgens mit den Oberleutnants Beyrodt und Manlik, die an dem Leichenbegängnis des Grafen Lazansky teilnehmen sollten, als deren „Bedeckung“ in einem humpelnden und rumpelnden Fuhrwerk nach Bjelina. Wir waren keineswegs in Leichenbitterstimmung, sondern freuten uns diebisch auf die Großstadt, die wir beinahe drei Wochen nicht mehr gesehen hatten. Wir waren gerade aufgeregt, wieder Häuser zu sehen, mit Zivilisten darin, Geschäfte und Gasthäuser und wieder an einem Tisch zu sitzen. Das Bild von Bjelina war das alte. Eine Mischung von Markt und Kriegslager, von orientalischen Trachten und österreichischen Uniformen, von Trägheit und Hast. Ich begegnete auf Schritt und Tritt Bekannten, was ja kein Wunder ist, da dort noch immer das Kommando des 8. Korps mit Truppen und Anstalten ist, also lauter Soldaten aus meiner Heimatstadt. Manche Begegnung war unterhaltsam, so die mit einem politischen Freund, der sich eine Kriegserleichterung verschafft hat, indem er Offiziersdiener wurde. In Zivil ist er ein radikaler Redner und politischer Schriftsteller.

Auch einen Verwandten (Regimentsarzt) traf ich, den ich vor zwei Monaten in einem eleganten Restaurant des westlichen London gesprochen hatte, damals waren wir beide im Smoking gewesen. Er hatte mich damals eingeladen, nach Cambridge zu kommen, wo er an der medizinischen Fakultät lehrte. Es war mir nicht möglich gewesen, seiner Einladung Folge zu leisten, und nun konnte ich mich im diametral entgegengesetzten Winkel Europas deswegen entschuldigen; wir lachten über die Kontraste unserer Begegnungen, über die Änderungen in Ort, Zeit, Verhältnissen und Kleidung.

Lustig gestaltete sich das Beisammensein mit Ernst Taussig, dem Schwager Max Brods. Ernst ist gewöhnlicher Infanterist ohne Chargengrad, ja noch weniger: Ersatzinfanterist, hat nur acht Wochen gedient. Aber er ist zum Motorfahrerkorps eingerückt, und da er auf seiner Sportbluse keine Distinktion, sondern nur das Abzeichen und auf dem Kopf eine Offiziersmütze trägt, so hält es jeder Hauptmann für geraten, ihm die Ehrenbezeigung zu leisten und Habacht zu stehen, wenn Infanterist Taussig mit ihm spricht. Ich war selbst dabei, wie er Fürsten und Grafen auf der Straße kollegial anrief und Ordonnanzoffiziere der hohen Kommanden ihm gehorsamst antworteten. Gegenwärtig hat er sich mit irgendeiner Belanglosigkeit marode gemeldet und treibt sich seit zehn Tagen im Spital umher, wo er als Leutnant geführt wird. Eine hübsche Pflegerin ging ihm immerfort nach, und Taussig erzählte mir, er habe heute die ganze Nacht mit ihr auf dem Operationstisch geflirtet.

Unter anderen sprach ich im Spital den Reservekadetten Robitschek von unserem 1. Bataillon. Er hat drei Schüsse abgekriegt, sieht elend aus und fährt jetzt nach Prag; er erklärte sich bereit, mein Tagebuch mitzunehmen. Weiter sah ich im Lazarett Hauptmann Wenzel von unserem Regiment, der etwa sechs Schüsse im Leib hat. Neben ihm lag Leutnant Neidhart von 73, der von einem schrecklichen Tod erzählte, den der Schauspieler Josef Dresdner-Döring, ein hübscher Junge von erstem künstlerischem Ehrgeiz, erlitten: eine Schrapnellhülse hatte ihm den Kopf zerschmettert.

Gegen 6 Uhr abends fuhr ich auf einem Proviantwagen bis Janja, von dort sollte ich zur Drina zu Fuß gehen. (Die beiden Offiziere waren bereits mittags nach Hause gefahren.) In Janja hörte ich, es sei Alarm, da die Serben die Offensive begonnen und die Drina bereits überschritten hätten. Eine Abteilung habe sich in Uniformen österreichischer Gefangener, Verwundeter und Gefallener gesteckt und den nachfolgenden serbischen Truppen schnell Platz geschaffen. Begreiflich erregt eilte ich vorwärts, um zur Kompanie zu kommen, die vielleicht schon im Gefecht stand, während ich hier mutterseelenallein inmitten unendlicher Kukuruzfelder, Hecken und Sträucher war, in denen Serben stecken konnten, möglicherweise in unserer Uniform. Aber in der Hast verfehlte ich den Weg. Es war schon spät abends, von der Sonne war nur ein bordeauxroter Reflex über den Bäumen und Stauden im Westen zu sehen. Ich ging rechts, ich ging links, ich ging vorwärts, ich ging zurück, ich lud mein Gewehr und machte mir die Patronen in der Patronentasche handgerecht und war nicht wenig nervös. Endlich kam ich zu einem Trainplatz der Gebirgsartillerie, die mich zum 1. Bataillon wies, von dort war der Weg zu unserem, dem 4. Bataillon, weiter als von Janja. Aber ich hatte nun die Richtung und war um 8 Uhr abends in Stockdunkelheit bei meiner Kompanie. Im Befehl ist verlautbart, daß außer zwei Stabsoffizieren und fünf Offizieren auch ich die belobende Anerkennung des Armeekommandos für mein Verhalten in der Schlacht von Milina erhalten habe. Ich bekam ein Diplom: „K. u. k. 5. op. Armeekommando Res. Nr. 36/95. – Belobende Anerkennung für tapferes, mutiges und beispielgebendes Verhalten vor dem Feinde. Brčko, am 29. August 1914. Stempel des Armeeoberkommandos. Liborius Franck, G. d. I. An den k. u. k. Korporal des Inf.-Regts. Nr. 11, Egon Erwin Kisch.“

Montag, den 31. August 1914.

Nun ist ein Monat vorbei, seit wir von der Heimat weg sind. Wievielmal wird hier noch die Monatswende verzeichnet werden müssen!

Im Befehl steht wieder von einem Sieg, der an der russischen Grenze von unseren Truppen bei Josefow-Krasnik erfochten wurde.

Die in diesen Blättern vorausgesagte Verwirrung und Bestürzung über das läppische Kommuniqué, das unseren Rückzug zu verschleiern versuchte, scheint noch größer zu sein, als ich angenommen hatte. Alle Blätter bringen inspirierte Kommentare, die womöglich noch unsinniger sind als die zu kommentierende Stilübung. Übrigens mußte Honved-Minister Hazai (jedenfalls auf allgemeines Drängen) eigens zur Erklärung des Schlachtberichtes das Wort ergreifen; er sprach ganz offen von den Mißdeutungen, denen die offizielle Darstellung ausgesetzt war, und wagte sogar das Wort „Rückzug". Im übrigen sagte auch er nichts über die Truppen und den Ort der Schlachten.

Am Abend gingen wir baden, weiter stromabwärts, als es gestattet war. Die Weiden standen, dicht aneinandergedrängt, im Wasser, und ihr Spiegelbild färbte an beiden Seiten je ein Drittel des Flusses mit tiefem Dunkel. In der Mitte war ein heller Streifen, in dem sich die Sonne, schon untergehend, spiegelte. Die Strömung war sacht, der Fluß aber zu tief, als daß man an hervorstehenden Steinen das Branden der Strömung hätte konstatieren können, und nur Reflexe verrieten, daß wir hier kein totes Wasser vor uns hatten; manchmal schluckerte ein Fisch.

Wir rieben uns mit dem Schlamm ab, in dem man ohnedies bis an die Unterschenkel versank, und wenn man schwamm, löste sich die schwarze Schicht vom Körper, und dieser wurde weiß. Allerdings wurden die Füße wieder schlammig, als wir hinauswateten. Dann kehrten wir zum Lagerplatz zurück und saßen, in allerhand friedliche und scherzhafte Gespräche vertieft, in einer Laube aus Baumstämmen, Maisstauden und Weidenzweigen, in deren Ecke ein Tischchen war. Vom Plafond hing ein Lüster – ein ausgehöhlter Kürbis, in dem eine Kerze brannte. Lange saßen wir lustig beisammen, bis eine Patrouille kam und die Erkennungszeichen meldete: Feldruf: Scheibe; Losung: Skutari; Parole: Siegfried. Da erinnerten wir uns, daß wir Soldaten und im Kriege sind.

Dienstag, den 1. September 1914.

Heute früh wurden wir durch Maschinengewehrfeuer geweckt. Die Serben beschossen einen Aeroplan. Bald darauf kam unsere Ablösung, es hieß: Vergatterung, Rüstung umhängen, ergreift das Gewehr – Kommandi, die wir schon seit acht Tagen nicht mehr gehört. Honved, 26. Regt. aus Agram kam herbei, kroatische Befehle ertönten. Die Honveds bezogen unsere Stellungen, und wir marschierten von dannen. In Janja, wo wir rasteten, und in Patkovača (zwei Kilometer vor Bjelina), wo wir in Zelten nächtigten, kamen wir mit den anderen Teilen unseres Regiments zusammen, die wir seit unserer vorgeschobenen Position nicht mehr gesehen hatten.

Mittwoch, den 2. September 1914.

Teufel, war diese Sommernacht kalt! Das sind die bosnischen Witterungsverhältnisse: bei Tage kann man vor Hitze nicht marschieren, bei Nacht kann man vor Frost nicht schlafen. Wir empfanden es als Erlösung, daß schon um 2 Uhr nachts Tagwache war, wir unsere Zelte niederreißen, den sogenannten Kaffee in den Magen gießen und das immerhin wärmende Rüstzeug umhängen durften. Es ging über Bjelina, wo mir diesmal die Haarfarbe der Kinder auffiel: meist ein Farbengemisch von mokkabraun und fezrot, den Farben der wichtigsten Dinge im Orient. Was mir weiter in Bjelina auffiel, waren die Straßentafeln: oben in einem kleinen Bogen der Name der Gasse in kyrillischer Schrift, unten in Antiqua und dazwischen wie ein zierliches Ornament die türkischen Schriftzüge.

Der Weg ging weiter über Gaic, dort war um halb 8 Uhr früh Rast, gegen Nieder-Brodac. Wohin gehen wir? Nach Rußland, nach Slawonien, wo Aufstände sein sollen, an die Save, nach Wien, wo Befestigungsbauten aufgeführt werden, nach Budapest? Wenn diese Fragen nicht wären und nicht übergescheite Antworten darauf, so gäbe es auf dem Marsch kein Gespräch. Selbst die Offiziere wissen nichts und sind neugierig. In Gaic borgte mir ein aus Leipzig eingerückter Reservist die „Leipziger Neuesten Nachrichten", die ihm seine Frau nachgeschickt hatte. Eine alte Nummer, aber es war ein Feuilleton darin, worin die Kriegszeiten im Berliner „Café Größenwahn" geschildert werden. Fast täglich war ich in diesem Jahr dort zu Gaste und kann mir denken, wie diese supernervösen, hypersensitiven und krankhaften Menschen jetzt von Psychosen befallen sind, wie sie Gerüchte aufnehmen, Gerüchte aufbauschen, Gerüchte entstehen lassen. Mir ist bang nach ihnen.

Erst bei der Rast in Gaic bedeckte sich das Gras mit Morgentau. Es war Viertel 12 Uhr mittags, als wir in Brodac waren. Die Leute, die doch so Gräßliches erlebt hatten, schimpften wie Tobsüchtige und fielen marode zu Boden, denn die Sonne brannte bratend, der Staub über der Straße war dick zum Schneiden, und die Konserven und Patronen, die wir neu gefaßt hatten, waren keineswegs aus Aluminium.

Ich hatte nach der Spezialkarte konstatiert, daß wir um 11 Uhr in Brodac sein würden, aber schon von halb 11 an begannen die Leute zu monieren, es sei schon 11 Uhr vorbei und die Landkarten seien überhaupt nur Blödsinn und Schwindel, die Herren zeichnen ein, was ihnen paßt, ohne je in dem Land gewesen zu sein. Kurzum, es war eine kleine Meuterei gegen mich im Gange, die zu einer größeren ausartete, als es wirklich 11 Uhr wurde und wir noch immer nicht in Brodac waren. Wenn ich mich nicht an den Schluß der Kompanie verfrachtet hätte, wäre ich mindestens verprügelt worden. Nie mehr werde ich aus den Karten weissagen!

Mein rechter Fuß war von der Hitze verbrüht und aufgerissen. Ein Mediziner schnitt mir zwar die losgelöste Haut ab, wollte mir aber kein Pflaster auf die offene Wunde geben, da das Material für schwere Schußwunden gespart werden muß. Dann lernte ich, der Not gehorchend (denn nicht bloß meine Füße, sondern auch meine Strümpfe sind zerrissen), das kunstgerechte Zusammenfalten der Fußlappen. Die halbe Kompanie umstand mich voll Neugierde, denn sie hatte nie einen Menschen gesehen, der keine Fußfetzen auf den Füßen hatte, und begleitete meine Lektion mit Lobeshymnen auf die Erfindung der Fußlappen und mit Belehrungen. Ich bin selbst neugierig darauf, wie ich darin marschieren werde. Wenn man den Leuten glauben darf, die sie auch in Zivil tragen, so wirken sie wie Siebenmeilenstiefel. Sollten die Flügel auf den Fußknöcheln des Gottes Merkur nichts anderes sein als die Enden seiner Fußlappen?

Diese Nacht ist nicht als schön zu bezeichnen. Es fehlen Zeltpflöcke, und die kümmerlich zurechtgeschnittenen Stämme sind gar zu schlampige Grundpfosten. Die Zeltstoffe flattern im kalten Nachtwind, der insbesondere die Füße widerwärtig kühlt. Gleich nach dem Einrücken, noch vor halb 12 Uhr, bekamen wir Menage, von der ich nur die Suppe aß. Am Abend knurrt mein Magen so, daß ich gern das Fleisch hinuntergewürgt hätte, das ich mittags verschmäht. Aber jetzt ist nichts mehr da als „Tee". So gehe ich hungrig zu Bett.

Frost und Hunger würden mich vom Schlafen nicht abhalten können. Aber von einer Anlage, die wir nachmittags unter Leitung des Pionieroffiziers aus sanitären Gründen hergestellt hatten, weht der Wind den Duft herüber. Durch das Lager laufen während der ganzen Nacht Ferkel mit graugelb gestreiftem Rücken. Sie quieken wie die Alten.

Brodac, Donnerstag, den 3. September 1914.

Rast im stinkenden Zeltlager, Sehnsucht nach reiner Luft und dem viel schöneren Wasser bei den Feldwachen am Drinaufer. Im Regimentskommandobefehl wird von einem großen Sieg der Armee Auffenberg in Rußland, im Raum Zamosce-Kristovasc, berichtet; Scharen von Gefangenen und 160 Geschütze erbeutet. Auch die Armee Dankl, die um Lublin angreift, habe ununterbrochene Erfolge.

Der Nachsatz der Meldung weckt aber Bedenken: „Ostgalizien und Lemberg gegenüber starke russische Vorstöße, Lemberg noch in unserem Besitz." Wenn man das erst betonen muß, daß eine österreichische Stadt, von der wir nie ahnten, daß sie bedroht sei, noch in unserem Besitz ist, kann es mit den Siegen nicht allzuweit her sein!

Die Mannschaft hatte sich befehlsgemäß mit Feldzeichen geschmückt, bei der Verlautbarung des Sieges wurde ein Hurra ausgebracht. Es klang matt und befohlen. Bis jetzt war der Glaube lebendig gewesen, der Krieg werde morgen oder übermorgen zu Ende sein, immerfort hatten sich Gerüchte über Friedensverhandlungen erhalten, obwohl sie sich stets als falsch herausstellten. Die Menschen wollen eben nichts für sie Unangenehmes glauben, und hätte ihnen jemand nach der politischen Konstellation erklärt, daß ein Friedensschluß sehr kompliziert, mit Serbien allein nicht zu machen sei und daß wir auch während der langen Friedensverhandlungen im Felde bleiben müßten, so wäre er sicherlich gelyncht worden. Jetzt, nachdem vier Wochen, also eine Waffenübungsperiode, verstrichen sind, ohne daß ein dreimaliges Trompetensignal „Abgeblasen“ das Ende der Manöver verkündete, macht der Glaube an baldige Heimkehr einer verzweifelnden Resignation Platz.

Die Musikkapelle spielte zur Feier des Sieges, die Offiziere steckten kleine Metallkruzifixe, die sie vom Feldkurat erhalten haben, an die Mützen. Fürst Lobkowitz hat sie gespendet, im Stephansdom zu Wien wurden sie geweiht. Wir einfachen Soldaten bekamen bloß Sliwowitz und Gulasch.

Dolni Brodac, Freitag, den 4. September 1914.

Auch heute nacht konnte ich im Zelt nicht schlafen und ging über die in ihr Zeltblatt eingewickelten Schläfer, an Gewehrpyramiden und Zelten, an angebundenen Pferden und drohend aussehenden Fahrküchen vorbei, bald auf Tornister, bald auf Proviantsäcke und auf Schichten von Kommißbrot tretend, im Lager spazieren. Der einzige Mensch, der wachte, war der Inspektionsgefreite. Ich setzte mich zu ihm. Es war ein Bergmann vom Fortuna-Schacht bei Dux. Fanatischer Anarchist, dessen Gesinnung sich im Kriege noch gestählt hatte. Er erzählte persönliche Motive für seine Weltanschauung. Ich versuchte mit sozialistischen Gründen zu entgegnen. Je mehr wir stritten, desto näher kamen wir einander, und als ich doch endlich Müdigkeit verspürte, hatte ich und gewiß auch er das Gefühl: jetzt habe ich einen Freund gefunden.

Gegen 5 Uhr früh schlug jemand an unser Zelt und brüllte: „Aufstehen, fünf Uhr ist's, der Kaffee ist fertig.“ Wütend darüber, daß ich – eben eingeschlafen – schon geweckt werde, obwohl erst für halb 7 Uhr Vergatterung angesagt war, brüllte ich dem Störenfried ungehalten entgegen: „Steig uns am Buckel, blöder Kerl, und laß uns schlafen.“ Der Unbekannte blieb die Antwort nicht schuldig:

„Du gemeiner Trottel, ich werde dir gleich ein paar Ohrfeigen geben.“ – „Eher ziehe ich dir die Hosen herunter und haue dir den Hintern blau.“ So ging es durch die undurchsichtige, aber den Schall nicht dämpfende Zeltwand zwischen mir und ihm hin und her, und die Kompanie, inzwischen wach geworden, hatte ihr Gaudium und hetzte ganz tüchtig. Mit Erfolg. Endlich fragte mein Gegner, wer denn der Lausbub sei, der sich so unverschämt das Maul zerreiße. Er sei im Dienst – schrie er – und werde den Kerl zum Rapport nehmen. „Das ist der Kisch“, erwiderten lachend die Leute, die wußten, daß er mich, einen Korporal, nicht selbst zum Rapport befehlen könne. „Wer?“ – „Der Kisch.“ – „Von dir hätte ich das am allerwenigsten vermutet, na, ich werde mir das merken.“ Nun fragte auch ich, wer mein Gegner hinter dem Visier sei. „Der Inspektionsgefreite.“ Fünf Minuten später trafen wir uns bei der Fahrküche. Wir blickten einander wütend an, und doch hatte ich – und gewiß auch er – das Gefühl: jetzt habe ich einen Freund verloren.

Um halb 7 Uhr rückten wir zum Exerzieren aus, das angeordnet worden ist, damit wir einer Beschäftigung „obliegen“. Schwarmlinien, Vorrücken zum Kukuruz, Beschießung von Waldrändern, lauter Dinge, die wir schon in der Wirklichkeit schaudernd miterlebt hatten und die uns jetzt als Spielerei unsäglich lächerlich vorkamen. Wenn man sich einen Augenblick in Gedanken verlor und aufschauend die Kameraden aus der Deckung hervorlugen sah, schrak man zusammen; aber rechtzeitig erinnerte man sich, daß hier der Feind nur vorgeschriebenes Gaukelspiel der Sinne und daß sogar die Zielscheiben nur angenommen seien.

Als wir in der Hitze nach Hause gingen, fluchten wir darüber, daß der Befehl zum Exerzieren uns aus unserer Ruhe reiße. Ein Witzbold bemerkte: „Das ist fein, das Exerzieren! Jetzt wissen wir wenigstens, wie es gemacht wird.“ Da lachten alle geschmeichelt und überlegen.

Die Fußlappen bewähren sich gut. Nachmittags Kirmesstimmung. Ein Steinbrucharbeiter spielte virtuos auf der Ziehharmonika, mit der er schon im Waggon seine Kameraden vom Marschbataillon Tag und Nacht unterhalten hatte. Drei Hornisten, ein Tambour und einige Sänger begleiteten leise die schwermütigen slawischen Melodien und die Gassenhauer. Ein Freiwilliger ging heute mit dem Hauptmann Popelak, um Geld für die Regimentskasse zu fassen. Sie erhielten 260 000 Kronen für einen Monat!

Das „Berliner Tageblatt“ schreibt mir, ich möge Artikel über meine Erlebnisse schicken. Ich habe es in einem Briefe abgelehnt, in dem ich bemerkte, daß ich über das Erlebte nicht so schreiben könne, wie man jetzt schreiben dürfe. Es sei anders.

Mein Löffel ist aus dem Brotsack gestohlen worden. Messer und Gabel habe ich schon seit Monatsfrist nicht mehr. Das ist egal! So werde ich eben auch die Suppe jetzt mit der Hand essen. Nun habe ich kein Taschentuch, kein Stück Wäsche, keine Eßschale, kein Besteck, kein Taschenmesser, kein Stück Papier, keinen Mantel und kein Zeltblatt zum Zudecken, keine Seife, keine Zahnbürste, kein Handtuch, kein Streichhölzchen und keine Zigarette mehr und nichts zum Essen. In meinen Taschen habe ich nichts anderes als ein beängstigend kleines Bleistiftstümpelchen, dieses mein halbvolles Notizbuch und meine Legitimationskapsel.

Einer hat sich die Mühe nicht verdrießen lassen, auf sein Zelt eine Aufschrifttafel zu befestigen: „Hier wird ein Fräulein in Kost und Logis genommen.“

Die Offiziere sitzen abends bei Kerzenlicht um ihren Tisch und sprechen. Das Licht ist das einzige, um das ich sie beneide. Ich könnte beim Licht so viel schreiben. So aber muß ich auf der nassen Erde liegen, das Notizbuch auf einen Tornister gestützt, und bei dem flackernden Schein, den das niederbrennende Holz vom Herdkasten unserer Fahrküche verbreitet, kritzeln.

Dolni, Brodac, Samstag, den 5. September 1914.

Zu unserem Trost und zur Hebung unseres kriegerischen Selbstbewußtseins wurde heute im Befehl ein von Phrasen strotzendes Elaborat verlesen, das von unserem Divisionär, Feldmarschalleutnant Scheuchenstuel, gefertigt ist. Darin findet sich folgender, gegebenenfalls noch als sachlich anzusehender Satz: „Aus dem großen und schönen Erfolg im Norden kommt auch unseren Truppen im Süden ein beträchtliches Verdienst zu. Unsere so rasch und energisch nach Serbien hineingetragene Offensive befestigte dort und in Rußland die Überzeugung, daß die ursprünglich gegen Serbien angesetzten sechs Korps tatsächlich hier geblieben seien, und verleitete aus diesem Glauben heraus die Russen zu Maßnahmen, welche in letzter Linie zu ihrer Niederlage führten. War unsere Offensive, welche tatsächlich nur mit einigen Divisionen geführt wurde, auch für diese eine erschöpfende und verlustreiche, mußte sie schließlich, nachdem sie die ganze serbische Armee auf sich gezogen hatte, auch mit dem Rückzug enden, so hat sie doch ihre Aufgabe im Raum des großen Kriegszweckes voll und ganz erfüllt. Die große Entscheidung liegt im Norden. So wie die Truppen der 9. Infanterie-Division zu dieser großen Entscheidung in dem ihnen zugefallenen bescheidenen Wirkungskreise bisher ihr Scherflein beigetragen haben, ebenso erwarte ich, daß dieselben auch weiterhin ihr Bestes leisten werden."

Nach weiteren stilistischen Purzelbäumen werden Truppenkommandanten und Offiziere angewiesen, die frische, fröhliche Stimmung der Mannschaft aufrechtzuerhalten: „Das wesentlichste Mittel hierzu bildet baldige ausgiebige Beschäftigung der Mannschaft; ein- bis zweistündiges Exerzieren täglich genügt nicht. Die Truppen müssen vor- und nachmittags durch mindestens zusammen sechs bis acht Stunden beschäftigt werden." Das ist fürwahr das beste Mittel zur Hebung der fröhlichen Stimmung! Ich wenigstens habe gelacht . . .

Gegen 10 Uhr abends wurde dem Oberleutnant Raschin, genannt „Raschin der Grausame", die Unterhaltung, die wir unter einem Baum führten, zu laut, und er jagte uns zur Ruhe. In der Nacht vernahmen wir starkes Kanonenfeuer von der Save her.

Brodac, Sonntag, den 6. September 1914.

Exerzieren. Die Wiese, die der Kompaniechef prüfenden Auges daraufhin untersuchte, ob sie für einen Angriff mit Schwarmgruppen geeignet sei, war von hohem, saftigem Gras belebt, blühende Sträucher umrahmten sie und hohe schattige Bäume, eine Kuh weidete selig, und zwei Kälber hüpften eilig und erschreckt an ihre Seite, wenn der kleine Hirt, ein bosnisches Knäblein mit breiten Hosen und schwarzer Lammfellmütze, seine Peitsche knallen ließ.

Von weither war die Regimentskapelle hörbar, sie spielte zur Sonntagsfeldmesse auf. (Zum letztenmal: mit heutigem Tage ist sie aufgelöst, die Instrumente reisen nach Pisek, und die Musikanten werden zu Blessiertenträgern.)

Vom Norden tönte aus nächster Nähe eine Kanonade herüber. Die Serben beschossen seit Mitternacht die Saveschleife bei Rača samt unserer im Bau befindlichen Kriegsbrücke, und unsere schweren Haubitzen sind dabei, den serbischen Gegenangriff abzuwehren. Am Nachmittag hörten wir aber, daß der Angriff von Rača nur fingiert gewesen, um unsere Aufmerksamkeit von einer anderen Stelle abzulenken. Inzwischen war es den Serben geglückt, bei Mitrowitza mit einer Division die Save zu überschreiten und die Eisenbahn zu besetzen; dort standen ihr nur schwache österreichische Kräfte gegenüber. Unklar ist uns, warum wir noch hier bleiben.

Dem Oberstleutnant sind drei Konserven gestohlen worden, das hat eine Flut von Visitierungen und Verordnungen zur Folge. Niemand darf eine Konserve essen, alle fünf Minuten wird untersucht, ob die Leute ihre Konservenbüchsen unversehrt bei sich haben, der, dem eine fehlt, wird eine Stunde angebunden, wem zwei fehlen, zwei Stunden, wem drei fehlen, drei Stunden, und wer beim Diebstahl erwischt wird, vier Stunden. Auch am heutigen Tage des Herrn sind Menschen an Bäume gefesselt. Der allgemeinen Stimmung und dem Geist der oberstleutnantischen Verordnung gibt ein Vers Ausdruck, der im Lager kursiert:

Hast du getötet auch tausend Serben,
Hast aber nicht deine drei Konserven,
Mußt du eines elenden Todes sterben.

Die Nacht ist kalt. Mein Nachbar und ich schmiegen uns fest aneinander, um irgendwie dem Frost zu begegnen. Schon von 1 Uhr nachts an heizen die Köche den Herdkasten der Fahrküche. Sie tun es, um sich zu wärmen.

Brodac, den 7. September 1914.

Zeitig rückten wir zum Exerzieren aus, aber ein Radfahrer vom Regimentskommando beorderte uns zur sofortigen Rückkehr und strenger Marschbereitschaft. Nachrichten sind da, daß von den bei Mitrowitza vorgestoßenen Serben (Timokdivision) viertausend gefangen wurden, daß Rumänien mobilisiere und unsere Grenze dort frei sei. Daß es gegen uns mobilisiert, scheint nach dem zweiten Teil des Satzes ausgeschlossen; oder scheint es nur so? Auch kommt bald eine neue Nachricht, daß es sich bei Mitrowitza nur um zweitausend Gefangene handelt; naturgemäß glaubt man auch davon jetzt nur mehr die Hälfte. Graf Tisza hat stark aufgetragen, als er anläßlich zahlloser Interpellationen wegen unseres Rückzuges erklärte, es sei kein Österreicher in Serbien gefangen und kein Geschütz von den Serben erbeutet! Wieviel Hunderte unserer Kameraden hatten wir am rechten Drinaufer hilflos zurücklassen müssen! Darüber hat der Regimentskommandobefehl folgende (wahrscheinlich aus begreiflichen Gründen erlogene) Mitteilung gemacht: „Laut verläßlichen Nachrichten haben die Serben unsere Gefangenen und Verwundeten erschossen."

Das Ereignis des heutigen Tages ist der Abgang von zwei Medizinern unseres Bataillons, die zur Ablegung ihrer letzten Prüfung einen dreiwöchigen Urlaub erhalten haben. Nach Prag fahren! Die heiße Sehnsucht, der Gedanke aller. Die einen gönnen es den beiden Burschen, die anderen beneiden sie, die dritten tragen ihnen Grüße auf, und die vierten werden von verstärktem Heimweh befallen und verfluchen ihr Schicksal mehr denn je.

Die Stimmungen wechseln während des ganzen Tages. Um 4 Uhr hieß es, die Serben beschießen Bjelina, das Militärlager sei unter Schrapnellfeuer, das Spital nach Brčko verlegt. Um 5 Uhr bekam ich ein Paket von daheim. Man hatte mir Winterwäsche, Schokolade, Ölsardinen und Biskuits geschickt. Es freute mich eigentlich bloß die Verteilung an die Kameraden, denn ich wußte, daß wir abgehen würden, und es war gar nicht daran zu denken, mehr als eine Büchse Ölsardinen und eine Tafel Schokolade in den Brotsack zu packen.

Um 6 Uhr große Beratung der Kompaniekommandanten beim Bataillonschef. Nur soviel dringt in die Öffentlichkeit: daß es morgen wieder gegen die Serben geht. Das wirkt beklemmend. Ein Teil der Mannschaft (das Marschbataillon) kommt also zum erstenmal ins Feuer, die anderen sind noch ärger daran, sie wissen, wie es schmeckt. Solange wir drüben waren, war ein Gefecht mehr oder weniger gleichgültig. Wenn man einmal im Wasser ist, findet man es nicht mehr so kalt, und mit dem Feuer ist es analog. Aber bevor man hineinkommt, klappert und zittert man. Um so mehr, wenn die Nacht so kalt ist, die Kanonen so donnern und die Maschinengewehre so knattern wie heute.

Dienstag, den 8. September 1914.

Mariä-Verkündigung. Um 2 Uhr morgens wären wir geweckt worden, wenn wir geschlafen hätten. Um halb 5 Uhr ging es von dannen, ostwärts der Sonn' entgegen, die noch nicht aufgegangen war. Nach kaum zehn Minuten begegnete uns ein Fuhrwerk. Der Regiments-Pionieroffizier, Oberleutnant Fleischmann, und einige seiner Soldaten saßen darin, er hatte einen Schuß im Arm, die anderen waren schwerer verletzt, ihre Uniformen blutüberströmt. Wenige Minuten später sah man über der aufgehenden Sonne Schrapnellwolken.

In Velino-Selo machten wir halt. Ich nahm den Bret

Harte aus der Tasche, den mir gestern ein Freiwilliger geliehen. Ich wollte die mäßige, keineswegs besonders aufregende Geschichte „Der Mann im Semaphor“ zu Ende lesen. Ich ließ mich durch die wenige Schritte vor uns niederfallenden Schrapnelle und die donnernden Begleitgeräusche nicht stören; in all der rings um mich herrschenden Angst vor der Schlacht, in die wir im nächsten Moment eintreten würden, hatte ich kein anderes Gefühl als das, daß ich erschossen werden könnte oder vorwärts marschieren müsse, bevor ich die Novelle zu Ende gelesen habe. Es war nur der Wunsch, etwas Begonnenes zu vollenden. Ich las rasch und atmete auf, als ich zu Ende war.

Der Infanterist Sperl, der am 18. August von einem Schrapnellschuß im Gesicht verletzt und in der Front geblieben war, um dann am 26. bei seiner Drinaüberschiffung vom Feinde beschossen und besser getroffen zu werden, ist heute aus dem Spital zurückgekehrt. Sein rechter Arm, der durchschossen war, ist nicht einmal mehr verbunden, und er handhabt wieder sein Gewehr. Die Sehnsucht aller, einen leichten Schuß zu erhalten, ist dadurch wesentlich herabgemindert. Was hilft es, wenn man doch so bald wieder aus dem Spital in die Plänklerreihe gesendet wird?

Verletzte, sterbende 102er und 28er werden auf Tragbahren vorbeigetragen, gestützt oder den Arm in der Binde kommen andere vorüber. Die vierspännigen Blessiertenwagen der Infanteriesanitätsanstalt 9 fahren leer nach vorn, um gefüllt zurückzukehren.

Die Kolonne der Verwundeten, die zu Fuß kommen, wird dadurch nicht geringer. Von Schüssen zersprengte Knochen ragen aus dem Fleisch, Hautfetzen hängen von den Gesichtern, Bluse, Mantel, Verband imprägniert mit einem einzigen Farbstoff: mit Blut. Immer dichter, immer ergreifender wird der Totentanz. Einer hat die Stirn verbunden, zwei tragen ihn mehr, als er geht, er hält den Kopf weit zurück in den Nacken gedrückt, damit er trotz der Bandage nicht verblute. Aber das Blut fließt nach hinten.

Barfüßig schleppen sich andere vorwärts, beide Füße verbunden, der Stock ist ihr einziges Bein, weinende Burschen, deren gerötete Hosen Schenkelwunden verraten, Hunderte anderer Jammerbilder. Dann ein Gruppenbild: ein Hilfsplatz des Inf.-Regts. 102. Tote liegen da, die Füße hochgezogen vor Schmerz, bevor sie Erlösung fanden. Einer liegt, den Kopf nach links geneigt, auf der Bahre, seine starren Hände halten die Photographie einer jungen Frau und zweier Kinder.

Einer brüllt, einer wimmert, die meisten haben die Hände gefaltet und murmeln Unverständliches, wahrscheinlich Bitten und Gebete.

Bis hierher hatte ich um 10 Uhr vormittags geschrieben, aber jetzt (5 Uhr abends) weiß ich nicht, was ich schreiben soll. Wo soll ich anfangen, wenn ich von dem beispiellosen Grauen sprechen will? In mir klingt all das Entsetzliche nach, während ich bebend zwischen Toten und unter Schrapnellschüssen dieses schreibe. Das Gegenwärtige läßt mich gleichgültig, wenn ich an die vergangenen Stunden denke.

Vom Hilfsplatz ging es weiter zur Drina. Wir sahen jetzt den Fluß wieder, den wir unter Kämpfen vor beinahe Monatsfrist überschritten, dessen Inseln wir unter Verlusten besetzt und dessen Arme uns feucht und gefahrdrohend umfangen hatten, bis wir verzweifelt und arm heimgeflüchtet waren, und den wir nun mit schweren Opfern von neuem überschreiten müssen. Daß wir ihn wieder überschreiten müssen, das wußten wir, und daß es schwere Opfer kosten würde, das sagten uns (wenn es uns nicht schon die Legion der vorbeikommenden Verwundeten gesagt hätte) die feindseligen Pfiffe der Projektile, um derentwillen wir gebückt wie Diebe an den Dämmen das Ufer entlang huschten.

Das Regiment lag gegen Viertel 11 Uhr am Ufer versammelt und gedeckt. Oberst Wokoun rief um halb 11 Uhr unseren Kompaniekommandanten heran. „Sie setzen als erste Kompanie des Regiments über die Drina und verlängern die bedrohte Brigade Daniel am linken Flügel . . .“

Dolni Brodac, 10. September 1914.

Bis zu dem Worte „Flügel" hatte ich vorgestern geschrieben. Den größten Teil auf Rasten des Marsches, die letzten Sätze habe ich in der Feuerlinie zu stenographieren versucht. Meine Nachbarn schraubten ihre Blicke in das Vorterrain, auch ich schaute, nach jedem notierten Wort nervös zusammenzuckend, ängstlich lauernd in die feindliche Richtung.

Um uns pfiffen silberne Linien, jeden Augenblick schlug eines der einander jagenden Geschosse in den kleinen Erdhügel, den sich jedermann mit der Hand als Brustwehr aufgeschichtet hatte, fast jedem hat sein Brotsack, den er vor den Kopf geschoben hatte, das Leben gerettet. Die Brotbeutel tragen Löcher in ihrem Leib, Projektile stecken in der Winterwäsche, die man darin aufbewahrte, andere prallten von der vollen Konservenbüchse ab. Wie langsam, wie mühselig, in welch gefährlicher Situation ich vorgestern die drei letzten Sätze geschrieben habe! Es war mir und es ist mir, als ob ich den Höhepunkt grausamen menschlichen Erlebens verzeichnen müßte. Seit ich vorgestern nachmittags mein Geschreibe unterbrechen mußte, als ein Artilleriegeschoß hart über meinen Kopf sauste und den Stamm eines Baumes hinter mir fällte, sind zwei Tage vergangen. Zwei Tage, deren Folter uns noch in Gliedern und Nerven steckt.

Also: um halb 11 Uhr vormittags lag unser Regiment in der Deckung am österreichischen Ufer der Drina. Nun kam unsere Kompanie an die Reihe, in den Pontons übergesetzt zu werden. Nachdem Partien zu zwanzig Mann abgezählt worden waren, kommandierte der Oberleutnant „auf!" und rannte über die Böschung zum Fluß. Die Kompanie zögernd hinter ihm drein, denn als unsere Figuren auftauchten, verstärkte sich der Schwarm feindlicher Geschosse, die bisher über die Böschung gezischt hatten, ins ungemessene. Einige unserer Leute zogen sich hinter die Deckung zurück, als sie die langen Spießruten prasseln fühlten, aber ein drohendes Kommando jagte sie wieder vorwärts. Der

Oberleutnant sprang in das Boot, das Pioniere lenkten. Nur etwa zehn Leute von den zwanzig, die abgezählt worden waren, nahmen darin Platz. Wir legten uns platt auf den Boden, damit uns die metallene Pontonwand Deckung sei.

Ungeheures zerfetzendes Wimmern, Brüllen war hörbar. Ich lugte über den Bootsrand und sah am serbischen Ufer Hunderte unserer Soldaten. Bis an die Knie, bis an die Schenkel, bis an den Bauch standen sie im Wasser, stießen die Hände in die Höhe und kreischten einen einzigen endlosen Schrei, Tobsüchtigen gleich.

Nichts fühlte ich als ein würgendes Nichtverstehen dieses Hexensabbats. Nur ein Gedanke: jetzt gondelst du selbst hinüber, um in wenigen Minuten – diesen dort gleich – als Vertierter, Verkrüppelter und Flehender an der gleichen Stelle zu stehen.

Es waren die Verwundeten. Sie schrien nach ärztlicher Hilfe und nach ihrem Abtransport. Hügel und Wälder, die die Ufersandbahn einsäumten, erbrachen immerfort Blessierte und Leute, die sie stützten – jene im Kriege auftauchende Art von barmherzigen Samaritern, die den Verwundeten zum Verbandplatz helfen, um nicht mit der Schwarmlinie vorrücken zu müssen.

Obwohl wir schon vor mindestens zehn Minuten abgestoßen waren, hatten wir kaum zwanzig Meter zurückgelegt. Die Pioniere hatten fast gar nicht gerudert. „Sollen wir weiter vorwärts rudern?" fragte der Zugführer der Pioniere. – „Selbstverständlich!" rief der Oberleutnant, „Sie haben doch den Befehl." – „Nun ja, aber . . ." – „Das sind ja nur Verwundete", beruhigte einer von uns den Gondoliere, der jedenfalls in seiner Angst die Szene drüben als einen Rückzug ansah und das sofortige Auftauchen verfolgender Serben befürchtete. Resigniert stieß der Pionier das Ruder nach vorn, aber seine beiden Gehilfen machten an den hinteren Riemen passive Resistenz, und auch jetzt kam die Zille nicht vorwärts. Erst als der Oberleutnant den Revolver zog und ein „wird's bald!" schrie, ging es näher zum Ufer.

Wir kamen nur auf etwa fünfundzwanzig Schritte heran,

denn bis dorthin hatten sich die verwundeten Flüchtlinge in das Wasser gewagt und wollten sich brüllend in den Ponton schwingen, um einen Platz für dessen Rückfahrt zu belegen. Wir konnten gar nicht aussteigen, so war das Boot umlagert. Ein Mann ohne Bluse, der nur an den Breeches und Ledergamaschen als Offizier kenntlich war, rief immerfort: „Ich muß hinüber, ich habe eine wichtige Meldung." – „Sie lügen", schrie ihn jemand an. Da verschwand er in der Richtung eines anderen Pontons.

Der anderen, die sich unseres Bootes bemächtigen wollten, konnte man nicht Herr werden, und wir stiegen aus, nun selbst bis über die Hüften im Wasser watend. Die Strömung war stark, unsere Rüstung schwer, zehnmal drohte jeder von uns umzusinken, bevor wir serbisches Festland betraten.

Dem Befehl des Obersten gemäß wollten wir nach rechts abschwenken, aber Generalmajor Daniel, der mit seinem Generalstabschef Baron Pitreich hier umherlief, beorderte uns zur schleunigen Verstärkung des linken Flügels. Durch einen Verhau gingen wir vorwärts. „Kisch, gehen Sie zurück und führen Sie den übrigen Teil der Kompanie im Laufschritt nach." So eilte ich wieder an das Ufer.

Aus allen Pontons stiegen eben Elfer aus. Die von der 15. Kompanie nahmen am Ufer Liegestellung an. „Das war bös, das mit dem Oberst", sagte mir ein Infanterist, nicht?" – „Was denn?" – „Ja, er ist doch in deiner Gegenwart in die Brust geschossen worden." – „In meiner Gegenwart?" – „Ja, gerade wie du mit ihm gesprochen hast und dich von ihm abwandtest, um zur Böschung zu laufen, hat es ihn erwischt." – „Ist er tot?" – „Weiß nicht."

Inzwischen war alles da. Im Laufschritt gingen wir durch den Wald vor, senkrecht auf den Lauf der Drina, in Schwarmlinie.

Durch das Geäst und an den Stämmen vorbei strichen Kugeln zu Tausenden. Überall Lagen Stücke von Blut, rotbefleckte Hemden, Tücher, Bandagen, weggeworfene Brotsäcke, Gewehre, Stiefel, Tornister. Verwundete schleppten sich vorbei, und so war ich nicht eine Sekunde im Zweifel, daß ich den richtigen Weg führe. Um so überraschter war ich, als wir, die wir uns doch immerfort vom Fluß entfernt hatten, plötzlich wieder am Ufer des Flusses standen. Dann fiel mir aber ein, daß der Strom vor mir nicht mehr die unglückselige Drina, sondern die Save sei. Nun verschoben wir uns nach rechts und waren schnell bei der Plänklerlinie. Dem Gruppenkommandanten, einem Major von 91, meldete gerade ein Infanterist, daß Hauptmann Sychrava von 91 in seiner Stellung durch ununterbrochene Verluste vollständig geschwächt und so gefährdet sei, daß er unbedingt Verstärkung haben müsse, wenn er seine vorgeschobene Position halten solle. Bevor der Major antworten konnte, meldete unser Kompaniechef, daß er zur Verstärkung bereitstehe. Es schien selbstverständlich, daß der Major uns zur Rettung der bedrohten Abteilungen vorschikken werde.

Endlich: „Herr Oberleutnant, verdichten Sie einstweilen den linken Flügel am Wall und warten Sie ab, ob wir vorwärts gehen." Der Infanterist wartete noch immer auf Bescheid. „Sagen Sie Herrn Hauptmann Sychrava: wenn er sich nicht halten kann, soll er bis zu diesem Wall zurückgehen, den ich mit aller Energie . . ."

Wir schauten einander verdutzt an. Blick über die Erdwelle, „diesen Wall": Kukuruzstaude an Kukuruzstaude. Nicht ein Quadratmeter niedergebrochen, geradezu als ob man gefürchtet hätte, Feldschaden zu machen. Die Sichtweite betrug buchstäblich einen halben Meter.

Der Infanterist wollte mit dem Bescheid zu seinen bedrohten Kameraden zurückkehren, als ihn der Major zurückrief und einen blutjungen Kadettaspiranten damit betraute, die negative Botschaft zu überbringen. Der Kadett schwang sich in den Kukuruz, aber in demselben Augenblick kollerte er mit einem Aufschrei zu Boden. Er hatte oberhalb des Ohres einen Schuß in den Kopf bekommen. Man verband ihn rasch. Inzwischen erhielt doch der Infanterist den Auftrag zur Befehlsüberbringung; ihm fiel es gar nicht ein, im ungedeckten Terrain vorwärts zu laufen, sondern er nützte den Schutz der Welle aus.

Während dieser Szenen hatte ein Leutnant, der jedenfalls zum Stab des Majors gehörte, mit unserem Fähnrich ein Gespräch angeknüpft. „*Das ist* eine Mausefalle, was?" Jetzt erst fügte ich mir im Geiste die Grenzlinien unserer Stellung zusammen und erkannte, wie recht er hatte: eine Mausefalle. Links die Save, hinter uns die Save, rechts die Drina und vor uns der dichte, unübersichtliche Mais mit dem Feind darin, der ununterbrochen Projektile in das Wäldchen zwischen Save und Feldrand sandte. Kaum fünfundzwanzig Meter war der Busch breit, wir mußten uns darin gegen zwei Fronten sichern, und seine Bäume markierten deutlich das Ziel, während wir aufs Geratewohl in das Maismeer schossen.

Vor uns knatterten die Schüsse eigener Leute. Wir hätten sie zusammenschießen müssen, wenn wir von hier aus zu feuern begonnen hätten. „Vorwärts!" befahl der Oberleutnant spontan, aber wir waren kaum dreißig Schritte im Kukuruz vorwärts gekommen, als uns, wie von Erinnyen gepeitscht, Soldaten entgegenkamen, Hundertzweier. Sie jagten dem Ufer zu. Wir stockten im Vorgehen, und es bedurfte drohender Schreie der Vorgesetzten, um uns noch einige Schritte vorwärts zu reißen. Aber dann begegneten wir einer ganzen Schwarmlinie, die rückwärts stürmte, ihr voran ein Kadett. „Halt!" schrie ihn unser Oberleutnant an, aber jener rannte weiter: „Halt, Herr Kadett, oder ich schieße!" Jetzt blieb er stehen. Bebte wie ein Kranker. „Ich befehle Ihnen, vorwärts zu gehen!" – „Es ist nicht möglich, Herr Oberleutnant, wir werden *so* beschossen und haben keine Munition." Er stotterte vor Angst, schlotterte mit den Knien. „Kehrt euch und nochmals vorwärts!" – „Ich gehe ja, ich gehe." Aber das half nichts mehr. Seine Leute hatten das Ende der Kontroverse gar nicht abgewartet und waren, in den hohen Stauden unbemerkt, bis an die Deckung gelangt, unsere Leute mit sich schwemmend.

Es war also nichts zu machen. In dem undurchsichtigen Maisgebiet und in der allgemeinen Depression konnte die Kompanie nicht auf einmal vorgehen. Der Oberleutnant befahl die Züge des Leutnants Valek und des Kadetten

Weiser zum Vorrücken, die anderen als Reserve. Wir waren kaum sechzig Schritte weit gekommen, als Hauptmann Sychrava mit einem Teil seiner Kompanie zurückkam. Er hatte sich solange gehalten, als es möglich war. Er war vollkommen verstört. Er nannte immerfort die Namen seiner Chargen, der Leute, die er neben sich hatte fallen sehen, er fluchte und weinte.

Es war der Kamm eines niedrigen, mit Mais bewachsenen Hügels, auf dem wir Position bezogen. Da die Serben auf der anderen Seite des Abhanges lagen, gingen ihre Schüsse zu hoch, und das war der Grund dafür, daß wir bisher verhältnismäßig wenig getroffen wurden. Wir waren schon beim Vorrücken immerfort auf Leichen serbischer Soldaten gestoßen, die noch von Blut trieften, ein Beweis, daß sie erst vor kurzer Zeit hier getötet worden waren und ihre Kameraden nicht weit zurück sein konnten. Das Frontalfeuer war von äußerster Intensität, und vom Finanzwachhaus nächst Serbisch-Rača bekamen wir (schwächeres) linkes Flankenfeuer. Überdies sausten die Kugeln der rechts etwas hinter uns liegenden Abteilungen unserer eigenen Divisionsregimenter allzunah an uns vorbei, weil sie im Kukuruz nicht zielen konnten.

Der Feind durfte auf keinen Fall von der Welle Besitz ergreifen, sonst würde die ganze Division im Wäldchen vernichtet oder ins Wasser geworfen. Deshalb mähten wir den Kukuruz bis zum Wall nieder und hatten im Vorterrain unserer Kompanie nun wenigstens so weit freie Sicht, daß man uns nicht unvermutet mit dem Kolben erschlagen oder ungesehen mit Handgranaten bewerfen konnte. Dann legten wir uns wieder in unserer Deckung zurecht und gruben uns ein. Da ich keinen Feldspaten hatte, scharrte ich mir mit dem Bajonett mühselig und ungeschickt ein kleines Loch. Eine Ordonnanz vom Brigadekommando lief vorbei, ein Bekannter: „Streng dich nicht an, wir bleiben nicht hier." So ließ ich denn die Kugeln mich umpfeifen, und mir taten die dummen anderen leid, die sich im Schweiße ihres Angesichts eingruben, um dann, bis die Deckung fertig sein wird, aus ihr fort zu müssen.

Aber es wurde spät und später als spät, zu den Geschoßbahnen der Gewehrkugeln liefen nun auch Schrapnelle und Granaten parallel, und wir waren noch immer nicht fort. (Die Ordonnanz hatte mich nicht belogen. Wir hatten vorgehen sollen bis unsere Verbindung mit der Landwehr-Infanteriedivision hergestellt sei, die uns links verlängern sollte; aber sie war zurückgeschlagen worden, gar nicht über das Ufer gekommen.) So lag ich, während die dummen anderen längst eine Burg um sich errichtet hatten, in meinem Erdloch und schaufelte mir mit den Händen einen kleinen Erdhügel. Als aber von links immer mehr und mehr Schüsse kamen, legte ich mir dort den Brotsack auf, und wenige Minuten später klirrte das erste Projektil gegen die darin enthaltenen Konservenbüchsen. Nun drehte ich die Mütze um, weil mich das Schild hinderte, den Kopf bis an die Stirne ins Erdreich zu pressen, wenn ich mich nach abgegebenen Schüssen wieder decken wollte. Immerfort schrillten die Kugeln vorüber und schlugen in die Dekkungshügel ein, uns die Erde so heftig ins Gesicht spritzend, daß wir uns schon getroffen wähnten.

Links von meiner Miniaturdeckung sind die verlassenen Schützengräben der Serben, schon im Frieden gebaut. Gegen Schrapnelle, ja gegen Granaten geschützt, betoniert, mit Schießscharten versehen, schier uneinnehmbar. Es waren keine „Hammeldiebe“ oder „Ziegenschänder“, die hier gegen uns auf der Wacht an der Save lagen: eine serbisch-französische Grammatik liegt im Graben, daneben ein serbisch-französisches Diktionär. Anderswo das Notizbuch eines Schülers der 6. Realschulklasse mit dem Stundenplan. Im Augenblick, als die Serben aus dem Schutzdach traten, traf sie der Hagel unserer Schrapnelle. Ein Serbe sitzt auf eine Trommel gestützt, und aus dem Auge des längst Toten sikkert das Blut langsam, wie aus einem Tropfenzähler. Ein anderer liegt mit ausgestrecktem Arm auf dem Rücken und neben ihm – aus seinem Brotbeutel ausgeschüttet – frisches Obst. Wir alle haben Durst und Appetit darauf, aber keiner wagt, das Eigentum des Kalten zu berühren. Ein serbischer Oberleutnant, die Hand am Säbel, liegt auch auf dem Rücken; er ist von unten in das Kinn getroffen worden.

Wir haben uns an die kalte Gesellschaft gewöhnt. Ein junger Zugführer von 91 macht immer Witze. Er steht aufrecht, als ob er am Rosenberger Teich spazierenginge und nicht im Streukegel der Patronen. „Mit den Serben wären wir bald fertig, aber der Kukur ...“ Ein Wimmern vollendet den Satz. Wie einen Nervenriß empfinden wir dieses Wimmern, so schnell es auch verzittert ist. Ich wende mich ab, man ist gerade nervös genug von dem Lärm und der Gefahr. Und jetzt noch das Gekreisch eines Verletzten hören müssen! Aber Gott sei Dank, er schweigt. Schweigt sogar auffallend. Ich schaue über die Brüstung, eine kleine, natürliche Traverse. Da liegt er und röchelt nicht mehr ... Eine Minute später hinkt ein 91er vorüber, den Fuß ganz blutig. „Na also, da geht er“, meint der Hauptmann, „und gewimmert hat er, als ob er zu Tode getroffen wäre.“ – „Das ist nicht der Zugführer, Herr Hauptmann.“ Der Hauptmann schaut hinüber, und es fröstelt ihn.

Leutnant Valek kommt mit den Leuten unseres vierten Zuges von vorn zurück. Er ist in das Schulterblatt getroffen, Oberleutnant Manlik in den Arm geschossen.

Drei Regimenter liegen wir jetzt am Wall, hart aneinandergepreßt. (73 ist drüben Reserve.) Wir sind über 10 000 Leute hier, und von nachmittags bis abends schießt alles Salven. Jeder hat mindestens 140 Patronen. Sagen wir, jeder habe nur hundertmal geschossen, so wären es eine Million Schüsse; und über uns sausen die Geschosse unserer Artillerie. Serbien muß übersät sein von unseren bleiernen Fabrikaten. Vielleicht trifft eines bei Ub eine arme Greisin, die gerade Äpfel pflückt. Und zu den Millionen eigener Geschosse gesellen sich Millionen serbischer Patronen, serbischer Schrapnelle, serbischer Granaten, denn angeblich stehen sechs serbische Divisionen der unseren gegenüber. Es ist unmöglich, durch diese Ziffern irgendwie einen Begriff des Krawalls zu geben, für den das Wort „Höllenlärm“ ein Euphemismus wäre. Wir sind schon ganz apathisch.

Ich hatte Durst und nichts zu trinken. Im Brotsack hatte

ich Schokolade. Ich stand auf und packte den Brotsack aus. Sie war in Wäsche eingewickelt und nicht leicht zu finden. Zwei prächtige Tafeln Schokolade in Originalverpackung. Ich nahm sie heraus und steckte sie in die Bluse. Hinter mir stand ein Oberleutnant, neben mir zwei Infanteristen, denn das Feuer war schwächer geworden. Im selben Augenblick schwirrte eine Granate haarscharf über unsere Köpfe. Das Geäst des Baumes fiel krachend auf uns nieder, und dieweil wir uns zu Boden warfen, spürte ich, wie die Schokolade links neben mir zu Boden fiel. Hauptmann Mimra schrie mir zu: „An Artillerieaufklärer weitergeben: Finanzhaus Rača zusammenschießen!“ Ich wiederholte den Befehl und gab ihn weiter. Das dauerte eine halbe Sekunde. Als ich die Schokolade aufheben wollte, war sie weg. Ich brüllte meine Nachbarn an, ich weinte vor Wut, ich dachte nach, wie ich den Dieb ohrfeigen wollte, wenn ich ihn erwischen würde; anstatt dem Schicksal für jede Sekunde zu danken, in der mich kein Geschoß traf, waren meine ganzen Gedanken bei nichts anderem als bei der Schokolade, die meine Mutter zu Hause verpackt hatte und die nun ein anderer verzehren würde. Ja, ich weinte vor Wut und wünschte nichts, als den Räuber zu erwischen.

Immerfort wankten Legionen Verwundeter vorbei. Wie wird das erst werden, wenn wir vorgehen? Was wird uns der Morgen auf jenen Höhen bescheren? Diese Befürchtungen wurden durch eine Botschaft zerstört, deren Schrecklichkeit noch tausendmal ärger wirkte.

Es war 2 Uhr nachts. Der Kompaniechef rief mich zu sich. „Ich hab das Gefühl, es wird Rückzug sein.“ – „Unmöglich, Herr Oberleutnant, es ist ja keine Brücke geschlagen.“ Er winkte mit der Hand ab, und ich erkannte, daß es nicht *Gefühl,* sondern *Kenntnis* einer Tatsache war, was ihn zur Mitteilung veranlaßt hatte. „Also passen Sie auf: wenn sich der Rückzug vom linken Flügel aus vollzieht, bleiben Sie bei Herrn Hauptmann Mimra als Verbindung zwischen ihm und meiner Kompanie.“

Ich lief zum Hauptmann, vorbei an Leuten, die der Drina

zuströmten. Es waren schon von anderen Kompanien Ordonnanzen da. Ich hörte, wie er sie abfertigte. „Oberleutnant Schier beginnt." Es ging vom linken Flügel an. Drei viertel Stunden lag ich aufgeregt da. Tausende von Menschen waren hier und zur Überschiffung höchstens zwölf kleine Pontons, die gewiß nicht mehr als je vierzig Personen faßten, gelenkt von nur wenigen Truppenpionieren, von denen manche feig, manche verletzt waren. So sollten wir aus der Mausefalle entkommen? Die Szenen von der Herüberfahrt würden sich gewiß wiederholen, wenn nicht übertroffen werden!

Sooft sich eine neue Abteilung vom linken Flügel aus vorschob, ohne daß die schießend und gedeckt in der Schwarmlinie liegenden Leute eine Ahnung davon hatten, erhielten die Kompanieführer ein Zeichen, auf das sie mit dem Kommando zu lebhafterem Schießen reagierten. Unsere Leute, die diesen Befehl als Ausdruck besonderer Gefahr auffaßten, klapperten vor Angst, schossen wie rasend und bohrten die Köpfe in die Deckung.

Um drei Viertel 3 Uhr nachts waren *wir* der linke Flügel. Hauptmann Mimra rief mir zu: „Fünfzehnte los!" Nun war zu allen unseren Zugkommandanten zu laufen, um ihnen den Befehl zuzurufen: „Fünfzehnte Kompanie von Elf Rückzug." Leicht gesagt, aber in der beinahe lückenlosen Schwärze dieser Nacht, im übersteigerten Lärm, während in unsere Schwarmlinie andere Regimenter und andere Kompanien eingekeilt waren, sehr schwer getan. Es durfte niemand von den Kameraden zurückgelassen werden, und so rannte ich von einem Plänkler zum anderen, um den Befehl zu überbringen und nach dem Zugkommandanten zu fragen. Zwei hatte ich verständigt, als sich schon alles zum Rückzug bewegte.

Der Kompaniechef wartete auf der alten Stelle: „Fünfzehnte Kompanie nach rechts verschieben." Zum Wald. Gegen die Drina zu. Immerfort durch Gebüsch, immerfort durch Gestrüpp. Immerfort mußte man sich zu Boden werfen, weil ein Artilleriekomet unsere Kokarden streifte, und bald hatten wir den Weg verfehlt oder glaubten es wenigstens. „Hierher, Herr Oberleutnant“, rief einer, „hierher, Herr Oberleutnant“, schrien die anderen. Wir waren bald nur fünf Leute beisammen, entschlossen uns, zur Save zu gehen und längs ihres Ufers zur Drina; aber als wir an den Fluß kamen, der durch Spiegelung des kläglichen Mondlichtes wenigstens etwas Helle gab, wußten wir nicht, in welcher Richtung die Drina liege. Einer wollte eine Streichholzschachtel ins Wasser werfen, um die Stromrichtung festzustellen. „Nicht die Zündhölzchen, das wäre schade“, wehrten alle. So warfen wir eine Feldpostkarte in den Fluß und sahen, daß wir nach links zu gehen hatten. Trupps von Soldaten brachen aus den Büschen am Ufer und schlossen sich uns an, andere überholten uns, andere kamen uns entgegen und wollten uns einreden, daß unser Weg der falsche, der entgegengesetzte der richtige sei. Wir aber wußten, in welcher Richtung die Feldpostkarte geschwommen war, und der einzige Zweifel war nur, ob wir wirklich an der *Save* seien und nicht vielleicht an der Drina oberhalb der Überschiffungsstelle. Aber bald sahen wir die Drinamündung.

Ein Schrei aus tausend Komponenten, ein einziger Schrei aus tausend Stimmen und ohne Ende, riß an unserem Trommelfell. Wie wir herzklopfend vorausgesehen hatten, als wir den Rückzugsbefehl erhielten: beim Überschiffungsrelais herrschte Chaos. Näher an das Gellen heran, immer lauter wurde es. An Menschenmassen war die Überschiffungsstelle kenntlich. Das Geheul und unsere eigene Angst lähmten uns. Langsam, während das Gedränge uns aufsaugte, begannen wir im matten Licht des Mondes zu unterscheiden.

Leute warfen Tornister und Gewehre auf den Sand, saßen auf der Erde und nestelten hastig an ihren Schuhriemen. Die meisten standen in voller Ausrüstung bis an die Hüften im Wasser, um den Ponton zu erreichen, noch bevor er ans Ufer komme. Sie waren es, die durch schakalisches Gebrüll und durch tobsüchtiges Vonsichschleudern der Arme die Aufmerksamkeit der Pioniere auf sich lenken wollten und mit ihren Nachbarn rauften, weil diese durch noch exorbitanteres Gebaren Berücksichtigung zu finden hofften.

Andere hatten die Absicht, den Strom ganz zu durchwaten, so daß Truppen in geschlossener Masse, bis an den Hals im Wasser, vorwärts gingen. Ihnen schloß ich mich an und drängte, halbgestoßen, vor. Da mein Gewehr mich hinderte, mit den Händen zu balancieren, steckte ich den Kopf in den Gewehrriemen. Immerfort traten wir auf Tornister und Gewehre. In der Mitte des Stromes mußten wir halten, Kameraden kamen zurück: es geht nicht weiter, es ist zu tief, die Strömung zu stark.

Mit einemmal erhielt das Schreien der Massen einen gemeinsamen Text:

„Die Serben sind schon am Ufer!"

Tatsächlich verdichtete sich der Horizontalregen der Kugeln. Nicht mehr über unseren Köpfen flogen die Geschosse, sondern sie durchlöcherten das Wasser. Manche von uns rannten nach rechts zurück, denn nur von links, schien es, kamen die Serben; manche von uns wollten schwimmend das österreichische Ufer erreichen. Fünf Schritte schräg vor mir sah ich einen Offizier energisch schwimmen. Wie mir schien, war es Oberleutnant Batek. Ich rief seinen Namen, aber er hörte mich nicht. Ich wollte ihm nachschwimmen, da tauchte sein Kopf unter und kam nicht mehr zum Vorschein. Entweder hatte ihn eine Kugel getroffen, oder ein Herzschlag hatte ihm den Drinatod gebracht.

Überall das gleiche Bild: an dreißig Ertrinkende, schreiend, röchelnd, schnappend, aus dem Wasser tauchend, versuchten, sich in der Luft festzukrallen und an dem Nichts emporzuziehen; Füße streckten sich aus dem Wasser – – während ich dieses schreibe, zittert meine Hand, ich muß innehalten.

Einige Nichtschwimmer klammerten sich an Schwimmer, die wollten die Last abschütteln, schlugen um sich, bald sanken sie gemeinsam in die Tiefe. Wer in der Nähe den Boden verloren hatte, dem streckten wir, die wir noch in einer Reihe zu stehen vermochten, die Hände entgegen und zogen ihn an uns. Zweien ich. Der erste rannte gleich wieder ans Ufer zurück. Der zweite pustete eine Weile, dann sank er um und verschwand auf dem Grund.

Eine Bewegung nach rechts ging durch die Reihen. Dort fuhren drei Pontons herüber. Mitgerissen eilte auch ich hin, soweit man eilen konnte, wenn das Wasser bestenfalls bis zum Hals, an manchen Stellen bis zum Mund reichte. Der Ponton, zu dem ich kam, war aufgehalten worden und stand nun parallel zu den Ufern. Während alle in neuerlichem Verzweiflungskampf auf der ihnen zugekehrten Seite sich in den Kahn zu schwingen versuchten, stapfte ich zu der entfernteren, dem österreichischen Ufer näher gelegenen Breitwand und hielt mich am Bordrand fest.

Noch ein zweiter ist so schlau gewesen und hängt dort. Einen der in den Kahn Gelangten flehe ich an: „Kamerad, zieh mich in das Boot." Er packt mich, vermag aber nicht, mich über den hohen Rand zu zerren, da ich keineswegs imstande bin, ihm irgendwie zu helfen. Mit einem Blick auf meinen Nachbar, den gleichfalls jemand trotz aller Anstrengung nicht in den Ponton ziehen kann, rate ich meinem Retter: „Hilf zuerst dem da und dann mir." Er tut es, und mein Nachbar ist drinnen.

Der Ponton hat sich bereits gefüllt, Stimmen werden laut: „Abstoßen! Niemand hereinlassen!" Ich bitte meinen Retter: „Also, jetzt komm ich dran", aber er hilft mir nicht, der Insasse, den er unterstützt hat, ebensowenig, und mein früherer Nachbar von der Außenwand, der mir doch sein Leben verdankt, am allerwenigsten.

Inzwischen ist das ganze Fahrzeug, auch meine schon patentiert geglaubte Pontonseite, von mehr als sechzig verzweifelten Händen umklammert. „So können wir nicht rudern", schreien die Pioniere, und das ist das Signal zu einem Angriff gegen uns „Außenseiter". Mit Gewehrkolben schlägt man den draußen Hängenden auf die Finger oder trommelt mit den Fäusten auf ihre Hände, bis diese loslassen. Dann fallen die Armen ins Wasser, gurgeln, tauchen auf, manche zwei- oder dreimal, und sinken unter . . .

Die Aufgabe, mich vom Bordrand abzuschütteln, hat ein

junger Bursche übernommen, dessen Gesicht ich niemals vergessen werde. Ein getreideblondes Haarbüschel schiebt sich aus seiner Mütze weit über die Schläfe, er trägt die papageigrünen Aufschläge der Einundneunziger und hat große, hellblaue, unendlich gütige Augen; mit diesen würdigt er mich keines Blickes, sondern schaut nur ganz sachlich auf meine Finger, die sich verzweifelt an der Brüstung halten.

Seelenruhig kniet er nieder und beginnt, meine Hände abzureißen, gleichgültig, als schäle er Nüsse. Endlich gelingt es ihm, meine rechte Hand zu öffnen; aber kaum macht er sich an die linke, habe ich mich von neuem mit der rechten Hand festgekrallt. So geht es demnach nicht. Einen Augenblick lang sinnt er nach, faßt dann den kleinen Finger meiner linken Hand, den Goldfinger, den Mittelfinger, Zeigefinger, Daumen.

Innerhalb dieser Zeit bin ich keineswegs stumm. Zuerst bitte ich, verspreche, ihm ewig dankbar zu sein, appelliere an seine Kameradschaft, beschwöre ihn beim Leben seiner Mutter und weise darauf hin, daß durch mich das Boot ja nicht umkippen werde. Er läßt sich dadurch in der ruhigen Ausführung seiner Absicht, mich zu ersäufen, nicht stören und hebt weiter meine Finger. Durch Flehen ist nichts zu erreichen. „Schuft“, brülle ich, „ich kenne dich ganz genau, wenn ich hinüberkomme, wirst du als Mörder aufgehängt – es nützt dir auch nichts, mich hinunterzuwerfen, die anderen werden dich schon als Mörder anzeigen!“ Verfehlt den Eindruck. Er hat meine linke Hand bereits gelöst und hält sie mit seiner linken fest, damit sie nicht von neuem die Pontonwand umarme; nun schickt er sich an, mit seiner frei gebliebenen rechten an meinen rechten Fingern die Prozedur fortzusetzen.

Die anderen Insassen sind längst wütend, daß ich mich dagegen auflehne, ertränkt zu werden. „Schmeißt den Kerl ins Wasser!“ Ich will nun nicht weiter lästig fallen und lasse mich ins Wasser plumpsen.

Versuche zu schwimmen. Aber ich kann kein Tempo machen, denn mein Gewehr, das ich vergessen hatte, verschiebt sich zum Hals, und der Gewehrriemen würgt. Außerdem ziehen mich die schweren Kommißstiefel und die Rüstung grundwärts. Den Gewehrriemen über den Kopf zu zerren gelingt mir nicht. Der Ponton hat sich inzwischen gedreht und befindet sich bereits an einer tiefen Stelle. Meine Verzweiflung läßt mich emporschnellen; ich packe die Zille am Heck, meinen Kopf verbergend.

Heilloser Schreck herrscht auf Deck, die serbischen Kugeln pfeifen, Aufwimmern, Schrei, Schrei und Schrei beweisen, daß sie treffen.

Eines von den serbischen Schrapnellen, die bisher rechts und links von uns ihre Füllkugeln oder ihre rotglühenden Zünder in die Drina gesprengt haben, platzt über unserm Boot: Lärm, Geächze, Stöhnen, Flüche und dann Panik: „Der Boden ist durch!" – „Schnell die Löcher zustopfen!" – „Zeltblätter heraus!" – „Mäntel hineinstecken!" Ich höre tausend derartige Rufe, ohne etwas zu sehen. Nebenan gleitet ein anderer Ponton, in den nacheinander zwei Schrapnelle einschlagen. Er kippt um, ich wende die Augen weg – – –

Unser Vehikel wird von der Strömung abgetrieben, etwa zweihundert Schritte weiter nördlich kommen wir an das österreichische Ufer. Sappeure und einige Infanteristen helfen ans Land; bevor ich mich aber von der Hinterwand mit den Händen vorwärts gegriffen habe, sind alle ausgeschifft, alle aus dem Kugelregen geflüchtet, das Wrack zurücklassend.

Ich versuche an das Land zu steigen – das Wasser ist zu tief, die Strömung zu stark, ich rufe um Hilfe. Manche, die die Böschung hinaufeilen, wenden sich um, jedoch keiner kehrt zurück. Ich erkenne einen Kompaniekameraden. „Neumaier!" schreie ich. Er dreht sich um: „Wer ruft mich?" – „Ich, der Kisch." Er kommt herunter, um mir sein Gewehr entgegenzustrecken, ich fasse es, und er zieht mich ans Ufer. Es ist steil und glitschig, ich rutsche aus; in meiner Schwäche verliere ich das Gleichgewicht, stürze rücküber ins Wasser. Neumaier springt mir, der ich mich wieder aufgerichtet habe, nach. Wir stehen bis an den Hals im Wasser. Er stellt sich hinter mich, fest hält er mich an den Hüften, stößt mich vorwärts über den Uferdamm, Boden spüre ich unter mir, Boden.

Eine Kolonne wie die von Falstaff Geworbenen, jämmerlich und elend, trabt im Gänsemarsch längs der Böschung. Nackte Soldaten, Soldaten in Unterhosen, Soldaten in voller Rüstung, Soldaten bloß in Zeltblättern trotten apathisch. Zwischen Neumaier und mich haben sich bereits andere geschoben.

Links ein großer Baum. Das ist der Sanitätshilfsplatz der Hundertzweier, fällt mir ein, den wir beim Hinmarsch gesehen haben, Dr. Klein, Dr. Turnovsky oder Dr. Wollin werden mir irgendwie helfen. So biege ich ein, binnen fünf Minuten bin ich bei dem Baum. Ein Baum wie hundert andere, keine Spur von Hilfsplatz. War's nicht dort der nächste Baum? Im Nu habe ich die Richtung verloren, irre allein über Kleefelder, während an den Ufern aus Patronenmagazinen ununterbrochen debattiert wird und Geschosse, den einsam Gehetzten umflitzend, das einzige Zeichen sind von Menschlichkeit.

Dreißig Schritte vor mir, aus einem Gebüsch, ruft mich ein Posten an: „Halt, wer da?" Ich weiß kein Erkennungszeichen, weder Feldruf noch Losung, da ich im geschlossenen Zug eingeteilt war; aber der Buschmann beharrt darauf, vielleicht hätte er mich erschossen. Zum Glück erinnerte ich mich, daß die Feldwachen heute morgen von den Dreiundsiebzigern bezogen wurden, und gebe mich durch egerländische Mundart als Freund zu erkennen: „Seid's diats Dreisiebzger? I tirt gern mit enkern Kummadanten riadn." Zwei Mann führen mich zum Leutnant, der mich anschreit: „Elender Drückeberger, du bist aus der Schwarmlinie geflohen!" Er weiß noch nichts von dem allgemeinen Rückzug, da an seiner entlegenen Feldwache keine Truppen vorbeigekommen sind. Schließlich läßt er mich passieren, weist mir die Richtung nach Velino-Selo. Nach zehn Minuten habe ich den Weg nach Velino-Selo erreicht. Tausende von Soldaten lagern da, sie haben ihre Hemden ausgezogen, um sie auszuwinden und dann wieder anzuziehen.

Endlich ein Haus, ein Gendarmeriekasernchen, Soldaten davor, mit ihrer Toilette beschäftigt. Hier leere ich meinen Brotbeutel, die Reserveportion Zwieback liegt als flüssiger Brei im Säckchen. Meine Briefe und Karten sind aneinandergeklebte Fetzen, ebenso die alten Stücke Zeitungspapier, die ich für alle Fälle aufgehoben hatte; mein Tagebuch ist, soweit es mit Tintenstift geschrieben war, ganz verwischt und verschwommen; mit dem Tintenstift kann ich nicht mehr schreiben, seine Mine hat sich aufgelöst. In meiner Hosentasche hat sich die Blechkapsel geöffnet, und das Legitimationsblatt ist unleserlich geworden. Gleichgültig, mag man mich als X oder Y begraben!

Beim Gendarmeriehaus treffe ich meinen Retter. Er raucht. „Neumaier, gib mir einen Zug!" – „Ach was", damit lehnt er ab.

Vor Dolni Brodac, unserem alten Lager, warten Soldaten, jeden Vorbeikommenden nach dem Verbleib von Bekannten befragend, beliebte Kameraden stürmisch begrüßend. Auch eine Gruppe von Offizieren sitzt dort, unter ihnen mein Oberleutnant, der in dem umgekippten Ponton war, sich aber doch gerettet hat, ein Oberleutnant, dessen Arm durchschossen ist, ein Leutnant, der vier Schüsse in den Schultern hat, und andere.

Sie fragen, ob ich nicht von irgendeinem verletzten Offizier wisse. „Kirrmann ist tot." – „Das haben wir auch schon gehört, aber es soll nicht wahr sein." Einer erzählt, daß er ihn zerschmettert gesehen. Da schweigen sie. Sie nennen die Namen anderer gefallener Offiziere. „Was ist mit Oberleutnant Batek?" frage ich, mich meines schwimmenden Nachbarn aus der Drina entsinnend. „Vermißt." Hauptmann Mimra liegt fiebernd in seinem Zelt, Lungenentzündung.

Die Kompanie rangiert sich, die Verluste sollen aufgenommen werden. „Unser Zug ist schön zusammengeschrumpft", wende ich mich mechanisch an meinen Schwarmführerstellvertreter, der immer neben mir in der Einteilung stand. Ein anderer antwortet. Korporal Czeschka fehlt also auch. Er war zur Dekorierung eingegeben, weil er vor vierzehn Tagen zur Rettung unserer Patrouille im Feindesfeuer durch die Drina geschwommen war. Wie hatte er sich, unserem Spott zum Trotz, auf die Medaille gefreut! Von meinen Kumpanen fehlen über zwanzig. In den anderen Kompanien sollen die Verluste noch größer sein. Und erst bei den anderen Regimentern unserer Division!

Den ganzen Morgen weine ich grundlos und unvermittelt, nachmittags lache ich, bin kindisch geworden. Trotz Übermüdung und Hitze kann ich nicht einschlafen. Alle sind in ähnlicher Stimmung.

Ich komme an unserem vierten Zug vorüber, der besonders viel Verluste hat; eine Gruppe sitzt traurig, niedergeschmettert da: „Weißt du schon: unser Schimmel ist auch tot." Ja, ich weiß schon, daß unser Munitionstragtier ertrunken ist.

Manche Chargen, die im Mobilisierungsrummel von Pisek keine Distinktionssterne kaufen konnten, hatten sie mit Tintenstift auf den Blusenkragen gemalt. Im Drinawasser sind nun diese Sterne sehr groß geworden. Darüber lachen sich jetzt alle schief: „Schau, was der für einen großen Stern hat – muß der stolz darauf sein, daß er Gefreiter ist." Auch ich kichere stillvergnügt in mich hinein.

Donnerstag, den 10. September 1914.

Wir liegen auf unserem alten Lagerplatz, der allerdings inzwischen zur Hälfte von zwei Divisionen Windischgrätz-Dragonern mit Beschlag belegt worden ist. Das Geheimnis jener Enthüllung, die der Oberstleutnant vorgestern abend dem Kompaniekommandanten gemacht hatte, ist nun keins mehr. Seine Mitteilung besagte: „Der Kommandant der Balkan-Armee hat sich entschlossen, seine Aufgabe in offensiver Weise zu lösen. Die 9. Infanterie-Truppen-Division soll bei Rača die Save an der Drinamündung überschreiten, rechts hiervon die 36. Infanterie-Truppen-Division, links davon die 21. Landwehr-Infanterie-Truppen-Division."

Wie unsere Offensive ausgefallen ist, habe ich schaudernd miterlebt, wie unsere Nachbarn abgeschnitten haben, darüber legt der Divisionsbefehl Rechnung:

„Die 36. Infanterie-Truppen-Division vermochte im Laufe des gestrigen Tages infolge überlegenen feindlichen Widerstandes den Fluß überhaupt nicht zu überschreiten. Die 21. Landwehr-Infanterie-Truppen-Division wurde im Laufe des Nachmittags über die Save zurückgedrängt. Infolgedessen mußte auch die am serbischen Ufer isolierte und von überlegenen feindlichen Kräften umfassend angegriffene 9. Infanterie-Truppen-Division den Rückzug antreten. Derselbe wurde im Laufe der heutigen Nacht und des heutigen Vormittags durchgeführt und gestaltete sich (trotz vollständigen Versagens der zugeteilten Pionierkomp.) weniger verlustreich, als ursprünglich angenommen wurde. Ich kann zum Schluß nicht umhin, den Truppen der Division, Offizieren und Mannschaften für ihre, von vereinzelten Ausnahmen abgesehen, mustergültige Haltung in den letzten 24 Stunden meinen vollsten Dank und meine vollste Anerkennung auszusprechen.

Scheuchenstuel. F. M. Lt. m. p."

Freitag, den 11. September 1914.

Um 5 Uhr früh Alarm, aber es wird erst um 7 Uhr früh abmarschiert. Der Marsch geht über eine schöne Etappenbrücke, die von den Sappeuren, mit einem Materialaufwand im Werte von einer Million Kronen, über die Save hergestellt wurde, nach Slawonien. Wir kommen auf die Rača-Halbinsel, die von der Saveschleife gebildet wird. Das Ufer ist mit Stacheldraht und durch Wolfsgruben geschützt. Die Brücke wird von kroatischen Landstürmern und Monitoren bewacht. Unser Regiment bezieht Feldwache am Saveufer bei Bossut und südlich von Rača in einer kleinen Festung; unsere Kompanie und die 16. bilden die Hauptpostenreserve in dem von Einwohnern verlassenen Ort. Das Kommando über uns führt Major Banauch, nervös und herumschreiend wie in Pisek. Wir heben Deckungen aus und hören vor uns dichtes Artillerie- und Infanteriefeuer. Auf dem Bahnhof steht ein Eisenbahnzug andauernd unter Dampf. Der Stationsvorstand wurde gestern gehängt, weil er den Serben die Abfahrt der Züge signalisiert hatte. Außerdem wurden in Dolni Brodac Leute gehängt, die den Serben durch nachgeahmtes Hahnengeschrei Truppenbewegungen angezeigt haben sollen. Aber auch die wirklichen Hähne geraten in Aufruhr, wenn die Truppen sich bewegen, deshalb müssen auch sie getötet werden. Das ist recht! Warum sollen es die Hennen besser haben als unsere Frauen zu Hause?

Samstag, den 12. September 1914.

In der Nacht heftiges Feuer hörbar. Die Serben haben einen Angriff auf die alte Festung gemacht und wurden von der Kompanie Popelak und den Monitoren zurückgeschlagen. Die alte Festung, die noch vor kurzem als Powidl(Pflaumenmus)fabrik adaptiert war, ist nun wieder befestigt worden, so daß sie mindestens ebenso sicher ist wie zur Zeit Maria Theresias, da die Türken auf dieses Bollwerk stolz waren. In einer kleinen Küche habe ich mit einigen Kameraden einen Haushalt etabliert. Wir kochen am Herdfeuer, ich habe aus einer Kutja, die ich aufgebrochen habe, einige Kartoffeln gestohlen, worauf Todesstrafe durch Erhängen steht, und wir essen abends mit bestem Appetit Erdäpfelpüree. Ich bin aber den ganzen Tag in einer schlimmen Stimmung; ich spreche nur sehr wenig und kann nicht einschlafen, weil es mich beunruhigt, keine Post erhalten zu haben; im letzten Brief stand, daß mein jungverheirateter Bruder vom russischen Kriegsschauplatz seit Wochen nicht geschrieben habe. Ich male mir alle Schicksale, deren erschauernder Zeuge ich in den letzten Tagen war, mit Projektion auf ihn aus und stelle mir die Wirkung der ausbleibenden Mitteilungen auf meine Mutter und meine Schwägerin vor.

Sonntag, den 13. September 1914.

Am Morgen wurden fünf Leute verhaftet, darunter vier aus unserer Kompanie, weil sie in ein Haus eingebrochen sind und sich verschiedene Eßwaren angeeignet haben. Sie wurden gefesselt in den Ortsarrest abgeführt und harren des standrechtlichen Verfahrens. Um 7 Uhr früh fuhren unsere Köche zum Regiment nach Bossut, um Proviant zu fassen. Sie sollen die Post mitbringen, und ich laufe ihnen um halb 9 Uhr an den Ortsrand entgegen, um möglichst bald im Besitz meiner Briefe zu sein. Endlich kommen sie. Ich reiße dem Zugführer die Briefe aus der Hand: für mich ist keiner darunter. Verzweifelt gehe ich in den Kompaniebereich und werfe mich in das Gras, als ein Koch auf mich zukommt. Er habe zwei Karten für mich eingesteckt, um sich eine Zigarette als Botenlohn zu verdienen. Es sind gute Nachrichten, so daß ich fast von meinem Aberglauben geheilt werde. Es ist ein glücklicher Dreizehnter *bis jetzt*. Mein Bruder hat seiner Frau einen witzigen Brief gesandt, und es geht ihm gut. Ein Mitschüler, jetzt als Pionierkadett beim Bau der Savebrücke tätig, bringt mir Zigaretten.

Die Ortschaft ist evakuiert. Nur in einem der verlassenen Häuser ist eine kranke hilflose Greisin aufgefunden worden. Schon die Landwehrsoldaten scheinen sie gelabt zu haben, denn Kommißbrotreste liegen an ihrer Bettstatt. Wir setzen das Samariterwerk an der Alten fort, die geistig vollkommen frisch und sehr beredt ist, und unser Arzt gibt ihr Medikamente.

Es regnet ein wenig. Die Apfelbäume stehen in zweiter Blüte. Auch der wilde Oleander ist mit blaßroten Blüten bedeckt. Durch die Felder laufen hungrige Hunde des Dorfes, und Krähen streichen in Schwarmlinien durch die Luft, aufgescheucht durch Aeroplane. Bei Nacht fährt ein Motorboot, das uns gehört, zur Bewachung der Save fast lautlos – nur sein Plätschern im Wasser, nicht aber der Motor, ist hörbar – hart am Ufer bis zu einer Wassermühle, die östlich von Rača liegt. Ein Witz bezeichnet sie bereits als die „Zwickmühle“.

Wir heben Deckungen aus, etwa 500 Schritt hinter dem Ufer parallel zu diesem; wenn unsere Kompanie von der Festung zurückgeschlagen werden sollte, wäre dies unsere Verteidigungslinie. Am Bahnhof baut eine Korneuburger Eisenbahnkompanie Rampen aus starkem Buchenholz. Mit Schotter bestreute Dächer sichern die Strecke vor Artilleriefeuer.

Nachmittags hatte ich mit zwei Mann die kleine Wassermühle zu durchsuchen, die hart neben dem Ort in der Save verankert ist. Die Tür war nur angelehnt, Strindbergs „Kronbraut" wird im Moment des Eintritts lebendig. Ein ganz seltsames, naturhaftes Familienleben müssen hier auf dem Wasser die Müllersleute geführt haben. Noch liegen Kinderkleidchen auf dem Boden, bunte Schafwolljacken sind nicht zu Ende gewebt, Netze beim Knüpfen liegengelassen worden, kleine Schemel stehen umher, auf denen im Winter die Müller im Kreise saßen und Pflöcke für die vier Räder im Innern der Mühle schnitzten, neue Bretter für das mit Tang und Schilf über und über behangene Schaufelrad sägten oder für den kleinen Schüttboden. Der Schüttboden wackelt noch ein wenig, und auch die Mühle schaukelt leicht. Mehlsäcke liegen halb angefüllt da, Scheffel, eine Rakjaflasche ...

Bis hierher war dieser sonntägige Dreizehnte schön, bis hierher galt das Wort, das ich mittags vom ausnahmsweise glücklichen Dreizehner in das Tagebuch geschrieben, wobei ich die Worte „bis jetzt" unterstrichen hatte, damit der Tag nicht vor dem Abend gelobt und der Oppositionsgeist des Schicksals nicht herausgefordert werde. Aber gegen 6 Uhr ging ein grauenhafter Regen nieder, und es wurde uns mitgeteilt, daß abends Abmarsch gegen die Save sei. Hol's der Luchs! In diesem Hundewetter aus dem Ort hinaus, um den Übergang der Landwehrdivision zu unterstützen, der sich links von uns vollziehen wird. Wozu das alles!

Wir sind drei Korps stark aus Serbien verjagt worden. Ein Korps mußte das mit großen Opfern genommene Schabatz verlassen. Der letzte mißglückte Drinaübergang steckt uns noch in den Gliedern, und jetzt soll man mit nichts als vier Landwehr-Regimentern über den tödlichen Fluß, der so schwer zu überschreiten ist. Wenn wir hier genügend Streitkräfte zu einer Offensive hätten! Aber hinlaufen, um den stärkeren Buben in den Popo zu zwicken, und dann wieder wegrennen – ich finde das kindisch, Herr Kommandant der Balkanstreitkräfte!

Jeder Wechsel schreckt den Glücklichen, und hatten wir auch hier in Syrmisch-Rača wenig Glück gefühlt, so schreckt uns doch der Wechsel, wieder bei Nacht und Sturm in feindliches Feuer zu müssen. Das Wasser steht in den Gärten und an den Straßenrändern mehr als kniehoch. Man würde vor lauter Dunkelheit nicht einmal ein Licht sehen, wenn überhaupt eines angezündet werden dürfte.

Ich habe keine Strümpfe an, sondern Fußlappen, die sich in meinen Riesenstiefeln längst vorgeschoben haben, so daß Beine und Füße ganz nackt sind, und das Wasser schwappt im Stiefel, als wollte es den Rheumatismus mit Fanfaren ankündigen.

Wir fassen 180 scharfe Patronen pro Mann, jeder nimmt Schaufel oder Hacke, Feldschaufel oder Beilpicke in die Hand, und lautlos, nur flüsternd fluchend geht es nun südwärts aus der Stadt, der Halbinselspitze zu. Wir besetzen das österreichische Ufer im nördlichen Teil der Saveschleife gegenüber unserer Insel Mlinski ot und bekommen von dort serbisches Feuer. Es kann auch möglich sein, daß es nicht von der Insel kommt, sondern von der serbischen Savehalbinsel Paraschnitza und ihrem Wald Račanski ključ. Wir erwidern das uns zugedachte Schrapnellfeuer, indem wir die Insel überschießen. Das Erdreich ist hart wie Stein; ich muß erst mit dem Bajonett wütend hineinstoßen und stochern, damit ich es ein wenig für die Behandlung mit dem Feldspaten lockere. Ein besonders wütender Bajonettstoß geht in meine linke Handfläche, reißt ein Stück Fleisch vom Daumenballen mit, und ich blute wie ein Schwein. Dabei ist mein Seitengewehr dreckig und rostig.

Von der Saveschleife hinter uns schießen die Monitoren über uns weg: nach Serbien. Außer meiner Verwundung spüre ich wieder Darmschmerzen.

Montag, den 14. September 1914.

Gleich morgens wird es sympathisch wärmer, und Oberleutnant von Raschin bringt von den Monitoren her Nachrichten. Vielleicht sind sie nicht wahr. Das 15. Korps in siegreichem Vorrücken durch Serbien von Süden gegen Norden, die Überschiffung der Landwehrdivision geglückt und die serbische Division, die vor drei Tagen bei Mitrowitza nach Österreich eingebrochen war, geschlagen. Österreichische Truppen müssen jedenfalls schon in Serbien sein, denn wir sehen einen Fesselballon aufsteigen, der unserer Artillerie verkündet, wo sich die Infanterie aufhält. Weit rechts am Horizont brennt ein Dorf oder ein großer Schober.

Um 4 Uhr nachmittags wurden wir abgelöst und sollten nach Syrmisch-Rača in unseren alten Lagerplatz zurückkehren. Unsere Freude darüber war nur kurz.

Allzu vorteilhaft sticht dieser Vierzehnte von dem Dreizehnten nicht ab. Wir sind noch nicht im Hof, den wir bewohnt hatten, als schon Ordonnanzen umherschwirren: wir werden in der Nacht vom 15. Marschregiment abgelöst. Ob wir nach Serbien zur Unterstützung der Landwehr müssen oder ob wir, wie ein anderes Gerücht besagt, die Sicherung der Brücke übernehmen werden, ist noch ungewiß.

Bevor wir noch vergattert sind, beginnen die Serben Rača zu bombardieren.

Vor unserem Abmarsch sollte noch Kaffee ausgeteilt werden. Wir stellten unsere Schalen auf den Rand des Kessels der Fahrküche. Plötzlich krepierte ein Schrapnell gerade vor uns. Einer von den gestern wegen Plünderung verhafteten und heute wegen des Gefechtes freigelassenen Infanteristen wurde in den Hals getroffen, daß das Blut in den (auch mit Füllkugeln gesegneten) Kaffeekessel spritzte. Auf allen vieren kroch er in das neben unserer Kompanie befindliche Marodenhaus und soll dort verblutet sein. Wir zogen von 5 Uhr an hinter Rača umher und lagerten schließlich am Bahndamm.

Gegen halb 7 Uhr fuhr ein Eisenbahnzug vorüber. Er verließ das preisgegebene Rača. Er pfiff ganz regelrecht, als ob er nicht fast im Feindesland zwischen Artilleriegeschossen fahre, sondern schnurstracks zwischen Pisek und Prag. So ergriffen hat uns schon lange nichts mehr wie dieser Eisenbahnzug. Alle schauten ihm entgeistert nach.

Dienstag, den 15. September 1914.

Seit 4 Uhr marschieren wir kreuz und quer, bald hierhin, bald dorthin beordert. Um 8 Uhr früh gehen wir im Verbande mit der 13. Kompanie (Popelak) über die Savebrücke zur Verstärkung der Landwehrschwarmlinie ab. So überschreiten wir nun wieder die serbische Grenze, zum dritten- und hoffentlich letztenmal!

Es ist der von der Saveschleife nördlich der Drinamündung gebildete sackartige Zipfel, die Halbinsel Paraschnitza, auf der wir vorrücken; sie ist vom Ufer bis zu den angeblich betonierten und zementierten Chaussee, die bei Černabara den Abschluß des Zipfels bildet, fünf Kilometer lang. Diese hoch aufgedämmte Chaussee, welche von Mitrowitza über Ravnje nach Černabara führt, sollen wir erreichen.

Unsere Kompanie wird an den linken Flügel gesendet und dem Regimentskommandanten von 7er Landwehr, Oberst Zappe, unterstellt. Das Vorrücken in dem dichten Wald, dem Račanski ključ, ist gefährlich, es haben sich Züge und Teile der Schwarmlinie losgebröckelt, und unausgesetzt geht es an Leichen vorbei, die erst drei Tage hier liegen und doch schon ganz schwarz geworden sind, so daß die Toten mit den von der schwarzen Gesichtsfarbe grell abstechenden weißen Gebissen aussehen wie Orang-Utans. Und der Verwesungsgeruch bringt die Lebenden vollends der Ohnmacht nahe. Hinter allen Sträuchern stekken Landwehrleute, die nicht vorgehen wollen, und unsere Offiziere und Soldaten beschimpfen nicht nur die sich Verbergenden, sondern auch generalisierend alle „Landwehraken“.

Wir waren wiederholt von Landwehrgruppen zurückgerissen worden, welche aus der Schwarmlinie flüchteten.

Man sammelte sich immer wieder und ging von neuem vor. Nachmittags wurden ein Kadett und 20 Mann zum Patronenfassen beordert, ich, als ein Kenner des Weges, mit ihnen. Unterwegs holten uns flüchtende Landwehrplänkler ein. Im Nu war unser Fassungs-Detachement zerstoben, aber bald auf 120 Mann angewachsen: jeder motivierte seinen Rückzug damit, daß er Patronen fassen gehe. Natürlich wurde niemand über die Brücke gelassen.

Vor der Brücke war der Hilfsplatz der Sanität etabliert. Hier lagen viele im Sterben, und der Geistliche gab ihnen die Letzte Ölung. Ein Kadett schlug im Todeskampf mit den Füßen um sich und fiel dann leblos von der Tragbahre. Unauslöschlich schreckliche Bilder. – Der Hilfsplatz wurde gegen 6 Uhr abends von Schrapnellen beschossen und mußte über die Brücke verlegt werden. Unsere Leute, die die Patronen nach vorn tragen sollten, stoben beim Beginn des Bombardements auseinander, und erst als wir einige Kisten auf die Fahrküchen aufladen konnten, gelangten wir vorwärts.

Hundert Soldaten mit Schußwunden humpelten vorüber – fast durchweg Selbstverstümmelungen. Meistens sind sie in den Zeigefinger der linken oder der rechten Hand oder in den Fuß getroffen – am Pulverrauch der Wundränder erkennt man das eigene Fabrikat.

Eine kompaniestarke Abteilung von solchen anscheinend selbstverletzten Soldaten zieht von der Divisionssanitätsanstalt unter Bedeckung von Feldgendarmen wieder in die Schwarmlinie. Gewiß sind nicht alle von ihnen Selbstverstümmler und müssen doch dafür büßen, daß die anderen sich durch ein Blutsopfer am eigenen Leib dem Kampf zu entziehen versucht haben. Es ist in der menschlichen Natur begründet, daß man sich lieber eine schwere Wunde selbst zufügt als sich der Möglichkeit aussetzt, eine vielleicht leichtere zu erhalten. Gibt es doch auch Selbstmord aus Angst vor dem Tode.

Wir kamen an der Save vorüber. Überall am Ufer liegen Leichen unserer Soldaten, die genau vor einer Woche in der Drina den Tod gefunden haben und nun von der Save angeschwemmt werden. Oft mehrere nebeneinander, an einer Sandbank ihrer sechs, alle in der gleichen Lage: nur Rücken und Hinterkopf sind sichtbar, als ob sie im Wasser knieten, um sich zu waschen, und den Kopf untertauchten. Die Uniformen glänzen infolge der Nässe und sind vom Wasser geglättet, so daß es den Anschein erweckt, als ob es lauter Offiziere in Extrauniformen wären. Neben der Totenreihe trinken die Soldaten gierig das gute, kühle Wasser.

Mittwoch, den 16. September 1914.

Die ganze Nacht im Gefecht. Dreißig Schritte vor uns lagen die Serben unter Bäumen, im Mondschein sah man, wenn einer aufstand und lief und meist getroffen wurde. Gegen 1 Uhr nachts bekam der Oberleutnant eine verschlossene Meldung. Ich wußte sofort, was sie enthielt, denn er reichte seinem Burschen Uhr, Brieftasche und Portemonnaie und gab ihm Verhaltungsmaßregeln. Ich kenne diese Anzeichen: das ist Sturm.

Knapp vor 4 Uhr ein Befehl von Mann zu Mann: „Obacht geben und lebhaft schießen", und dann Punkt 4 Uhr: „Feuer einstellen, Aufsatz normal, Bajonett auf!"

Der Bataillonshornist von der Landwehr stieß in die Trompete. Sturmsignal!

„Vorwärts, hurra!" Wir laufen vorwärts. Nach 5 Schritten ist unsere Schwarmlinie gelockert. Nach 10 Schritten beträgt der Plänklerabstand schon über 15 Schritte, so viele sind gefallen.

An ein Weiterstürmen ist nicht zu denken. Rechts und links flutet alles in die Deckung zurück. Wir natürlich auch. Der Sturm ist abgeschlagen. Wir verbinden Kameraden und sehen Kameraden sterben. Um 5 Uhr kommt der Befehl zu neuerlichem Sturm, da er am rechten Flügel geglückt ist und Anschluß hergestellt werden muß.

Wieder: „Hurra!" Diesmal geht's schneller. Wir sehen, der Tod ist uns sicher, es gibt keine Rettung mehr, und deshalb wollen wir's lieber rasch abtun. Nur nicht denken. Schon sind wir zwanzig Schritte vorwärts gekommen, schon sehen wir, daß wir im nächsten Augenblick in der feindlichen Stellung sein werden, daß das Handgemenge unvermeidlich ist. Die meisten der Serben wenden sich um und jagen davon. Nur wenige bleiben liegen und repetieren wie wahnsinnig.

Ich renne schräg gegen einen zu. Ich bin einen Schritt von ihm entfernt, als er mich sieht. Er will noch schießen, aber ich trete auf sein Gewehr. Er springt auf und krallt mir in die Augen, dann läßt er mit einem Aufschrei los. Infanterist Patocka von meinem Schwarm hat ihn in die Hüfte gestochen. Mit vertierten Augen dreht sich der Serbe gegen den neuen Angreifer. Aber da hat er schon den zweiten Bajonettstich vom Infanteristen Dejmka im Unterleib. Er sinkt zusammen.

Links einige Kolbenkämpfe, aber kein Zweifel, die Deckung ist genommen. Wir müssen uns schnell wieder eingraben, denn dreißig Schritte vor uns liegen die Serben in neuer Stellung. Wir atmen keuchend.

Wir haben keinen Zugkommandanten mehr. Kadett Benesch verletzt, Kadett Lenz verletzt, ihre Stellvertreter, die Zugführer Brettl, Krebs, Patleich und Raba verletzt, elf Infanteristen tot, davon vier aus meinem Schwarm.

Freitag, den 18. September 1914.

Sechs Kompanien unseres Regiments haben die Landwehr abgelöst. Neben unserem Loch hat die 16. Kompanie Deckungen ausgehoben. Ich unterhielt mich mit dem Kadetten Kraus, als es hieß, daß die 16. Kompanie als Nachrichtenabteilung vorwärts zu gehen habe. „Laß mir die Zeitung hier“, schrie ich dem Kadetten zu, der an der Spitze seines Zuges marschierte. – „Warte, bis ich sie ausgelesen habe, ich schicke sie dir zurück.“ – Jetzt sind wir wieder allein. Der Hauptmann schickt mich zum Adjutanten des I. Bataillons; ich gehe zum linken Abschnitt, wo ich eine Order notiere. Plötzlich bekommen wir mörderisches Feuer, alles läuft in die Deckungen. Ich ziehe es vor, rasch zu meiner Kompanie zurückzukehren, bevor sie fortmarschiert. Ich laufe über die Wiese und freue mich, daß ich schon etwa einen Kilometer zurückgelegt habe, also mehr als die Hälfte des Weges, und außerhalb des Feuerbereichs bin. Ob nur das Regiment nicht bereits abgegangen ist? Ich habe meine Ausrüstung dort gelassen, nur das Gewehr hatte ich umgehängt ... Herrgott, das Gewehr! Das habe ich richtig im linken Abschnitt vergessen, als ich die Meldung abschrieb. So unmilitärisch bin ich in den zwei Tagen schon geworden. Nun muß ich den gefährlichen Weg zurück, den ich glücklich überstanden glaubte. Nach zwanzig Minuten komme ich wieder unversehrt zum Kompaniekommando, wo ich den Feuerangriff melde.

Wenige Minuten später sprengen die ersten Leute der 16. Kompanie ohne Rüstzeug, ohne Gewehre heran. Sie sind unvermutet an die serbische Position auf zehn Schritte angerannt, haben überdies Flankenfeuer bekommen und wurden auseinandergetrieben. Nach und nach kehrt die ganze Kompanie in ungeordneten Trupps zurück, viele verwundet. Es dauert über eine Stunde, bevor sich alle sammeln. Ich sehne mich nach der Zeitung und frage nach dem Kadetten Kraus: „Der hat einen Bauchschuß und wurde zum Hilfsplatz getragen – hoffnungslos."

Abends Regen, ich muß mir in einer Pfütze mein Lager zurechtmachen. Der Oberstleutnant ißt zwei Sardinen aus einer Büchse. Auch der Adjutant bekommt eine Sardine. Wenn mir doch jemand wenigstens ein Stückchen Brot schenken würde!

Samstag, den 19. September 1914.

Morgens Marodenvisite. Von der 16. Kompanie kommen etwa 140 Leute zur Untersuchung. (Der ganze Stand beträgt 200.) Sie haben Rheumatismus, Ruhr, Kolik, schwere Verstauchungen usw. Nur ein Drittel wird anerkannt und darf auf dem Hilfsplatz bleiben, obwohl auch die anderen nach Ansicht der Ärzte keine Simulanten sind. Aber was tun? Man hat keine Medikamente, nicht einmal Opium, sehr wenig Watte, fast kein Verbandzeug, keine Möglichkeiten zur Pflege.

Ich lasse von einem Freunde, dem Mediziner Ninger, meine Bajonettwunde untersuchen, die übel aussieht, um so mehr, als ich meine Hand seit sechs Tagen nicht gewaschen habe (und vorher kaum gewaschen). Der Medikus macht ein bedenkliches Gesicht, die Wunde sei ganz eitrig und die Gefahr, daß Phlegmone und Blutvergiftung hinzutreten können, sehr groß. Er desinfiziert sie, so gut es geht.

Nachmittags um 3 Uhr gehen wir vor. Nach 200 Schritten kommen wir zur ersten serbischen Deckung. Überall stinkt es von serbischen Leichen, und auch unsere Landwehrsoldaten sehen wir tot und unbegraben auf dem Feld. Einem nehme ich einen Löffel aus dem Brotsack. Es geht mir zwar etwas gegen das Herz, aber zu lange habe ich ohne Löffel gegessen.

Die serbischen Deckungen sind nicht so gut wie jene am Ufer, die seit drei Jahren (von Berufsarbeitern wohl) sorgsam hergestellt wurden. Aber als Gefechtsdeckungen sind auch diese hier ganz vorzüglich, und wie verzweifelt man sie verteidigt hat, ist daraus zu ersehen, daß die Toten auf Plänklerdistanz, ja in Abständen von zwei Schritten, nebeneinanderliegen. Und inmitten dieses Leichenfeldes muß man lächeln, wenn ein aus dem Pensionsverhältnis ausgegrabener Major mit einem Blick auf die infolge Verwesung ganz schwarzen und weithin riechenden Leichen, vor deren Mund und Nase das Blut in Batzen erstarrt ist, vorsichtig bemerkt: „Achtgeben, ob die auch wirklich tot sind!"

Ich suche Charakteristika in der von den Serben geräumten Deckung. Es sind meistens Spielkarten darin, Flaschen, keine Bücher mehr, nur ein Schulheft mit ungelenken Schreibversuchen: einer lernte da schreiben. Weiter liegen hier die seltsamen Trinkflaschen der Italiener und Balkanier: ein doppelt ausgebauchter Kürbis, der trocken und hohl ist und in dem der Bauer und der Krieger seinen Schnaps und sein Trinkwasser aufbewahrt.

Auf den Patronenkartons ist verzeichnet, daß es Projektile aus österreichischen Fabriken waren, die gegen uns hier verschossen wurden. Österreichische und deutsche Firmen: „Hirtenberger Patronen-, Zündhütchen- und Metallwarenfabrik vorm. Keller & Co.“, „Manfred Weiß in Budapest“; die vielen türkischen Kugeln stammen von der „Deutschen Metallpatronenfabrik in Karlsruhe“; die russischen Gewehre tragen den Firmenaufdruck: „Niemiezkaja fabrike oruschia i munizii, Berlin“.

Die anderen Kartons stammen aus Paris oder aus Lüttich, oder sie haben wohlweislich überhaupt keinen Firmenaufdruck. Serbische Patronenverschläge liegen in Massen herum. Sie sind viel handlicher, transportabler, kleiner und praktischer als die unseren, enthalten je zwei Zinnblechhülsen (weil das Pulver wohl nicht feuchtigkeitsfest ist) für 30 Kartons à 15 Patronen, d. i. 450, während jeder unserer riesigen Verschläge 1350 Patronen enthält und von zwei Leuten kaum zu schleppen ist.

Die Sandsäcke, die ich vor zwei Jahren im Balkankrieg überall vor den Schützengräben gesehen hatte, sind hier nirgends vorhanden. Dagegen haben die Serben Erde in die Blechfüllungen der Patronenverschläge gestopft und diese ziegelartig vor ihrer Deckung aufgeschichtet. Mit Latrinenbau haben sie sich nicht befaßt – eine Unterlassungssünde, die zum Himmel stinkt.

Wir graben Deckungen für die Nacht. Neben mir kratzen alle fieberhaft, um bald – gegen die wild umhersausenden Kugeln geschützt – schlafen zu können. Ein Gefreiter ist besonders eifrig. Er arbeitet liegend, damit ihn keine Kugel erreicht. Da schreit er auf, und durch den Rock unterhalb der linken Achsel sickert Blut. Die Sanität wird herbeigerufen, sie macht die Bahre zurecht, wir versuchen seine Kleider vom Leibe zu reißen, um ihn zu verbinden, aber inzwischen ist er gestorben. Ein Offizier und ein Unteroffizier vermerken auf den Legitimationsblatt seinen Tod, und man trägt ihn beiseite. Die Regimentspioniere haben jetzt Arbeit.

Wir graben weiter Deckungen. Ich beteilige mich an der Arbeit, als wäre ich ein gelernter Erdarbeiter. Aber meine Tätigkeit erstreckt sich nur darauf, die Deckung zu verbreitern, nicht sie zu vertiefen: mir kommt es mehr darauf an, daß ich ein bequemes Lager habe, auf dem ich meine Füße ausstrecken kann, als ein tiefes, in dem mich keine Kugel treffen könnte. Während die anderen sich bemühen, den Brustwall hoch aufzuschütten, und den Kopf möglichst flach auf die Erde pressen, lege ich mir unter diesen noch meinen Brotsack. Ich bin keineswegs mutig wie die Böhmerwäldler, die schnell wieder in die Schwarmlinien eilen, wenn sie zum Beispiel einen Verletzten nach hinten geführt hatten, geschweige denn bin ich mutig im Sinne der Komitatschis, die den Tod unvermeidlich wissen und doch freudig ausharren, um die Chance zu haben, bis dahin einen österreichischen Offizier zu erschießen. Ich gehe mit dem größten Unbehagen ins Feuer und würde mich gewiß noch vorsichtiger benehmen, wenn ich weniger beachtet wäre. Aber beinahe ebenso ungern gehe ich aus dem Kampfe fort. Stärker als Todesangst ist der Wunsch zu beharren und nach Bequemlichkeit.

So wie ich manchmal aus Faulheit am liebsten liegenbleiben möchte, auch wenn ich in Lebensgefahr schwebe, so wagen sich die ängstlichen Leute aus der Deckung in das Netz der feindlichen Schüsse, wenn es Essen zu holen gibt. Vor einem Haus in Milina, das von der serbischen Artillerie geradezu überschüttet wurde, füllten viele Kameraden ihre Feldflaschen aus dem Rakjafaß, nachdem sie einoder zweimal die Flasche auf einen Zug geleert hatten, sie schätzten den Tod geringer als den Trunk. „Alkoholiker" könnte man sie nennen. Aber wir haben dieselbe Geschichte vor Slatina an einem Bach erlebt, wo die Leute an einer von Gewehrfeuer bestrichenen Stelle Wasser tranken. Außerdem trinken viele aus Brunnen, die als vergiftet bezeichnet waren. Das sind eben Menschen, bei denen wieder der Durst stärker ist als die Todesangst.

Sonntag, den 20. September 1914.

Die ganze Nacht goß es in Strömen in unsere Deckung, und zwei Salven von Gewehrprojektilen schlugen in den Bretterschutz und in die Erde unseres Brustwalles ein. Die Zahl der Maroden ist auf Kriegsstärke erhöht. Brechreiz und Diarrhöe mit Blut. Seit zwei Tagen nichts als kleine Stücke Brot gegessen, die mir Feldwebel Roba Löwy geschenkt hat. Die Fahrküchen kommen überhaupt nicht heraus. Mir knurrt der Magen – die Begleitung zum Gesang der Patronen, der heute den ganzen Tag nicht verstummt. Was gäbe ich für eine Zigarette!

Unsere Schüsse klingen wie das Klatschen des Regens in Pfützen, wie das Plätschern eines Wasserfalles, wie die Schläge von Holzfällern oder wie das Rattern einer Maschine, so gleichmäßig. Niemand würde glauben, daß es zitternde Finger sind, die den Hahn abziehen. Übrigens sind wir im allgemeinen nicht allzu schlecht gedeckt, und ist auch der Feind nah – er kann die kleinen, unbeweglichen Ziele nicht treffen. Die Verletzten sind Patronenzuträger und jene, die Brot und Menage in die Plänklerlinie vortragen, vor allem aber die Ordonnanzen, die vom Regimentskommando mit Befehlen und Weisungen nach vorne zu laufen haben. Eben wurde einem unserer Beliebtesten, dem Korporal Turek, bei einem solchen Gang Kinnbacke und Zunge durchschossen.

Die Artilleriegeschosse schlagen so nah von unserer Deckung ein, daß die Gewehrpyramiden vom Luftdruck umstürzen und die Erdschollen uns in Mund und Gesicht fliegen. Aber wir schlafen ein, ohne darauf zu achten, daß auf uns Regen und Geschosse fallen.

Montag, den 21. September 1914.

Wir sitzen in unserer dumpfigen und niedrigen Deckung mit hochgezogenen Beinen, bis uns die Gliedmaßen schmerzen. Sobald wir den Kopf hinausstecken, preschen Schüsse gegen uns, von Komitatschis abgegeben, die sich durch unsere Linie geschlichen haben müssen und nicht aufzustöbern sind. Trotzdem gehen wir später doch vor den Deckungen spazieren und nehmen für den Genuß, einige Minuten aufrecht gehen und weniger stickige Luft atmen zu können, gerne die Todesgefahr in Kauf.

Dienstag, den 22. September 1914.

Noch wütet die vor neun Tagen von der Landwehrdivision begonnene Schlacht. Jetzt steht unser Regiment nur im Anschluß an Reste der Landwehr und an das 73. Regiment, das sich rechts von uns befindet. Wir sind bereits weit im Südosten der Paraschnitza-Halbinsel, ungefähr bei Vasiljeviča koleba, und kaum zwei Kilometer von dem Dammweg entfernt, der die Halbinsel vom serbischen Festlande trennt. Wenn wir diesen Dammweg hätten, dann wäre wohl die Vorrückung durch die Matschwa, den nordwestlichen fruchtbaren Bezirk Serbiens, leicht. Der Gegner sammelt seine Kräfte in und um Valjevo, weil sowohl von der Drina als auch von der Save her österreichische Truppen vorgedrungen sind und er deshalb in eine umfaßte Stellung kommt; um dieser Umklammerung auszuweichen, zieht er sich unter Zurücklassung von Teilen, die sich opfern und den Dammweg vor uns verteidigen, in die wahrscheinlich bereits vorbereitete Stellung bei Valjevo zurück. Die den Dammweg verteidigenden Kräfte sind anscheinend stärker als unsere, durch Artillerie, Maschinengewehre und Stacheldrahthindernisse glänzend geschützt, und ihre Dekkungen scheinen wieder Meisterwerke heimischer Baukunst zu sein. Sicher ist auch der Dammweg selbst, der von Ravnje nach Černabara führt, gut befestigt.

Mittwoch, den 23. September 1914.

Um die Gleichförmigkeit der Nächte zu unterbrechen, mischte sich heute nacht in den Regen aus Wolken, Flinten, Kanonen und Haubitzen und in den landesüblichen Frost ein grausamer Wind, der uns in den Deckungen umherwarf. In der Zeitung steht über unseren famosen Drinaübergang vom 8. d. M.: „Unsere Offensive hat wieder begonnen. Seit gestern kommen Verwundetentransporte vom südlichen Kriegsschauplatz in Agram an. Die Verwundeten erzählen, daß wir am 8. und 9. September die Drina überschritten haben und wieder in Serbien eingedrungen sind.

Die Serben leisteten verzweifelten Widerstand. Sie mußten aber vor unseren ausgezeichneten Truppen überall weichen.“ Bis auf den Schlußsatz ist das ja schließlich auch richtig.

Donnerstag, den 24. September 1914.

Heute war keine Ruhe zum Schreiben. Man bereitete einen Sturm auf die nur 150 Schritt entfernte feindliche Stellung vor; wie wir am Telefon erlauschten, stritten Division und Brigade darüber, ob ein Sturm möglich sei, es regnete Meldungen und Befehle.

Ich bekam endlich einen Brief von zu Hause und Zeitungen, aber ich konnte nur immer ein Stückchen lesen, denn unausgesetzt wurde ich mit irgendeinem Auftrag vorgeschickt, und schrecklich mischten sich mir die kleinen Belanglosigkeiten, von denen ich las, mit den nervenzerrenden Ereignissen meiner Umwelt.

„Der Emil Lehmann, der aus der Länderbank, der mit Arnold ins Gymnasium gegangen ist, hat sich mit der Käthe Kalivoda aus Weinberge verlobt.“

Kadett Frank wird auf einer Bahre vorbeigetragen, Schrapnellschuß, über und über mit Blut bedeckt. Er winkt mir mit der Hand zu, ich trete zu ihm: „Grüß mir Prag.“ – „Ich komm nicht mehr bis Prag“, stöhnt er traurig.

„Slavia spielt gegen Meteor. Dem sonntägigen Wettspiel der beiden Mannschaften, die in der letzten Saison nach aufregendem, erbittertem Kampfe einander ein unentschiedenes Spiel lieferten, kann mit um so größerer Spannung ...“

Ich muß wieder in die Feuerlinie. „Wo ist Hauptmann Spudil?“ frage ich einen Gewehrmeister von der Maschinengewehrabteilung, der aus seiner Deckung etwas nach hinten gegangen ist, um seine Notdurft zu verrichten. Er zeigt mit der Hand die Richtung.

Plötzlich: wie bei einem Erdbeben bäumt sich die Erde auf, die Luft pfeift, meine Mütze fliegt vom Kopf, Erdklumpen in mein Gesicht. Ich drehe mich um. Der Gewehrmeister liegt mit zerschmettertem Kopf da, das Blut ist bis zu meinen Füßen gespritzt, und hinter ihm, tief eingemauert in der Erde, die Granate. Ein „Blindgänger".

Zum Hauptmann und wieder zurück. Mir zittern noch alle Glieder, schnell die Zeitung, vergessen, nur auf andere Gedanken kommen.

„Pauline Ulrich von der Dresdner Hofbühne ist in den Ruhestand getreten und aus diesem Anlasse zum Ehrenmitglied dieses Institutes ernannt worden." – „Baron Wladimir Schlichtner hinterließ seine wundervolle Antiquitätensammlung, in der sich eine von Fragonard mit einer gewagten Skizze geschmückte Tabatiere . . ."

In einem Zeltblatt bringen Soldaten einen verwundeten Kameraden. Sie legen ihn vor uns nieder, um in unserer Deckung einen Augenblick zu rasten. Wir schauen ihm ins Gesicht. Er ist tot. Wir berühren seine Hand: sie ist kalt. „Kisch, nehmen Sie ihm die Legitimationskapsel ab und die Habseligkeiten, und lassen Sie ihn hinter dem Baum begraben."

Ein Feuilleton: „Um die Kuppeln und Spitzen wob das Mondlicht einen bläulichen, zittrigen Schimmer und verwandelte die Landschaft in ein abenteuerliches Sehnsuchtsbild, wie es in heißen Träumen vor der Seele gaukelt." Der Berliner sagt: „Z. K." und meint „Zum Kotzen".

Meldung der 12. Kompanie: 15 Tote, 85 Verletzte. Möglichst viele Verwundetenträger und Soldaten zum Fortschaffen der Verwundeten erbeten, da die Schwarmlinie allzusehr geschwächt ist.

„Sechster Ziehungstag der 2. Österreichischen Klassenlotterie. Je 200 Kronen gewannen folgende Lose . . ."

„Wasser, um Gottes willen, Wasser!" Zum Glück ist noch in einer Feldflasche ein wenig kalter Kaffee. Der Mann mit dem Brustschuß wankt weiter.

„Javazucker fest 23.6 bezahlt, Silber 24.62, Liverpool (Baumwolle) Umsatz 6500." – „Gerichtssaal – Das Muster einer braven Tochter scheint die 24 Jahre alte Martha Planer aus Komotau . . ." – „Theater: In Fräulein Winterfeld scheinen wir nun endlich die Altistin gefunden zu haben, die unserer Oper seit dem Abgang der Frau Berril brennend fehlt.“ – „Morgen wird die mit so großem Beifall aufgenommene Operette ‚Das Musikantenmädel‘. . .“

„Gehen Sie zur Pionierabteilung, sie soll zwanzig Leichen im Abschnitt Bischitzky begraben.“

„Kreuzherrenplatz. Die blonde Dame im grauen Tailor made wird von sie verfolgendem, nicht unbemerkt gebliebenem Herrn *dringendst . . .*“

Das Gewehr fester, dort kriecht ein Mann aus den Strünken des niedergemähten Kukuruzfeldes. Es ist ein Unsriger, Kuchler, Stabshornist des 3. Bataillons. Er kann nicht sprechen, seine Bluse ist voll Blut. Verwundet? Er nickt. Ein bißchen kalter Kaffee labt ihn wieder. Er ist zeitig früh verletzt worden, Schuß von hinten durch die Brust, blieb bewußtlos liegen, erwachte erst nachmittags, schleppte sich mehrere Stunden bis hierher, kriechend, teils weil er nicht die Kraft hatte aufzustehen, teils weil ihm die Kugeln um die Ohren pfiffen. Ungeschickt hat er die Wunde selbst verbunden, wir erneuern ihm den Verband und schaffen ihn zu den Sanitätern. Der arme Kerl weint herzzerbrechend: „So allein bin ich gelegen, niemand hat mich gesehen, niemand hat mich gehört.“

Uns friert, und einer sagt: „Schade, daß ich nicht einen Mantel erwischt habe.“ Alle schauen den Sprecher an, alle fühlen sich ertappt bei einem gräßlichen Gedanken: alle hatten wir gewünscht, es mögen mehr Tote dort sein, damit wir bei Nacht schlafen können. Niemand hat den Wunsch zu formulieren, niemand hat ihn sich selbst einzugestehen gewagt, jeder hat ihn im Unterbewußtsein festgehalten, und nun spricht einer aus, was alle roh und egoistisch empfanden und sich dessen schämten. Noch mehr gefallene Freunde drüben als die vielen, deren toter Atem vom Wind herübergeweht wird!

„Heiratsantrag. 35jähriger Privatbeamter von elegantem Äußern . . .“

Freitag, den 25. September 1914.

Mir fehlt das Talent zu erzählen, was uns der heutige Freitag gebracht hat. Der Nacht vom 18. auf den 19. August und der vom 8. auf den 9. September reiht sich die heutige würdig an. Wir hatten gegen halb 8 Uhr gestürmt. Wenn man den Erzählungen einzelner glauben darf, hatten die Serben versucht, Reißaus zu nehmen, als wir vorwärts stürmten, sind aber schleunigst in ihre Deckungen zurückgekehrt, als sie die Kläglichkeit unseres Angriffes erkannten. Daß der Angriff kläglich war, steht außer Frage. Die meisten schrien ihr „Hurra" in den Erdboden, und auch die Hornisten bliesen das Signal in den Brustwall ihrer Dekkung hinein. Kaum ein Drittel unserer Soldaten stürmte vorwärts. So kamen die wenigsten über ein paar Schritte hinaus, sie wurden entweder zusammengeschossen, als sie den Serben ihre ganze Figur zum Ziel boten, oder sie liefen zu ihrem Ausgangspunkt zurück, als sie sich vereinsamt und ihre Aktion aussichtslos sahen.

Man darf aber den Soldaten keineswegs die Schuld geben, daß dieser Sturm mißglückt ist. Die Distanz zwischen ihnen und dem Feind war für einen Sturm zu groß, das Vorterrain offen, so daß eine einzige Kompanie ein anrennendes Regiment über den Haufen schießen konnte. Und die Serben sind mindestens so stark wie wir, wie man aus der Zahl ihrer Maschinengewehre, aus der ungeheuren Menge ihrer Gewehrschüsse und aus der Stärke ihrer Batterien schließen kann, während wir als Offensivkräfte doch bedeutend überlegen sein sollten. Über die Aussichten dieses Angriffes waren ja selbst unsere vorgesetzten Kommandos verschiedener Meinung gewesen und hatten – wie wir am Telefon erhorcht haben – mehrere Tage hindurch darüber debattiert.

Das Resultat des gescheiterten Sturmes war ein Heer von Jammergestalten, das sich gegen den Hilfsplatz bewegte. Die acht oder zwölf Tage, die sie im Erdreich vergraben zugebracht hatten (ohne sich waschen zu können), gaben ihren Gesichtern und ihren Kleidern ein Aussehen, das durch die Verzerrungen, Verkrümmungen, Blutungen und Wunden selbst auf uns abgestumpfte Gemüter grauenhaft wirkte.

Natürlich wurde der Rückzug mit Feuer verfolgt; die serbischen Kugeln wühlten rechts und links von uns den Erdboden auf.

Über unsere Deckung haben wir ein Zeltblatt gespannt, damit es nicht hineinregne. Dieser Baldachin ist von Projektilen derart durchsiebt, daß der Himmel durch unzählige Löcher zu sehen ist. Wenn man ausgestreckt auf dem Rücken liegt, kann man glauben, ein dunkelgraues, nächtliches Firmament über sich zu haben, aus dem die Sterne freundlich scheinen.

Samstag, den 26. September 1914.

Heute traf das 2. Marschbataillon unseres Regiments ein und löste einige Kompanien aus der Feuerlinie ab. Die neuen Leute dienen zur Komplettierung unserer Bestände, denn obwohl wir schon einmal einen Nachschub von etwa 1400 Mann erhalten haben, ist unser Regiment zusammengeschrumpft. Auch Rekruten sind unter den Ankömmlingen. Arme Burschen! Bevor sie noch mit dem Gewehr Bescheid wissen, müssen sie als Kugelfang dienen. Die Jungen, die sich jetzt dem Feind stellen müssen, tun uns allen aus tiefster Seele leid. Schon beim Vormarsch wurden einige von den Neuangekommenen verwundet oder erschossen.

Auch über die Drina ist gegenüber von Syrmisch-Rača eine Brücke geschlagen worden, so daß wir jetzt auf zwei Seiten mit Österreich verbunden sind. Die in der Reserve liegenden Kompanien hacken, senkrecht zur Front, aber im Zickzack, tiefe Laufgräben von der Schwarmlinie bis zur Drina. Wenn diese fertiggestellt sind, wird der Verkehr auf der Paraschnitza weniger gefährlich sein.

Sonntag, den 27. September 1914.

Der Feldwebel Menčl, bei der Fahrküche des Regimentsstabs beschäftigt, hat mir heute durch die Köche, die den Offizieren Menage zutragen, einen kleinen Kuchen mit Pflaumenmus, in Papier eingewickelt, geschickt. Ich war außer mir vor Freude! Immerfort der gleiche Fraß von Suppe und

Rindfleisch, das hat mich ganz vernichtet. Und als die Powidlbuchte ankam, traten mir Tränen der Rührung in die Augen.

Meine gerührte Stimmung schlug bald in eine exzessive um – ich betrank mich. Das geschah so: meine Kompanie war nach dem Sturm aufgelöst, beziehungsweise mit der 12. Kompanie vereinigt worden, da von ihr nur dreißig Leute übriggeblieben waren. Natürlich sind nicht alle hundert etwa getötet, verletzt oder ertrunken, sondern viele kämpfen versprengt in anderen Abteilungen. Jeder von uns faßte einen Becher voll Rum, und ich, der ich schon seit Monaten keinen Tropfen Alkohol getrunken und dessen Magen durchs Fasten alle Widerstandskraft verloren hatte, trank ihn auf einen Zug leer. Der Erfolg war ein Mordsrausch. Ich torkelte und begann dumme Reden zu führen. Die Kameraden warfen mich in die Deckung, wo ich einschlief. Als ich erwachte, hatte ich nur Kopfschmerzen zur Erinnerung an den gehabten Genuß.

Morgen ist Sankt-Wenzels-Tag, der nationale Feiertag der Tschechen, die von der Kirchweih in ihren Heimatorten sprechen, manche erinnern sich auch an den Schutzpatron und beten.

Montag, den 28. September 1914.

Am Abend zeigte es sich, daß der heutige Festtag für uns keiner ist. Wir knieten auf der Erde und wuschen uns in den Zinnblechverschlägen, die als Waschbecken vorzüglich sind. Da plötzlich schreckte uns eine Nachricht aus unserer Ruhe. Ein Telefonist kam hereingelaufen und teilte uns mit, daß Marschbereitschaft angeordnet sei.

Also, es geht fort! Seit neun Tagen wohnen wir hier hinter den gleichen Erdschollen, haben uns schon häuslich eingerichtet, Nischen für das Eßzeug in die Wand gehackt, Stroh unter uns gebreitet und darüber ein serbisches Zeltblatt, und zu unseren Häuptern schützte uns ein niedergebrochener Gartenzaun, über dem unsere eigenen Zeltblätter lagen. (Jetzt, da wir uns reisefertig machen und die Zeltblätter wegen des ungeheuren Kugelregens nicht vom

Dach herunterholen können, fällt uns ein, daß es besser gewesen wäre, unsere eigenen Zeltblätter auf die Erde, die serbischen auf das Dach zu legen.) Wohin es geht, wissen wir nicht. Der Telefonist erzählt, es sei ein Vorstoß geplant, Ordonnanzen sind zur Brigade mit der Meldung geeilt, daß sich die Serben gegen unseren rechten Flügel (73. I. R.) verschieben.

Anderen Gerüchten zufolge ist unser Rückzug anbefohlen. Wir haben zwei Rückzüge mitgemacht. Schrecklich lebt in uns noch die Erinnerung an die Flucht aus Milina und an die Flucht durch die Drina; jetzt sind Drina und Save mächtig aus ihren Ufern getreten, das Hochwasser hat die serbischen Uferdeckungen unter Wasser gesetzt, unsere Kriegsbrücke mußte bereits zweimal verlängert und erhöht werden, und es scheint uns nicht ausgeschlossen, daß die Flut sie wegreißen könne. In diesem Fall käme bei einem Rückzug niemand lebend davon, der durch das Wasser flüchten muß.

Während wir unsere Seitengewehre umschnallten, unsere Brotbeutel und Tornister packten, spiegelte sich unsere trübselige Abschiedsstimmung bei den verschiedenen Leuten verschiedenartig wider: „Wir müssen einander versprechen: wenn einer verwundet wird, so müssen ihn zwei zum Hilfsplatz tragen." Ein anderer gab uns die Adresse seiner Braut, die wir von seinem Tode benachrichtigen sollten, und vermachte für diesen Fall seinem Nachbar zwei Fleischkonserven, seine Zwiebackportion und seinen Feldspaten – sein ganzes Hab und Gut. (Feldspaten sind jetzt der gefragteste Artikel; jeder gäbe gern sein ganzes Vermögen dafür.)

Alle saßen mit umgeschnallter Rüstung, ich aber legte mich auf meinen Arm und erklärte, schlafen zu wollen. „Das lohnt sich nicht", rieten mir alle. Ach was! Ich blieb liegen. Ich wäre auch wirklich eingeschlafen, wenn nicht das Konzert der Gewehre und Geschütze Dimensionen angenommen hätte, die selbst uns ungewöhnlich schienen. Der Sturm fegte mir die aufgeschüttete Erde ins Gesicht, rüttelte an dem Holzzaun, den wir über die Böschung gelegt hatten, so daß er jeden Augenblick herunterzustürzen drohte, es regnete in Strömen auf uns nieder, die wir das schützende Obdach aus Zeltleinen eben fortgenommen hatten. Es war eine wüste Nacht.

Der Befehl zum Abmarsch ist noch nicht gekommen. Immerhin: so heimisch fühlen wir uns nicht mehr in unserer kleinen Festung und sind uns bewußt, daß wir jeden Augenblick dem stillen Haus Lebewohl sagen können.

Nachmittags hatte ich dem Divisionskommando zwei Meldungen zu überbringen. Das Divisionskommando befindet sich in Salaš, und da der Weg dorthin von der Velka brana, wo wir uns befinden, weit ist, beeilte ich mich, um nicht wieder in Nacht und Kugelregen nach Hause tappen zu müssen. Das heißt: ich wollte mich beeilen, es ging aber nicht. Der Weg längs der Drina war ohnedies nur eine via via facti, nicht gebaut, sondern einfach von unseren Soldaten ausgetreten. Und wie sah dieser Weg aus! Stellenweise mußte ich bis zu den Knien waten, und meine ungenagelten Schuhe rutschten auf dem weichen Grund aus, stellenweise plumpste ich von Pfütze zu Pfütze, stellenweise glitschte ich vorwärts wie ein Seiltänzer, das Gewehr war meine Balancierstange.

Die Save und die Drina haben sich erschreckend verändert, sie sind weit aus den Ufern getreten, das Wasser jagt im Galopp seinen Weg. Die Weiden, die wohl die Grenzwacht an beiden Flüssen bilden, wenn diese auf Friedensstärke sind, stehen jetzt bis an die Kronen im Wasser. An ihren Blättern zupfen die Wellen und reißen sie so weit mit sich, als sich die Zweige biegen können. An den Bäumen haben die Wogen das Zerstörungswerk vollendet, das unsere Granaten und Schrapnelle begonnen hatten: die Geschosse hatten sie geknickt, das Hochwasser hat die gebrochenen Teile abgerissen und mit sich fortgenommen. Nur Baumstrünke lugen aus dem Wasser hervor.

Mein Weg längs des Flußrandes ist von dem Gedanken beherrscht: nur nicht wieder durch den Fluß schwimmen zu müssen! Jetzt würden nicht Hunderte ersaufen, sondern Tausende.

Genau an der Drinamündung spannt sich die Brücke, über die ich gehen muß, drüben die Festung Syrmisch-Rača, in der unsere 13. und 14. Kompanie vor drei Wochen lagen. Nur Trümmer stehen noch. Der Ort Rača, der uns lange beherbergt hat, ist durch die Geschosse fast vernichtet. Aber meine kleine Wassermühle schaukelt noch immer fröhlich und still auf ihren Wasserkothurnen. Neben der Pontonbrücke wird eine neue Pfeilerbrücke gebaut.

Bei der Division gab ich meine Meldung ab und erhielt zwei Flaschen Maschinenöl. Ich hastete, um bald zurückzukommen. Trotzdem war der Abend bereits angebrochen, bevor ich vom Saveufer in die Laufgräben einbog, und das übliche Abendkonzert hatte laut eingesetzt.

Ich ging nicht in den Laufgräben, denn erstens kommt man in ihnen nur sehr langsam vorwärts, weil sie schmal sind und Leute darin arbeiten, so daß man sich kaum durchschlängeln kann, zweitens weil sie im Zickzack verlaufen, drittens weil sie vorläufig noch so niedrig sind, daß man gar nicht gedeckt ist und jede Weile jemand verletzt wird, und viertens sind sie streckenweise überhaupt noch nicht ausgegraben. So scherte ich mich keineswegs um die Kugeln, die die Reste der niedergemähten Kukuruzstauden streiften oder sich in der Erde stäubend einbohrten. Ich sah schon unsere Deckung in der Ferne, als ich plötzlich einen Schlag über die rechte Hand erhielt, zwischen Daumen und Zeigefinger. Das konnte nur ein Schuß sein – ich schaute, ob ich meine Hand noch besitze, aber nicht einmal ein Blutfleck war zu sehen. Da mich jedoch der Schlag schmerzte, blickte ich mißtrauisch längere Zeit auf die Hand, und wirklich begann sie nun zu bluten. Also doch ein Schuß. Nichts Gefährliches.

Gleich nachdem ich den Schlag erhalten, hatte ich nach der Ölflasche in meiner rechten Tasche gegriffen. Das war durchaus keine heroische Geste. Während meines Balancierens und Hastens auf den kotigen, unwegsamen Wegen war mir die Besorgnis nicht aus dem Kopf gekommen, daß ich hinfallen und die Flaschen zerschlagen könne, was sehr mißlich gewesen wäre. Hätte mir der Oberstleutnant geglaubt, daß ausgerechnet ein Schuß die Flasche zertrümmert habe? Zum Glück war sie unversehrt, nur der Korkstöpsel war herausgesprungen.

Beim Regimentskommando übergab ich die Empfangsbestätigungen über die beiden abgegebenen Meldungen und die zwei Flaschen, zu deren Kustos ich taxfrei ernannt wurde. Dann ging ich zur 5. Kompanie, welche jetzt in Reserve neben uns liegt, und ließ mich von der Sanitätspatrouille verbinden. Ich habe jetzt an beiden Händen Verletzungen, nahezu an der gleichen Stelle.

Liebste Mutter!
Herr Dr. Malec, der zur Promotion nach Prag fährt, ist so liebenswürdig, diese zwei weiteren Bändchen meines Tagebuches abzugeben. Bin pumperlgesund, sehr lustig und habe eben Dein Paket erhalten.

29. September 1914. Dein Egon Erwin.

Velka Brana, Mittwoch, den 30. September 1914.

Heute ist Versöhnungstag der Juden. Genau nach dem Ritus faste ich notgedrungen, aber schon den zweiten Tag, denn wir haben keine Menage bekommen und kein Brot gefaßt. Ich wünschte, es wäre Versöhnungstag der Welt, kein religiöser, sondern ein wirklicher.

Donnerstag, den 1. Oktober 1914.

Heute schreiben wir schon Oktober, und es war im Juli, als ich die Kluft anzog, die seither nicht von meinem Körper gekommen ist. Was wird der Monat bringen? Wie oft werde ich noch hier unten eine Monatswende zu registrieren haben? Ich hatte heute beim Train genächtigt und marschierte morgens wieder nach Hause. Bei der Fahrküche der 15. Kompanie hatte ich ein für mich angelangtes Paket vorgefunden und behoben, das wer weiß wie lange dort gelegen.

Beim mobilen Feldspital, bestehend aus zusammengestellten Baracken, begegnete mir ein Mann, der mir nach Haltung, Gang und Mütze bekannt vorkam. Sein Gesicht konnte ich nicht erkennen, denn es war von einer blutüberströmten Binde verhüllt, die die Hälfte seiner Augen, die Oberlippe und die Ohren bedeckte. Es tropfte auch Blut auf die Erde. „Hallo, was ist mit dir?“ – „Ach, Korporal Kisch, entschuldige, daß ich dich nicht erkannt habe, die Binde reicht mir bis über die Augen.“ Jetzt erkannte auch ich den Verwundeten. Es war der Ersatzreservist Sperl, der schon am 18. August auf Todorow Rt durch einen Schrapnellschuß in die Schläfengegend verwundet worden, aber in der Front geblieben war. Vierzehn Tage später, bei der Rettung der verlaufenen Patrouille von der 16. Kompanie, kam Sperl mit durchschossenem Arm wieder glücklich über den Strom und mußte trotz seiner neuerlichen Weigerung ins Spital. Dort konstatierte man, daß ein Schrapnellsplitter noch oberhalb seines Ohres stecke, und extrahierte diesen. Ein paar Tage später war er wiedergekommen – gerade zur rechten Zeit, um noch die Sintflut vom 8. September zu erleben. Und nun ist er wieder verletzt. „Na, jetzt bleibst du wohl länger weg?“ meinte ich, aber er protestierte: „Nein, nein, ich gehe nur mich ordentlich verbinden lassen, mein Verband taugt nichts. Mittags bin ich aber wieder oben.“ Das ist natürlich unmöglich, und der arme Kerl wird wohl jetzt längere Zeit fortbleiben.

Am Hilfsplatz hatten die Ärzte viel mit neuen Verwundeten zu tun. Man sprach allgemein davon, daß der Chefarzt, Doktor Maschek, der einzige aktive Arzt des ganzen Regiments, sich marod gemeldet hat und abgereist ist. Gegen Mittag traf ich bei der Kompanie ein und erfuhr wieder von neuen Verlusten. Auch beim Train hatte ich über Freunde aus anderen Teilen unseres Regiments Hiobsbotschaften genug gehört, von denen jede einzelne in anderen Zeiten einen niederschmetternden Eindruck hervorgerufen und in einer ganzen Stadt monatelang das Tagesgespräch gebildet hätte. Man ist aber hier von all dem Gräßlichen schon abgestumpft.

Es kamen heute Ausrüstungsstücke an, und ich bekam einen neuen Tornister. Er ist neu, und sein Riemenzeug strahlt wie Juchtenleder. Jetzt sehe ich wie ein Rekrut aus. Mein Postpaket enthielt Winterwäsche. Es war höchste Zeit.

Freitag, den 2. Oktober 1914.

Wieder hat die Nacht Verluste gebracht. Der Kadett Rudolf Rößler aus Niedereinsiedel war, seit wir im selben Eisenbahnzug aus Pisek abreisten, mit mir beisammen gewesen, da die 15. und 16. Kompanie als Halbbataillon nebeneinanderlagen. Vorgestern war die 16. Kompanie aus der Reserve in die Schwarmlinie beordert worden; Rößler hatte sich von mir verabschiedet, „als ob es in den Tod gehe", und mir die Adresse seines Vaters gegeben. Heute früh erfuhr ich, daß er mit einem schweren Bauchschuß bewußtlos zum Hilfsplatz getragen worden ist. Gegen 11 Uhr kam der Blessiertenträger mit der Meldung, daß Rößler dort seiner Wunde erlegen sei.

Sein Kompaniekommandant, Hauptmann Mikulasch, war vor drei Wochen dem Divisionskommando zugeteilt worden, mußte aber gestern abend zu uns zurück, da beim Regiment kein Hauptmann in der Front ist. Am Morgen trug man ihn vorbei. Fußschuß.

Mittags kamen die Menageträger. Unter ihnen war – Sperl. Er hatte auf keinen Fall im Spital bleiben wollen. „Von morgen an bin ich wieder in der Schwarmlinie", versicherte er.

Samstag, den 3. Oktober 1914.

Frühmorgens kam der Offiziersdiener des Kadetten Kraus zurück, von dem hier wiederholt die Rede war. Ich hatte auch in Brodac in seinem Zelt Gastfreundschaft genossen. Wie der Offiziersdiener erzählte, ist Kraus im Spital gestorben. Es sind schon alle, alle tot, die mir im Regiment lieb und wert waren. Die einzige gute Nachricht, Dr. Stransky betreffend, der an unserem linken Flügel eingeteilt ist, stammt aus Prag, kann also auch schon verspätet sein. Es ist grauenhaft. Wollen wir kämpfen, bis der letzte Mann gefallen ist? Soviel Prozent von Toten hat wohl noch nie ein Feldzug der Weltgeschichte aufzuweisen gehabt. Unter den heute Gefallenen befindet sich Oberleutnant X. Ich hatte ihn in diesen Blättern namentlich angegriffen, weil er in Janja einen alten Reservisten ohrfeigte, der unerlaubt eine Konserve verzehrt hatte. Nun ist die Schuld tragisch gebüßt, und ich wünsche, daß jene Stelle in meinem Tagebuch unkenntlich gemacht wird.

Ich leide seit gestern unter einer besonderen Depression. Ich hatte dem Rudl Rößler versprochen, im Falle seines Todes seinen Vater zu benachrichtigen. Nun machte ich vor mir selbst allerhand Ausflüchte, um mich dieser schmerzlichen Pflicht nicht unterziehen zu müssen. Vor allem stützte ich mich darauf, daß ich die Adresse seiner Angehörigen, die er mir gab, vorgestern mit meinem Notizbuch durch den Mediziner Malec nach Prag geschickt hatte. Weiter redete ich mir ein, daß er vielleicht auch andere um den Vollzug dieses letzten Liebesdienstes ersucht habe, und verschob den Brief. Da kam der Infanterist Vaníček, der Rößler Offiziersdienerdienste geleistet hatte, und ich fragte ihn nach der Adresse und danach, ob jemand die Angehörigen des Gefallenen von der Katastrophe verständigt habe. Vaníček verneinte und erwähnte, er habe geglaubt, daß Rößler mich selbst mit der Verständigung beauftragt habe. Nun mußte ich den Brief an den Vater schreiben. Die Worte der anerkennenden Charakteristik und des Trostes, die ich versuchte, und der Gedanke an die Wirkung, die mein Brief auf die des einzigen Sohnes beraubten Eltern ausüben müsse, erschütterten mich dermaßen, daß ich während des ganzen Tages keiner anderen Gedanken fähig war.

Sonntag, den 4. Oktober 1914.

Heute, an Kaisers Namenstag, erhielten wir Pakete, von der Bevölkerung Piseks dem Hausregiment gesandt, warme Wäsche, Tücher, Schokolade; einige Kinder hatten Zuckerln beigepackt und dergleichen. Wir beschenkten die

Ärmsten, d. h. die, die keine Pakete bekommen hatten. Ich erhielt ein Abziehbild, womit ich ein Holz auf meiner Kugeldeckung schmückte.

Im Armeebefehl steht heute, daß der Krieg längere Zeit in Anspruch nehmen wird. Herr des Himmels!

Montag, den 5. Oktober 1914.

Tagesgespräch: Gestern abend hat in Salaš, in den Garten, wo sich das Offizierskorps des Artillerieregiments zum Nachtmahl (nach einer Version: zur Abfertigung) versammelt hatte, eine serbische Granate eingeschlagen, den Oberst-Regimentskommandanten schwer verletzt, einen Major und einen Fähnrich (Fürth aus Budweis) getötet sowie andere Offiziere verwundet. Einige Leute reden von Verrat, andere wieder wollen darin eine Meisterleistung der serbischen Artillerie sehen. In Wirklichkeit handelt es sich nur um einen Glücksfall, den die Serben mit diesem Volltreffer hatten, denn wenn auch die Stellung genau verraten worden wäre und wenn die serbische Artillerie noch so brillant gearbeitet hätte – daß die Granate gerade den Oberst und das Offizierskorps treffen werde, konnte selbst der kühnste serbische Optimist nicht ahnen.

Dienstag, den 6. Oktober 1914.

Von dem ganz nahe (etwa achtzig Schritt) liegenden Feind sieht man nur für wenige Sekunden die Köpfe. Man kann auf die Löcher der Schießscharten nur zielen, wenn diese verdunkelt sind – ein Beweis, daß gerade jemand herauslugt. Mein Bruder hat mir heute zwei Bände der Rousseauschen „Confessions“ geschickt. Ich freute mich über die Sendung, aber eines befürchte ich: vor diesem bedeutenden Memoirenwerk wird mir mein eigenes Geschreibsel so albern vorkommen, daß ich dieses Tagebuch vernachlässigen werde, um so mehr, als mich das Lesen ohnedies leicht vom Schreiben abhält.

Donnerstag, den 8. Oktober 1914.

Ich hatte vom Hilfsplatz weiße Fahnen mit dem roten Kreuz zu holen und zum Major Laschek zu bringen. Als ich mit meinen beiden Fähnchen herankam, war Major Laschek gerade mit dem Generalstabshauptmann Grafen Nostitz und Oberleutnant von Nastič vom Brigadekommando in ein Gespräch verwickelt, das sich auf die Verhandlungen wegen der Bergung der vor unserer Linie befindlichen Leichen bezog. Ich blieb, um das Gespräch nicht zu stören, in Respektdistanz stehen, als eine Kugel heranpfiff, den Major in das Kinn und in die Schulter traf. Er begann zu bluten und mußte sich zu Boden legen, damit ihm der Verband von dem diesmal schnell herbeigelaufenen Sanitätsunteroffizier (handelte es sich doch um einen Major!) angelegt werden könne.

Ich hatte mich auf die Böschung zu stellen und die beiden Fahnen, deren Stock etwa zwei Meter hoch war, in die Höhe zu halten. Ein Infanterist von serbo-kroatischer Nationalität trat gleichfalls auf die Böschung und schrie dem 80 Schritt entfernt liegenden Feind die Worte zu, die ihm der Generalstäbler vorsprach: „Wir – wollen – die Leichen – begraben – schießt nicht – wenn ihr einverstanden seid – steckt eine Fahne heraus." Der Dolmetscher schrie jeden dieser kleinen Wortkomplexe über den Brustwall und versteckte dann seinen Kopf hinter der Böschung, und das mit gutem Grund, denn die serbischen Freischärler, die dort während des Tages die Funktionen von Soldaten versehen sollen, lassen sich durch die von uns herausgesteckte Fahne keinesfalls im Schießen stören. Auf unsere dreimalige Aufforderung, die sich stets nach vorausgegangenem Signal des Hornisten vollzog, erfolgte gar keine Antwort. Der Generalstabsoffizier begleitete die Worte, die er dem Dolmetscher diktierte, mit saftigen Randglossen: „Von mir persönlich richte den Herren aus, daß sie mir auf den Buckel steigen können" usw.

Die Serben erwiderten endlich, daß ein Parlamentär vortreten möge. Das wurde von unserer Seite auf bestehenden

Befehl eines höheren Kommandos abgelehnt: man dürfe sich mit den Serben nicht in Parlamentieren einlassen, damit diese nicht verbreiten können, daß wir um etwas bitten. Vielleicht kam es den Serben wirklich nur darauf an, unseren Parlamentär zu brüskieren, denn zur Erfüllung unseres Antrages bedurfte es ja keiner Unterhandlung, sondern bloß des Heraussteckens einer weißen Fahne und des Feuereinstellens. Im übrigen hätten wohl einige Soldaten unseren Parlamentär so beschossen wie damals im August den Hauptmann Wagner auf dem Todorow Rt. Wir lehnten also ab, und zum Schluß kam noch eine Antwort von den Serben: „Necemo! – Zurück!“ Darauf von unserer Seite das Kommando: „Feindseligkeit wieder eröffnen“, und im Augenblick pfiffen Hunderte von Kugeln über die Schwarmlinie der Leichen, die zwischen uns und dem Feind lagen . . .

Die Serben gestatten wohl die Beerdigung der Leichen deshalb nicht, weil diese etwa 8 bis 10 Schritte vor ihrer Deckung liegen und wir (selbst unbeabsichtigt) die Dichte der Schwarmlinie, die jetzige Deckung und die Lücken in den Drahthindernissen hätten konstatieren können. So lehnten sie unser Ansuchen ab, obwohl ihnen der Leichenduft viel ärger in die Nase stinken muß als uns. Und humanitäre Gründe! Du lieber Himmel! Krieg und Humanität sind etwas Unvereinbares und werden ewig etwas Unvereinbares bleiben, trotz Haag und Bern und Genf. Wenn ich mir's so überlege, tun mir die toten Plänkler schon bedeutend weniger leid als die lebenden. Necemo! Zurück!

Freitag, den 9. Oktober 1914.

Wir graben weiter Deckungen. Es wurde Stroh für die Lagerstätten gefaßt, und Sappeure sind uns behilflich. Auch ich hackte, grub und schaufelte wie ein Wütender, vor allem, um mich zu erwärmen. Plötzlich stieß ich auf einen Fremdkörper, und als ich diesen hervorschaufelte, war es ein verwester Soldatenarm. Ich war nun nicht mehr dazu zu bewegen, auch nur einen Spatenstich zu tun. Oberleutnant Rebensteiger stieß bei seiner Grabearbeit auf die bereits wäßrige Leiche eines Komitatschis.

Die Menage, die immer ganz sauer aus Österreich zu uns heraufkommt, wollte ich natürlich heute noch weniger essen als sonst und benützte daher die Mittagspause, um Perten, den Leiter unseres Gebirgstrains, in die Schwarmlinie zu führen und ihm die gegnerischen Stellungen zu zeigen. Als ich zurückkam, erwartete mich die Botschaft, daß der allerhöchste Kriegsherr der Paraschnitza, Brigadier Kornberger, von der Existenz meiner Wenigkeit Kenntnis genommen habe. Er hatte mir nämlich sagen lassen, er habe erfahren, daß ich im Besitze von Büchern sei, ich möge ihm daher einige senden. Ich packte also meine zwei Bände Rousseau, die Tolstoischen „Soldatengeschichten aus dem Kaukasus“ und einige Detektivromane, die ich im Felde bekommen hatte, und trug sie zur Brigade. Die Herren hielten ihr Mittagsschläfchen, und ich mußte alles dort lassen, was mich kränkte, da ich meinen Rousseau noch nicht ausgelesen und gehofft hatte, daß mir die Herren dieses sie nicht interessierende Buch zurückgeben würden. Am Nachmittag borgte ich mir von einem Reserveoffizier ein albernes Kriminalbüchlein aus, um es zur Brigade hinzutragen und dafür den Rousseau zurückzuerbitten. Ich trug dem Oberleutnant von Nastič, den ich dort traf, mein Anliegen vor, und er gab mir den Rousseau zurück mit dem Hinweis, daß er das Buch zu genau kenne. Er ließ sich mit mir darüber in eine Debatte ein, und unser Gespräch über Rousseaus Feinde von der Enzyklopädie zeigte mir den Offizier als einen belesenen Mann. Mein Spaziergang mit dem Generalstäbler, der als Lenker der Schlachten in Serbien gilt und von allen Offizieren mit größter Antipathie beurteilt, aber ins Gesicht mit besonderem Respekt behandelt wird, hatte nicht wenig Aufsehen erregt. Ein Offizier unseres Regiments beeilte sich, mich einzuladen, in seiner warmen Deckung zu schlafen. Er versprach sich gelegentlichen Vorteil davon – ich aber hatte solchen Vorteil gleich, indem ich die Einladung annahm.

Samstag, den 10. Oktober 1914.

In das beinahe eintönige Konzert von Gewehrkugeln, Minen und Kanonenschüssen kam heute eine Ergänzung durch 24-cm-Geschütze, die jetzt auf unserer Seite verwendet werden. Die Mörser sind weit hinter uns in die Erde gemauert, in Bossut, ihre Geschosse fahren wie Schiffe durch die Luft.

Sonntag, den 11. Oktober 1914.

Kot. Das ist die Devise des Tages. Eines von den ärgsten Schrecknissen des Krieges. Die ganze Nacht hat es gegossen (es muß nicht die Folge der 24-cm-Mörser sein), und durch das Erdreich, das uns notdürftig überdacht, strömten Wassermassen und bildeten in den Falten des aufgespannten Segeltuches große Lachen. Man sehnt in den Nächten nichts heißer herbei als den Morgen; um 5 Uhr abends muß man, wenn man nicht Wachtdienst hinter den Schießscharten hat, schlafen gehen, da bei Anbruch der Dunkelheit die Kugeln, aus Angst vor einem gegnerischen Sturm, von beiden Seiten in wahnsinniger Hast aneinander vorbeizujagen beginnen. Man kann nicht schlafen und natürlich kein Licht anzünden, so daß die Nächte zu nichts anderem da sind als zur Erwartung des Tages. Heute im strömenden Regen war der Wunsch, daß es bald tagen möge, noch intensiver.

Aber wie arg war es, als er erfüllt wurde! Man konnte nicht einen Schritt aus der Hütte hinaustreten, ohne bei der Rückkehr mit den Stiefeln einen Berg von Lehm und Kot in sein „Bett“ zu tragen, und wenn man weitergehen wollte, wurde man an den unvergeßlichen Drinaübergang gemahnt, denn in den Laufgräben stand das Wasser bis in Bauchhöhe. So war man verurteilt, in der Deckung, die kaum einen Meter hoch und einen Meter breit ist, mit drei anderen Bewohnern den ganzen Tag zu vertrotteln. Wollte man in eine Nachbarwohnung schlüpfen, mußte man gewärtig sein, dort wegen des mitgebrachten Lehms hinausgeworfen zu werden. Lesen konnte man gleichfalls nicht, denn die Zeltblätter waren hermetisch zugezogen, um dem Regen den Eintritt zu verwehren, und sie verwehrten ihn auch dem Licht.

Ich dachte (wer denkt an etwas anderes!) an die Möglichkeit der Rückkehr. Nun ist auch mein jüngster Bruder Soldat geworden. Der Zweitjüngste ist gleichfalls dieser Tage als Soldat aus Prag abgegangen. Von meinem jungverheirateten Bruder, der als Fähnrich in Galizien steht, fehlt wieder mehr als eine Woche jede Nachricht. Werden wir uns alle mit der Mutter wieder zusammenfinden? Kaum. Ich versuchte die Frage, wer von uns nicht heimkommen werde, zu lösen, indem ich darüber nachdachte, wen von uns am wenigsten Verbindungslinien mit dem Leben verknüpfen. Ich glaube nicht, daß die Lostrennung vom Leben plötzlich erfolgen könne, ohne Rücksicht auf die Zahl und Festigkeit der Bande, die den Betroffenen an das Dasein ketten. Nein, es gibt nichts Plötzliches im Leben und noch weniger im Tod. Aber kann ich heute noch bei anderen die Festigkeit des Hanges am Leben feststellen, kann ich es selbst bei meinen Brüdern, kann ich es noch bei mir? Vor einem Vierteljahr war es anders. Hundert Beziehungen, Aufträge, Pflichten, Verhältnisse, Zusammenkünfte, Pläne, Absichten und Bestimmungen verknüpften mich nicht nur mit der Gegenwart, sondern auch mit der Zukunft. Ich hätte mir nicht denken können, von einem Tag auf den anderen aus dieser Fülle losgerissen zu werden. Das ist jetzt anders. Die Verbindungslinien zu den Freunden und zur Welt haben sich gelockert, die zur Gegenwart und gar zur Zukunft sind gelöst.

Der Tod ist uns allen so vorbereitet, daß er gegenüber unserem jetzigen Zustand keinen besonderen Wechsel mehr bringen kann. Die Lebenslust ist in uns gestorben, wir sind von Toten und Sterbenden umgeben, unsere Gedanken sind an den Tod viel stärker gewöhnt, als es jemals die eines Zu-Tode-Kranken, eines Zu-Tode-Alten oder eines Zu-Tode-Verurteilten sein können, unsere Hoffnungslosigkeit ist vollkommen, und unsere Lebenskraft ist derart zusammengeschrumpft, daß wir den Tod kaum mehr besonders fürchten.

In unseren Gewohnheiten sind wir ja schon eher Tote als Lebendige. Wir haben keine Lebensgefühle mehr, keinen sich auf das Weiterleben ersteckenden Ehrgeiz, keine äußere Eitelkeit, wir kleiden uns nicht um, wir essen kaum, wir waschen uns nicht, wir putzen uns nicht die Zähne, wir ekeln uns vor nichts, wir schlafen in einem Grabe, und wir sind von einer Apathie, die von der Gedankenruhe eines im Grabe Faulenden nicht wesentlich verschieden sein kann.

Montag, den 12. Oktober 1914.

Ich brach früh mit allerhand Meldungen zum Train nach Velino-Selo auf. Seitdem der serbische Volltreffer den Artilleriestab in Salaš traf, ist das Divisionskommando schleunigst nach Bosnisch-Rača abgegangen. Gegenüber der Divisionssanitätsanstalt ist ein kleiner Friedhof für die Toten der Paraschnitza errichtet, dessen Kreuze mit Sorgfalt hergestellt und dessen Grabhügel mit Herbstblumen geschmückt sind. Hier liegt auch mein Rößler begraben.

Am Rückweg sah ich beim Regimentshilfsplatz fünf Leichen, die man eben aus der reißenden Drina fischte. Sie hatten seit mehr denn Monatsfrist im Wasser gelegen und waren bereits so durchweicht, daß man die Haut von ihren Händen ziehen konnte wie Handschuhe. Ich hatte von einem der Toten, in dessen Legitimationskapsel die Nummer der Standkompanie nicht erwähnt war, das Portemonnaie mit Kronen 6,20 zum Regimentskommando mitzunehmen. Obwohl ich alles dreifach in Papier eingewickelt hatte, mußte ich die Hand, in der ich die Börse trug, weit von mir strecken, damit mich der Leichengeruch nicht betäube.

Dienstag, den 13. Oktober 1914.

Erwartung, was mir dieser Dreizehnte wieder Unseliges bescheren werde. In der Zeitung las ich von dem Tod lieber Freunde, darunter dem des tschechischen Schriftstellers

Doktor Erwin Taussig, mit dem ich in Berlin verkehrte und den ich trotz unserer grundverschiedenen Lebensauffassung liebgewonnen hatte. Auch die Tatsache, daß Oberleutnant Beyrodt, der letzte von den Offizieren meiner Kompanie, erkrankt ist und wohl morgen in das Spital abgehen werde, freute mich sehr wenig, aber ich wußte, daß dies noch nicht die ganze Ausbeute eines Dreizehnten sein könne. Am Abend brachten die Menagezuträger eine wirkliche Hiobspost: die neue auf Pfeilern erbaute Drinabrücke, die heute früh dem Verkehr übergeben worden war, worauf man die schwache Pontonbrücke abtrug, ist schon geborsten. Zwei große Wassermühlen waren von dem jagenden Strom gegen die Pfeiler gestoßen worden und hatten deren Widerstandskraft gebrochen. Überflüssig zu sagen, daß sich im Nu die Nachricht verbreitete, die Serben hätten die Wassermühlen absichtlich losgemacht, um sie vom Strom treiben und gegen die Brückenpfeiler anrennen zu lassen.

Wir sind jetzt von der Heimat abgeschnitten. Im Falle eines serbischen Durchbruches wäre es sicherlich das günstigste, in Gefangenschaft zu geraten, denn daß unsere Divisionen bei dieser Strömung und bei diesem Wasserstand in den kleinen Pontons hinüberkämen, ist ausgeschlossen. Die Menage kann auch nicht mehr herüber, und wir wurden schonend darauf vorbereitet, daß wir sie uns für morgen und vielleicht auch für die nächsten Tage denken können.

Die Savebrücke, über die wir herübergekommen waren, ist gleichfalls arg gefährdet, obwohl die Sappeure mit Staken und Booten den flüchtigen Teilen der zertrümmerten Drinabrücke nachfuhren, um einen Anprall gegen die Savebrücke zu vereiteln. Einige der Pioniere haben dabei den Tod gefunden.

Ich habe heute meine Wohnung wechseln müssen; ein unliebsames Ereignis, das ich trotzdem nicht zu schmerzlich empfinde. Wenn ich später einmal diese Blätter durchlesen sollte, werde ich mich vielleicht meiner Undankbarkeit schämen, die mich veranlaßt hat, so etwas in mein schriftliches Gedächtnis aufzunehmen. Aber heute glaube ich mich von dem Gefühl der Undankbarkeit frei, und nicht aus momentaner Mißstimmung verzeichne ich das Nachfolgende, sondern ich habe mir gelobt, die hervorstechendsten meiner Gefühle und persönlichen Ereignisse in diesen Blättern niederzulegen, und so darf ich die Schilderung eines Mißbehagens nicht unterdrücken, das während der letzten Tage auf mir lastet.

Wie ich erwähnt habe, hat vor vier Tagen ein Offizier unseres Regiments, nachdem er mich mit dem Generalstabsoffizier der Brigade angeregt sprechen gesehen, sich beeilt, mich einzuladen, in seiner Deckung zu schlafen, und ich hatte bei ihm genächtigt. Das war aus vielen Gründen für mich günstig. Während meine bisherigen Schlafgenossen in unserer selbstverfaßten Erdgrube bleiben mußten und infolge des Regens und Kots, in dem sie die Nächte zubrachten, von Zahnschmerzen, Diarrhöe und Angina befallen waren, blieb ich davon verschont, da der erwähnte Offizier seine halbe Kompanie zur Herstellung seiner Wohnung kommandiert hatte, so daß man darin nicht nur gegen den Regen gut geschützt war, sondern abends auch ein Feuer anmachen konnte. Ein noch angenehmerer Vorteil bot sich mir dadurch, daß man in dieser Hütte stehen und sitzen, also bis 8 oder 9 Uhr abends wach bleiben konnte, während man in den Mannschaftsdeckungen genötigt ist, immer um 5 Uhr nachmittags schlafen zu gehen. So hatte ich meine Vorteile von der Gastfreundschaft, aber ich konnte mich ihrer nicht freuen. Ich bin wiederholt gezwungen gewesen, mit Leuten beisammen zu sein, die mir im ersten Augenblick unsympathisch waren, und ich habe mich fast immer mit Erfolg bemüht, an ihnen Züge zu entdekken, die meine erste Meinung zu ihren Gunsten richtigstellten. Bei meinem Gastfreund war dies nicht der Fall. So unsympathisch er mir schon bei oberflächlicher Bekanntschaft gewesen, vollends widerwärtig wurde er mir bei näherem Kennenlernen.

Er erzählte mir zum Beispiel mit schamlosen Details sein Verhältnis zu einem Mädchen, das er in unfairer Weise verführt hatte und das ihn noch immer maßlos liebt. Er gab mir die Briefe des Mädchens zu lesen, damit ich sie beantworte. Er hatte sie überhaupt nicht geöffnet, worüber ich um so mehr entrüstet war, als seine Geliebte ihn darin nur um ein einziges Wort bat: sie habe gehört, daß er sie während ihres Verhältnisses, das sie mit furchtbaren häuslichen Szenen, einer verbotenen Operation und darauffolgender lebensgefährlicher Krankheit bezahlt hatte, mit ihrer besten Freundin betrogen habe. Sie bitte ihn nur um ein Wort des Dementis, das sie ihm unbedingt glauben wolle. Der Kerl überließ es mir, diesen Brief so zu beantworten, wie ich wolle. Die an Exhibitionismus grenzende Art, sich zu benehmen, zu schimpfen und zu sprechen, die Brutalität, mit der er Leute seiner Kompanie prügelte und mit den Füßen stieß, die Rücksichtslosigkeit, mit der er seinen Diener weckte, damit dieser aufstehe und die Kerze auslösche (obwohl es dazu nur einer Kopfbewegung oder einer Bewegung der Hand bedurft hätte), brachte mich fast zur Raserei, und ich mußte mir Zwang antun, um ihm nicht Grobheiten zu sagen, was mir bei diesem Menschen gewiß standrechtliche Bestrafung eingetragen hätte und als beispiellose Undankbarkeit ausgelegt worden wäre.

Als er mir einmal brüsk sagte, daß ich mit dreckigen Stiefeln nicht in seine Behausung kommen dürfte, erbat ich mir mein Zeltblatt zurück, das einzige Mobiliar, mit dem ich zu ihm übergesiedelt war. Das hieß, ich wolle wieder in mein altes Heim. Er zwang mich zu bleiben, und ich mußte bleiben. Aber ich empfand es höchst unangenehm.

Das seltsamste war, daß dieser Mensch einmal im Gespräch über einen Stabsoffizier äußerte, dieser sei ein nobler Charakter. Auf meine Frage, wie er dies begründe, zählte er mir alle Eigenschaften auf, die durchweg den seinigen entgegengesetzt waren, und wußte sie nicht genug zu loben. Ich war so verblüfft, daß er (mein Staunen merkend) mich fragte, ob ich nicht seiner Meinung sei. Ich beeilte mich, zu versichern, daß auch ich die von ihm gerühmten Eigenschaften rühmenswert finde, nur seien sie leider selten zu finden.

Übrigens rückte er heute mit seiner Kompanie in die Schwarmlinie ab, und obwohl ich wieder in Regen, Wind und Nässe am Nachmittag zur Nachtruhe gehen muß, wird mir nach seiner schönen Wohnung nicht bange sein.

Mittwoch, den 14. Oktober 1914.

Zu den merkwürdigsten Aufgaben, mit denen ich bisher bedacht wurde, gehört die heutige: ich möge einen neuen Brunnen für die Schwarmlinie und die Reserven suchen, da die bei diesen befindlichen Brunnen infolge (von den Serben) hineingeworfener verfaulter Kürbisse stinkendes Wasser liefern. Der Auftrag schien unerfüllbar. Wäre ein anderer Brunnen vorhanden, so hätten die lückenlos und in langer Front vorrückenden Schwarmlinien auf ihn stoßen, beziehungsweise jeder Schwarm wissen müssen, wo Trinkwasser zu holen sei. Obwohl also meine Aufgabe aussichtslos schien, gelang es mir altem Rechercheur, durch Umfragen doch einen Brunnen zu finden, allerdings einen „a. D.“. Die Pioniere sind nun beschäftigt, die Verschalung wegzuräumen, und man wird ja sehen, ob er sich als ergiebig erweisen wird.

Auch die Reservebrücke ist nun zerbrochen worden, und zwar von den Trümmern der geborstenen Drinabrücke. Wir speisten eine unserer Konserven zu Mittag, da die Menagezufuhr verzögert ist. Der Verkehr wird durch eine Überfuhr von kleinen Dampfern aufrechterhalten.

Die Serben, die von der Unmöglichkeit unserer Rückkehr nach Österreich jedenfalls Wind bekommen haben, überschütten uns mit einem Hagel von Gewehrschüssen und Granaten und Schrapnellen und Kartätschen und versuchten einen Vorstoß gegen uns, der nicht glückte. Ein Krawall, wie er selbst unseren gegen akustische Exzesse abgehärteten Ohren unerträglich klingt, erfüllte die Nacht. Den Schlaf konnte er mir allerdings nicht rauben, denn ich hatte keinen.

Ich liege wieder in meiner alten Deckung, mein Nachbar zur Rechten hat Dysenterie, mein Nachbar zur Linken hustet gräßlich. Seine Mutter starb, zwanzig Jahre alt, an Lungentuberkulose, sein Vater, sechs Jahre älter, an Säuferwahn.

Donnerstag, den 15. Oktober 1914.

Oberleutnant Beyrodt und Hauptmann Wieronski sind heute vom Hilfsplatz in das Spital nach Grk fortgebracht worden. Sie waren die letzten aktiven Offiziere des Bataillons. Als Bataillonskommandeur kam Major Gärtner zu uns, der vor acht Jahren in Ruhestand gegangen war, bei Kriegsbeginn wieder reaktiviert wurde und bisher das hier selbständig detachierte II. Bataillon des Prager Regiments Nr. 28 kommandiert hatte. Vor zehn Jahren, in den letzten Kaisermanövern, die Kaiser Franz Joseph geleitet hat, bin ich in den „Gefechten“ bei Stekna und Pisek Ordonnanz bei Major Gärtner gewesen.

Freitag, den 16. Oktober 1914.

Früh: Mit Meldungen zur Division nach Bosnisch-Rača. Die Save noch immer wie eine schwangere Frau. Mitten im Fluß war eine Mühle auf eine Sandbank aufgefahren, die Bretter weggeschwemmt, nur das Mühlenrad streckte sich groß und ungefügig wie ein totes Ungetüm über den Wasserspiegel der Save. Es fiel mir ein, ob das nicht die Wassermühle aus Syrmisch-Rača sei, die ich mir vor Monatsfrist mit dem Amtmann, der Hebamme und den anderen mystisch-grausamen Gestalten der „Kronbraut“ belebt hatte. Ich lugte über den breitgewordenen Strom, aber ich konnte nicht sehen, ob meine alte Mühle noch an ihrem Platz ankerte oder ob sie es sei, die tot und unbegraben vor mir liegt, wie tausend andere Freunde.

Die Laufgräben sind teilweise unter Wasser, so daß man über kleine Brücken aus Brettern steigen muß. Die Serben haben angeblich zwei Flüsse in die Drina abgeleitet, um uns oder wenigstens die Laufgräben zu überschwemmen.

Montag, den 19. Oktober 1914.

Antwort von Familie Rößler. Ein Brief, voll von ungeheurem Schmerz über den Verlust des einzigen Sohnes, und vor allem die dringende Bitte, ich möge alles unternehmen, daß der Tote in heimatlicher Erde bestattet wird. Ich erhielt die Erlaubnis, mich nach Bosnisch-Rača zur Divisionssanitätsanstalt zu begeben, wo Rößler beerdigt ist. Dort erhielt ich die Auskunft, daß ein Ansuchen um Exhumierung bei den gegenwärtigen Transportverhältnissen kaum auf Genehmigung zu rechnen habe. Man zeigte mir das Grab, welches auf einem behelfsmäßig hergerichteten, mit einem großen Steinkreuz geschmückten Friedhof sehr sorgfältig gehalten ist. Auf den Hügeln sind Blumen gepflanzt und Holzkreuze befestigt. Ich schrieb der Familie und gab eine Schilderung der Grabstätte.

Dienstag, den 20. Oktober 1914.

Wir haben eine neue Kutja bezogen. Acht Tage lang hatten wir an dem unterirdischen Blockhaus gebaut, das viel geräumiger ist als unsere bisherige Wohnstätte. Es ist für neun Leute bestimmt, vier Meter lang, zweieinhalb Meter breit und beinahe zwei Meter hoch. Der Eingang ist etwas vertieft, so daß der Raum, in dem wir schlafen, eine Art Podium bildet. Wir haben diese Villa vom Laufgraben aus geschaufelt, so hoch, daß sich der Plafond etwa einen Meter unter der Erdoberfläche befindet. Vor Einsturz sollen uns drei Baumstämme schützen, die der Länge nach, und sieben Stämme, die der Breite nach unter der Zimmerdecke eingerammt sind. Dazwischen ist eine Reihe von Latten eingefügt. In der Mitte des Hauses zeugt eine einzige Säule von Pracht: ein Baumstamm, der dazu bestimmt ist, das Dach zu tragen und mich zu stören, denn ich liege als Fünfter gerade in der Mitte. Neben mir habe ich ein kleines Brettchen in die Wand gesteckt, auf dem meine Briefschaften, mein Rousseau und meine Eßschale sind. Bei Nacht brennt auf dieser Konsole ein Kerzenstümpfchen, so daß ich lesen kann. Rechts, in der Mitte der Wand, ist ein Ofen, dessen Rauchfang aus serbischen Zinnverschlägen kunstvoll hergestellt ist. Als Rost- und Bratspieß steckt quer eine starke Nadel darin, die einst zum Festhalten des Traggerüstes an einem Packtornister diente.

Es ist hier zweifellos viel bequemer als in der bisherigen Deckung, aber ich fühle mich dem Tode näher. Unser früheres Heim lag an dem Hauptlaufgraben, der zu unserer Schwarmlinie führt, und da unser Haus keine Mauer hatte, sahen wir jeden, der nach vorne ging. Bald kamen Offiziere des Divisions- oder Brigadekommandos, bald Proviantunteroffiziersgehilfen von unserem Regimentstrain, bald Rechnungsunteroffiziere, bald Marode, bald Geheilte aus den Spitälern, bald Rekruten und Leute der Marschbataillone, die direkt aus Prag kamen, bald Ärzte, vom Hilfsplatz, bald Köche von den Fahrküchen, bald Artilleriebeobachter, und viele Bekannte waren darunter. Sie hielten sich bei uns auf und brachten uns Nachrichten über Freunde, die verwundet oder getötet oder beurlaubt oder geheilt worden waren. Hier und da schenkten sie uns eine Zigarette oder zwei Finger voll Tabak, sie borgten uns für einen Augenblick Zeitungen, die sie zu den Offizieren zu tragen hatten, und dergleichen. Damit ist es nun vorbei.

Wir wohnen jetzt in einer Seitensappe des Laufgrabens zwischen Regimentskommando und Offizierslatrine, und unsere Nachbarn sind fünf tote Komitatschis, die neben unserem Dach verscharrt liegen. An uns geht niemand vorüber. Wir liegen jetzt unter der Erde wie im Grab. Nichts kettet uns mehr an die Welt. Wenn das Gebäude zusammenfällt, so merkt es niemand da draußen. Wir lägen da, wie tausend andere tote Kameraden in unserer Nähe, und hätten den Pionieren nur Arbeit erspart.

In der Nacht konnte ich nicht schlafen. Über unseren Häuptern irrten Mäuse umher, denen wir durch unsere Wühlarbeit die Möglichkeit einer Orientierung in ihrem Heimatland genommen haben. (Ähnlich wird es den Serben gehen, wenn sie je wieder auf die Paraschnitza zurückkehren sollten, die wir durch Laufgräben, Sappen, Deckungen und

Verschanzungen zu einem Labyrinth umgestaltet haben, in dem sich kein Polizeihund auskennen würde.) Die Mäuse bröckelten Erde auf uns unbefugte Bewohner ihres bisherigen Heimes herab, und einem Schlafgenossen fiel eine Maus in den Mund. Das war es nicht, was mich nicht schlafen ließ, ich hatte ein anderes, noch unbehaglicheres Gefühl: mir schien es, als hätte ich Läuse. Das wäre für mich das Ärgste. Die Furcht vor diesen Viechern war die einzige Furcht gewesen, die mich einst bei journalistischen Streifzügen ins Elendenland bewegt hatte, während andere diese Gänge aus anderen Gründen als waghalsig beurteilten.

Gegen 4 Uhr früh schlief ich doch ein. Nicht lange darauf weckten mich meine Kameraden. Es war schon hell. Sie waren aufgesprungen und wiesen auf ein leibhaftiges Menschenbein – Schenkel, Wade, Fuß –, das gerade über dem Kopf meines Nachbarschläfers von der Decke niederhing. Über unserm Haupt war ein Komitatschi begraben, und durch unseren Bau war ihm der Boden unter den Füßen zusammengesunken. Wir hackten die Leiche heraus und gruben sie an einer für uns weniger unangenehmen Stelle wieder ein.

Dann weckte ich den Mediziner einer nahen Kompanie zur Diagnose, ob ich Läuse habe. Er konnte nur Flohbisse konstatieren. Ich war glücklich. Es verdroß mich nicht, drei Viertelstunden zur Drina hinunterzulaufen, um mich in einem Ponton auszuziehen und ins kalte Wasser zu springen. Nach dem Bad kletterte ich wieder über die teerbeschmierte Pontonwand zu meinen Kleidern und wurde dabei noch schmutziger, als ich vorher gewesen.

Nachmittags wurde ich zum Bataillon Balzar (6., 7., 13. und 14. Kompanie) gesandt, um dort eine Meldung abzugeben. Der Weg führte an drei Landwehrregimentern vorbei, längs der Front durch Lauf- und Schützengräben, die breit und mit allerhand Nischen und Bequemlichkeiten ausgestattet sind. Durch metallisch glänzendes Laub, das von den Bäumen und den mit Zweigen überdeckten Traversendächern auf den Weg gefallen war, erhielt alles den melancholischen Charakter eines verlassenen Parkes im Herbst.

Bei Landwehr 8 erfuhr ich vom Tode eines Bekannten, des Fähnrichs Karl Stein. Vor kurzem war er Brautführer bei der Hochzeit seines Bruders in Komotau gewesen, an der ich als Vertreter der Bohemia-Redaktion teilgenommen. Der junge Bursch hatte damals in seiner Uniform so übermütig ausgesehen, nun liegt er in der Uniform nicht weit von mir in der Erde.

Der Weg zum detachierten Bataillon, der vom Finanzwachhaus Omerov Čardak gegen unsere Front führt, dauerte etwa eine Stunde. Ich übergab meinen Befehl. Beim Rückweg verirrte ich mich in den Laufgräben, die unten nächst der Savebrücke in kurzen Windungen verlaufen, so daß man beim schnellen Passieren dieser Schlangenlinie beinahe die Drehkrankheit bekommt. In stockdunkler, von serbischen Kugeln schraffierter Nacht mußte ich von der Landwehrdeckung in die unsere. Der Weg führte über offenes Terrain. Beim Regiment hatte man mich schon tot geglaubt.

Ich wurde früh wieder zum Bataillon Balzar geschickt. Auf dem Hinweg ließ ich mir das Grab des Fähnrichs Stein zeigen. Durch Zigaretten und gute Worte veranlaßte ich einige Soldaten, es herzurichten und auf dem Baum neben der Grabstätte eine Gedenktafel anzubringen, da im Frühjahr die Save wohl das ganze Gebiet überfluten und den Grabhügel davonschwemmen wird.

Donnerstag, den 22. Oktober 1914.

In den letzten Tagen war man des Lobes voll über den Infanteristen Sokol von der 1. Kompanie, welcher mit unserer neuesten Waffe, den Eierhandgranaten, geschickt umzugehen wußte und in den serbischen Gräben Unheil und Verwirrung anrichtete. Er war zum Gefreiten befördert, zur Dekoration eingegeben worden. Heute nachmittag hantierte er mit einer Handgranate, sie explodierte und zerriß ihn und die beiden anderen Bombenwerfer der Kompanie in Stücke.

Freitag, den 23. Oktober 1914.

Unsere Pioniere arbeiten aus dem Schützengraben Sappen nach vorne, die Serben desgleichen. So kommt es, daß an einigen Stellen die Grabenden der beiden Parteien nur etwa 15 Schritt voneinander entfernt sind, allerdings ohne daß man einander zu sehen bekäme. Gestern wurde nun während der Arbeit von zwei serbischen Leuten herübergerufen, daß sie an dieser Stelle um 7 Uhr abends herüberkommen werden, man möge nicht auf sie schießen. Die Aufforderung brach jäh ab. Wahrscheinlich war sie gehört und die beiden verhaftet worden. Wenigstens kamen sie nicht herüber, obwohl an dieser Stelle nicht geschossen wurde.

Am Abend spielte, in der serbischen Schwarmlinie gedeckt aufgestellt, eine Musikkapelle, deren Töne zu uns herüberdrangen. Man feierte den zweiten Jahrestag der für die Serben siegreichen Schlacht von Kumanova und wollte durch die fröhlichen Klänge auch uns die serbische Kriegsbegeisterung zeigen. Sie spielten das tschechische Volkslied „Andulka Šafařová“ und das patriotische „O du mein Österreich“. Nach serbischen Liedern schien eine Ansprache zu folgen, und dann brauste ostentativ begeistert ein dreifaches „Živio“ zu uns herüber.

Samstag, den 24. Oktober 1914.

Das war bisher mein brennendster Wunsch gewesen: einen Urlaub nach Prag zu bekommen, anständig zu baden, anständig zu essen, mich anständig auszurüsten und die Lieben zu sehen. Seit heute ist es nicht mehr mein Wunsch. Ein Kamerad kam vom Verwundetenurlaub aus Prag zurück. Ich sagte, daß er zu beneiden sei. „Wenn nicht der Abschied wäre“, erwiderte er. Dieser Satz war es, der mich endgültig von meinem Wunsch abgebracht hat. Nein, jetzt noch einen Abschied? Damals war es noch verhältnismäßig gut gegangen. Es war nur ein Krieg Österreichs gegen Serbien, und man mußte annehmen, daß er bald zu Ende sei. Meine Bagage hatte in einem winzigen Handköfferchen bequem Platz, und ich glaubte, noch zuviel mitgenommen zu haben. Auch war ich damals der einzige von meinen Brüdern, der eingerückt war. Jetzt ist niemand bei Muttern zu Hause, geradezu ein Weltkrieg im Gange, kein Ende abzusehen, jeden Tag erscheinen endlose Verlustlisten in der Zeitung, Freunde sind vermißt, Verwandte tot, die Stadt von Krüppeln bevölkert, Witwen und Waisen erfüllen die Heimat mit Weinen, Not und Schmerz, ich weiß jetzt, wie es hier zugeht. – Nein, nur jetzt nicht noch einmal den Abschied!

Die Stimmung in Prag soll kriegsfeindlich sein. Allgemein wisse man, daß den Siegesnachrichten kein Glauben zu schenken sei, und obwohl die Behörden gegen die Verbreiter pessimistischer Anschauungen und Gerüchte einschreiten, erfüllen nur Nachrichten von verlorenen Schlachten, verlorenen Trainkolonnen und Automobilparks, schweren Verlusten und dergleichen die Bevölkerung, deren Stimmung eigentlich gegen den Krieg gerichtet sei und die sich in ihren abfälligen Äußerungen gegen die eigenen Führer und Machthaber (wenn auch nur in latenter Weise) wende. Sogar der Volkshumor sei ein schwarzseherischer: „Alle Friseure müßten auf den Kriegsschauplatz abgehen, weil wir bereits eingeseift sind.“ – „Die neu eingeführten Zweikronen-Banknoten sind weder hochrot noch rosarot, sondern bank-rott.“ Die Begeisterung, die am Anfang die ins Feld ziehenden Truppen begleitet hat, sei in Verzweiflung umgewandelt, auch die abmarschierenden Soldaten sollen keine „Zucht“ mehr haben. Die „Prager Kinder“, die 28er oder das 8. Landwehrregiment, hätten bei ihrem Abmarsch auf den Bahnhof ein rotes Tuch als Fahne vorangetragen, auf dem ein altes tschechisches Volkslied folgendermaßen variiert aufgeschrieben war. „Červený šátečku kolem se toč, já táhnu na Rusko, já nevím proč“, das heißt: „Du rotes Tüchlein, du, dreh dich herum, – Ich zieh nach Rußland jetzt – Und weiß nicht, warum.“ Im Spital in Pisek seien 2000 Ruhrkranke, in Frankreich sei es nun auch mit den deutschen Siegen zu Ende, an der russischen Front sogar der österreichische

Landsturm vernichtet worden. Gegen die Juden sei die Stimmung der Bevölkerung erbittert, weil viele Lokalanstellungen mit ihnen besetzt seien. So? Und mir geht wieder vor den vielen Juden hier die Galle heraus.

Sonntag, den 25. Oktober 1914.

Der Kommandant der Balkanstreitkräfte, Feldzeugmeister Potiorek, fühlt sich bemüßigt, feindliche Jubelmeldungen über Siege von Romanja planja (wie kommen die Montenegriner so nahe an Sarajevo?), von Kurjačiča und vom Gučewo-Rücken auf das „rechte Maß zu reduzieren". Zur Kennzeichnung dieses „Dementis" nur einen Satz von vielen: „Der angebliche Sieg von Kurjačiča war eine durch das Hochwasser der Drina bedingte, nicht durch einen serbischen Angriff erzwungene Räumung eines überschwemmten, kleinen Brückenkopfes." In diesem Ton geht das „Dementi" weiter. Daß auch nicht ein einziger Zeitungsleser bei Lektüre dieser famosen „Reduktion" von Entrüstung über die serbischen „Lügenmeldungen" gepackt werden wird, ist klar. Im Gegenteil, er wird nichts anderes in ihr sehen können als eine unumwundene Bestätigung der serbischen Nachrichten, ein rückhaltloses Eingeständnis eigener Flucht. Nicht einmal in Friedenszeiten hat man solchen gewundenen Richtigstellungen geglaubt, und gar jetzt, wo man in der Technik des Zeitunglesens gründlich geschult wird. Weiß man doch, daß alles zensuriert und konfisziert wird, weiß man doch, was offiziell zusammengelogen wird, und gerade in den letzten Tagen ist durch die Publikation diplomatischer Schriftstücke die ganze Sprachkunst der schamlosen Verschleierung deutlich aufgedeckt worden. Es ist z. B. belehrend, wie Edward Grey seinerzeit auf eine Anfrage im Parlament das eben abgeschlossene Marineabkommen mit Rußland in Abrede stellte, ohne zu lügen, aber auch ohne die Wahrheit zu sagen. Auch die englischen, französischen und belgischen Blätterstimmen über die Kriegspräludien waren bei uns zitiert, also weiß jeder, wie man Verschleierungen aufzufassen hat, und jeder halbwegs Gewitzte wird heutzutage zwischen den Zeilen zu lesen wissen. Und nun setzt ein Armeekommandant eines Großstaates unter einen solchen albernen Wisch seinen vollen Namen! Er hätte entweder den Rückzug gleich melden oder aber auch jetzt schweigen müssen. Läßt man sich erst durch serbische Meldungen verlocken? Glaubt Herr Potiorek vielleicht, daß man Nachrichten über verlorene Schlachten schmackhafter macht, wenn man sie nicht an sich meldet, sondern nur als Reduktion von offiziellen Berichten des Feindes? Oder tut man es vielleicht um des Auslandes willen? Es wird auch im Ausland nur als Dokument der Unfähigkeit erscheinen.

Montag, den 26. Oktober 1914.

Der Tag galt den Vorbereitungen zum Sturm. Unterhalb der Schießscharten wurde von Pionieren ein unterirdischer Gang ins Vorterrain gebohrt und die Reste der zwischen uns und den Serben befindlichen Drahthindernisse mit geschliffenen Bajonetten und Drahtscheren durchschnitten. Sturmleitern wurden vorwärts getragen, Posten in den Laufgräben aufgestellt, welche niemanden nach hinten lassen dürfen, und auch über den Zeitpunkt des plötzlichen Vordringens, das wieder Hunderten von uns das Leben kosten wird, wurden wir nicht im Zweifel gelassen. Hauptmann Spudil kam in seiner elegantesten Uniform, mit dem Verdienstkreuz angetan, den Schnurrbart in die Höhe gezwirbelt, als ob er zur Hochzeit ginge, und sagte uns: „Morgen um 5 Uhr schrumme ich.“ – „Schrumm“ ist sein Lieblingswort, und besonders in der Verbalform gibt es nichts, was er damit nicht ausdrücken würde.

Die Aufregung aller ist natürlich so groß, daß man kaum ein Auge schließt. Wem wird es morgen gelten? Unruhig zerren die Leute an den Abzugshähnen der Gewehre, als würden dadurch mehr der lebenden Hindernisse auf der Gegenseite aus der Welt geschafft, und von drüben schlagen die Granaten so präzis in unsere Deckungen, daß uns der Luftdruck zu Boden wirft, wenn wir aus der Deckung kriechen. Morgenrot, Morgenrot!

Dienstag, den 27. Oktober 1914.

Um 7 Uhr früh war Sturm, nachdem schon 25 Minuten vorher die Kanonade ausgesetzt hatte. Den Kampf auf der kilometerlangen Front von Omerov Čardak bis zum Drinaufer bei Serbisch-Rača eröffnete das I. Bataillon unseres Regiments. Dann kamen unsere beiden anderen Bataillone und die übrigen Regimenter.

Die Serben waren verblüfft, denn wir lagen seit Wochen einander gegenüber, und man hatte schon daran geglaubt, daß wir nie anders als unterirdisch aneinander herankommen würden; darauf deuteten auch die Sappen hin, die wir aus unserer und die Gegner aus ihrer Stellung vorwärts gruben.

Von Entsetzen gepackt, jagten sie davon, als wir auf den obersten Sprossen der Leitern erschienen, uns über die Deckung schwangen, das Hurra und das Sturmsignal ertönten. Nur jene Serben, welche aus den gegen unsere Sturmstellungen vorgeschobenen Laufgräben uns mit Flankenfeuer überschüttet hatten, feuerten wütend gegen die an ihnen vorbeistürmenden Österreicher und trafen sie von der Seite oder von hinten.

Binnen fünf Minuten waren die serbischen Stellungen erreicht und von den letzten sich zur Wehr Setzenden geräumt. Den Fliehenden wurden Schüsse nachgesandt, wer nicht schnell genug hatte flüchten können oder einen schweren Schuß erhalten hatte, blieb liegen und flehte um Gnade, die Waffen wegwerfend und die Hände in die Höhe hebend. „Nepucat, nepucat – Nicht schießen, nicht schießen!"

Der Angriff machte nicht bei den Stellungen der Serben halt, sondern ging über den Dammweg hinaus, der die südliche Grenze der Paraschnitza-Halbinsel bildet und der in den letzten zwei Monaten täglich mehr als hundertmal genannt wurde und in unseren Gedanken als etwas Unerreichbares gelebt hatte. Nun rannten wir über ihn hinaus und sahen, daß es eine ganz gewöhnliche, etwa 2 m hoch aufgedämmte Chaussee war, nicht einmal betoniert oder gar zementiert (wie es alle Zeitungen gemeldet). Unsere Granaten hatten die Straße überdies zerrissen.

Erst als die Zahl der serbischen Gefangenen und der um sie Beschäftigten sowie unsere Erschöpfung beträchtlich geworden war, machten wir halt. Wenige Minuten später rannte ich mit Meldungen über das erstürmte Gebiet. Wie das aussah!

Schreien und Stöhnen von Verwundeten, dort Unterhandlungen mit Gefangenen, dort flehentliches Bitten Verletzter an die Blessiertenträger, Gestank von Leichen, die auf dieser für beide Seiten seit Wochen unerreichbaren Zone unbegraben gefault hatten, dort drei Serben in einer Deckung aneinandergeschmiegt, von einer einzigen Granate getötet; die Bäume verkrüppelt, Stämme und Äste gefällt von Schüssen, die Erde aufgewühlt und durchfurcht von krepierten Geschossen und übersät von Kugeln, die allnächtlich in Myriaden verschossen worden waren, weil man den Gegner nicht sah und doch das Dunkel durchdringen wollte.

Dort liegt der lustige Hauptmann Spudil. Eine Granate hat ihm den Kopf vom Leibe gerissen, nur der Hals ist sichtbar und das rechte Ohr; tiefer die funkelnagelneue Extrauniform, mit Blut begossen. Neben ihm liegen zwei Telefonisten, von der gleichen Granate für immer zu Boden geschmettert.

Auf dem offenen Feld ein Offizier, den Revolver neben sich, durch den Kopf geschossen, schon ganz gelb, nur noch leise röchelnd, und auch das Röcheln verstummt. Es ist Oberleutnant Kučera. Ich kenne seine Braut.

In Zeltblättern und auf Bahren trägt man Verwundete, etwa dreihundert der Unsrigen, zweihundert Serben. Die Serben sind hungrig, viele betteln – nachdem sie vorher gebeten hatten, daß man sie nicht martern, daß man sie nicht töten möge – nunmehr um Brot, dann um Speck, schließlich um Tabak.

Sie erhalten alles, keiner der Eigenen hätte von einem Kameraden soviel bekommen. Nun, da man einander nicht mehr beschießt, da nicht der eine fallen muß, wenn nicht der andere fällt, sind wir wieder Brüder.

Sie leiden wie wir und sind arm. Jetzt eigentlich nicht mehr, sie werden fern vom Schuß sein und hoffentlich in Österreich besser verpflegt werden als im Felde. Denn da drüben scheint das Elend groß zu sein.

Aber nicht alle bitten. Manche hatten schon drei Schüsse im Leib und sich dennoch gewehrt, und jetzt – da sie gefangen sind – werfen sie uns feindselige Blicke zu und lassen die Hilfe des Arztes nur widerwillig über sich ergehen. Man hat das Gefühl, daß sie am liebsten noch auf uns feuern würden.

Massenhaft Munitionsverschläge, Handbomben, Maschinengewehre, Tornister, Brotsäcke, Decken, Laibe von Kukuruzbrot, leere Feldflaschen und Kürbisse haben sie zurückgelassen, Zeltblätter, zerbrochene Gewehre, Opanken. Wir durchsuchen die Deckungen. Alles zeugt von Not und Elend. Bei uns würde man doch hier und da Reste verschwundener Pracht, geleerte Rumflaschen, eine Wursthaut, Speckschwarte, einen fetten Deckel der Menageschale oder geleerte Konservenbüchsen finden. Hier aber nur erloschene Herdfeuer mit faulen Kürbisschalen und Reste von Maiskörnern.

Nachmittags kamen die Köche vom Train aus dem drei Stunden entfernten Velino-Selo herbei, die kaum das Gewehrfeuer gehört und erst durch die Ankunft der Verwundeten und Gefangenen erfahren hatten, daß es Sturm und Sieg gegeben. Nun drängten sich Rechnungsunteroffiziere, Köche, Fahrküchenkutscher e tutti quanti über das Trümmerfeld, sammelten serbische Gewehre, Messer, Schrapnellhülsen, Sprengstücke, Patronenverschläge und andere Reliquien von „ihrem Sturm". Sie haben Gelegenheit, das alles mit Feldpost nach Hause zu senden oder auf die Bagagewagen aufzuladen, werden daheim ihre Wohungen mit den errungenen Trophäen zu Heeresmuseen ausgestalten und der staunenden Mitwelt von ihren Heldentaten erzählen. Der eigentliche Kämpfer bringt wohl kein anderes Andenken nach Hause als Gicht oder einen Schuß im Leib.

Mittwoch, den 28. Oktober 1914.

Die Arbeitsabteilungen sind mit dem Eingraben der Leichen beschäftigt, mit dem Bergen der Kriegsbeute und kamen nicht dazu, uns die Menage zu bringen.

Donnerstag, den 29. Oktober 1914.

Es ist ein Marschbataillon von Rekruten eingerückt. Irrtümlich war eine Kompanie zum Bataillon Balzar abgegangen, das am linken Flügel der 21. Landwehrdivision steht. Um 4 Uhr nachmittags bekamen Zugführer Švec und ich den Auftrag, hinzugehen und die Rekruten zum Stammregiment zu bringen. Wir gingen über den Dammweg längs der Schwarmlinie in der Richtung zu dem detachierten Bataillon, von dessen Stellung wir keine Ahnung hatten. Wir bekamen von den Serben Feuer, von den eigenen Truppen falsche Auskunft, vom Himmel Regen und von der Erde Kot, vom Generalstabschef Rüffel und schließlich die Mitteilung, daß die Abteilung bereits zurückgesandt worden sei. Wir verirrten uns in der Nacht. Da wir weder Feldruf noch Losung wußten, am allerwenigsten aber Richtung und Weg, waren wir froh, bei zwei Leuten von der Sechser-Landwehr ein Obdach in ihrer winzigen Deckung zu finden.

Freitag, den 30. Oktober 1914.

Rückweg zum Regiment, am Hilfsplatz unseres detachierten Bataillons vorüber. Mein Vetter, Dr. Stransky, sei gestern von zwei Schüssen getroffen worden, sagte man mir. Drei Monate lang hatte ich nur gute Auskünfte erhalten, ich dachte, es müsse so bleiben. Der arme Junge war ins Spital gebracht worden, mir blieb die Aufgabe, sein Ungemach nach Hause zu berichten, ohne zu wissen, ob ich beschönigen oder lieber den Rat erteilen soll, daß jemand zu ihm in das Etappenspital abreise.

Nachmittags kam die Meldung von großen Siegen bei Visegrad und Gorazda in Ostbosnien, das „gesäubert“ wurde, und auch bei Ravnje, in dem nördlich von uns gelegenen Teil der Matschwa sollen wir erfolgreich gewesen sein. Patrouillen melden schon, daß Černabara geräumt, also der Weg von der Paraschnitza in die Matschwa, der Kornkammer Serbiens, frei sei. Ich bekam heute eine Karte von Paul Wiegler aus Berlin; der Ton dieser Karte war mir ein Beweis seiner Schätzung, und mein Tag ist froh.

Samstag, den 31. Oktober 1914.

Um 5 Uhr früh wurden wir unsanft aus unseren Träumen geweckt. Es sei Abmarsch nach vorne. Tornister und Brotsack waren gestern abend gepackt worden, zum Mantelrollen blieb keine Zeit, so behielt ich ihn an. Es ging in südöstlicher Richtung gegen Černabara, über die verlassenen serbischen Deckungen und über den Dammweg hinaus aus der Paraschnitza, in der wir nahezu acht Wochen lang ein Maulwurfsleben geführt hatten. Von der Savebrücke bis hierher ist der Weg kaum fünf Kilometer lang – ein Marsch also von einer Stunde. Wir aber hatten hierzu mehr als fünfzig Tage gebraucht. Nun ging es in das freiere Gebiet der Matschwa, dort sieht es schon anders aus.

Der Morgen war freundlich. Auf den tiefgrünen Wiesen und Obstgärten standen silbern und chromgelb gewordene Bäume, und nur das Laub der toleranten Misteln leuchtete in seiner Immergrüne. In kurzen Etappen, die durch Meldungen bedingt waren und durch Verzögerung der Anschlüsse nach rechts und links, ging es vorwärts durch ein Spalier von hundsjungen, gertenschlanken Weiden. Nahe von Černabara streckten sich hart an den beiden Wegrändern lange Teiche, die wie Bäche aussahen. Die Offiziere schauten mit ihren Gläsern in die Ferne, ob die Landwehr an unserem Flügel vorrücke, ob sie mit uns in gleicher Linie, ob sie zurückgeblieben oder gar vor unserer Front sei. Es war nichts zu entdecken. „Dort sind Enten“, bemerkte ich naseweis, „also ist die Landwehr noch nicht vorbei.“ Alle lachten, aber der Oberst bemerkte: „Kisch wird schon recht haben.“ Und wirklich, wir mußten noch auf die Landwehr warten.

In der Nähe des Ortsrandes wurde der Frieden der Landschaft dadurch unterbrochen, daß die Kriegsvorbereitungen der Serben sichtbar wurden: dichte Drahthindernisse, feste Wälle, in denen sich Schießscharte an Schießscharte reihte, vorbereitete Geschützstellungen und improvisierte Festungen schufen um die verwaiste Ortschaft einen strichpunktierten Rand, so daß es schien, man habe die Spezialkarte vor sich. Weit hinten, in Rahmen von Pappeln gespannt, hingen Bilder bewaldeter Kuppen – die Berge Bosniens.

Um drei Viertel 10 Uhr rückten wir in Černabara ein. Wir gingen den Weg gegen Banovopolje als erste der österreichischen Truppen. Ein Pompeji. Nur Tiere lebten hier, Hunde kläfften wie wahnsinnig und jappten nach uns. Hühner, Schweine, Kühe wimmelten umher, und diese Begrüßungen freuten uns, denn wir sahen daraus, daß wir genug zu essen haben würden.

Auch die Häuser zeugten von Wohlstand. Statt der in ganz Bosnien und in Serbien üblichen Ziehbrunnen sahen wir Metallpumpen, und in den Höfen standen Lokomobilen und andere landwirtschaftliche Geräte. Die meisten Häuser dieses langgestreckten Ortes sind getüncht, mit netten Stukkaturen, Efeu- und Weinranken geziert, auf den grün oder dunkelrot gestrichenen Fensterläden stehen Blumentöpfe, kurzum, alles lädt zum Eintritt.

Aber das Innere straft überall das Äußere Lügen: verrußte Wände, verfaulte Bettstätten, der Fußboden jahrelangen Schmutzes voll. In einer Kutja fand ich einen Greis, der friedlich schlief. Ich ließ ihn schlafen.

Vor einem anderen Haus standen zwei Frauen; als wir sie darüber ausfragen wollten, ob noch viele Bewohner hier zurückgeblieben seien, gesellte sich ein gut angezogener, ziemlich fetter Mann (anscheinend ein reicher Bauer und der Gatte von einer der beiden Befragten) dazu, jagte die Weiber in das Haus zurück, und in betrunkenem Zustand – möglicherweise simulierte er – begann er zu schwätzen, daß er gar nichts wisse, daß er sich um gar nichts kümmere, daß er nur hiergeblieben sei, um in seinem Hause zu sterben, wenn er schon sterben müsse. Einen anderen alten Mann, der dazutrat und eher Auskunft zu geben geneigt war, herrschte der Dicke gleichfalls an, ruhig zu sein. Nun stellte ihm der Oberleutnant eine Falle: „Kamo vodi ovaj put – Wohin führt dieser Weg?“ fragte er ihn. – „Neznam nischta, boga mi – Ich weiß nichts, bei Gott“, beteuerte der Bauer, was seine Harmlosigkeit bewies, denn jedes Kind und jeder Dorftrottel muß wissen, daß wir wissen, der Weg führe zu dem eine halbe Stunde entfernten Banovopolje. Nun beschimpfte ihn Oberleutnant Ribola mit allen Tiernamen, die ihm in serbischer Sprache geläufig waren, jagte ihm mit der Gebärde des Aufhängens Angst ein und sperrte ihn samt dem andern Alten und den beiden Frauen in ein Haus, wo er bis auf weiteres unter Bewachung blieb.

In den übrigen Häusern waren größtenteils Webstühle und Rakjafässer zu finden, ausgehöhlte Kürbisse, die langgestielt sind und als Stechheber dienen, manchmal auch eine Fibel, eine Nähmaschine, Weinfässer, eingemachte Früchte und Schweinefett. Ein paar Äpfel steckte ich ein.

Ganz gut ist das Gerichtsgebäude des Bezirks eingerichtet, mit einer Marmortafel an der Außenfront des massiven Hauses, in dessen Flur ein offener (überflüssig zu sagen: leerer), feuersicherer Geldschrank stand. Die Zimmer sind voll von Aktenregalen mit Schriftstücken, für Zeugenvereidigungen ist ein unter Glassturz stehendes silbernes Kruzifix da, auf dessen Sockel eine künstlerische Pietà geätzt ist. An den Wänden aller Zimmer hängen Pastellbilder Kara Georgs, König Peters und des Kronprinzen Alexander. In einem der ausgeräumten Zimmer, die mit faulem Stroh gefüllt sind und wohl den serbischen Offizieren als Unterkunft gedient hatten, schlafe ich, und über mir hängt ein solches Bild des Schwarzen Georg. Er ist von wildem Typus, und es scheint glaubhaft, daß er das Damaszenerschwert, das in seinem braungestickten Gürtel steckt, mit Todesmut zu führen wußte.

Die Truppen bezogen rings um den Ort in Schwarmlinie Aufstellung. Im Ort selbst sind Reserven, die die Häuser absuchen. Sie haben einige Mummelgreise und alte Frauen aufgetrieben, die man eben versammelt, um sie in irgendein bewachtes, gemeinsames Quartier zu bringen. Eigenartig wirkte die Eskorte eines Popen, der hundert Jahre alt schien. Sein silbernes Haar fiel in einer harten Mähne auf den Talar, er konnte kaum gehen, zwei Kirchenälteste, die wohl seinetwegen zurückgeblieben waren, stützten ihn von beiden Seiten. Hinter ihm schleppte sich ein gleichfalls uraltes Mütterchen mit einem Sessel, wohl seine Bedienerin. Wenn der Pope nicht weiter konnte, humpelte sie mit ihrem Stuhl herbei, und der Alte setzte sich darauf, um auszuruhen.

Um 6 Uhr rückte das Bataillon Balzar, das seit sechs Wochen von uns getrennt gewesen war, wieder zum Stammregiment ein. Mein bester Freund, um dessentwillen ich mir schon längst diese Vereinigung gewünscht hatte, war nicht mehr darunter, zwei feindliche Schüsse hatten ihn getroffen. Auch daß Leutnant Schierl tot ist, erfuhr ich; er war einer der prachtvollsten Burschen des Regiments. Jetzt sind nur noch drei Offiziere ununterbrochen seit Beginn des Krieges in der Front.

Am Karrenweg, der von der Nordgrenze des Ortes gegen Serbisch-Rača führt, ist ein kleiner serbischer Friedhof für Kriegsgefallene errichtet, mit Kreuzen, die aus alten Patronenverschlägen gezimmert sind, ein zweiter Friedhof befindet sich gerade hinter unserem Haus. (Das bringt mich auf die Vermutung, daß das Stroh, auf dem wir jetzt liegen, wohl die Bettstatt von Kranken war, vielleicht von Cholerakranken; deshalb ist auch soviel schmutzige Watte hier.) Auf die Grabkreuze sind Tücher gebunden, ein Gebrauch, der mir schon in Bosnien und Syrmien aufgefallen ist; auf einem Hügel lagen zwei Äpfel. Die Offiziersgräber tragen geschnitzte Bretter mit Gedichten, auf denen viel von Freiheit und Knechtschaft die Rede ist.

Am Abend trieben Kavalleristen das Vieh des Dorfes mit „Heidi, heidi!“ zum Schlachtplatz. Es war wie eine Nacht in der Prärie, Cowboys und Trapper jagten eine Büffelherde, die auseinandersprengen wollte. Wir Infanteristen beteiligten uns jubelnd an der Treibjagd.

Sonntag, den 1. November 1914.

Der 1. November ist Übersiedlungstermin. Vom frühen Morgen an galten alle Vorbereitungen einem Umzug. Patrouillen kamen und gingen, Nachrichtendetachements, Dragoner. Unsere Fernsprechleitung aus erbeutetem serbischem Telefondraht (er ist siebenfach und viel besser als unser eigener, bloß dreifacher) wurde abgebrochen, und wir marschierten um 10 Uhr früh in Gefechtsformation gegen Süden, an Cernobarski Salaš vorbei, etwa elf Kilometer entlang der Grenze, bis Badovinci. Längs des Weges und auf den Triften waren mächtige Hindernisse gegen uns aufgerichtet, Stacheldrahtzäune, durch Gestrüpp kaschiert und durch dichte Verhaue, für die alle Bäume ihre Zweige hergeben müssen. Nun standen die Stämme auf den weiten Weiden nebeneinander wie Bataillone von verkrüppelten Invaliden, nur der Rumpf reckte sich in die Höhe, statt Arme und Finger sah man abgehackte Stümpfe. Es waren gute Deckungen, bastionartig vorgebaut, und immerfort drängte sich die Frage auf, warum die Serben sich in diesen starken Verteidigungsstellungen nicht verschanzt haben. Unmöglich können sie so aufgerieben sein, daß sie auf ihrer Flucht nicht mehr zu halten waren! Nein, wahrscheinlich bereiten sie im Süden eine Entscheidungsschlacht gegen uns vor, in der ihnen das Terrain noch stärkere Gefechtsstellungen gewährleistet, Positionen, die für sie so günstig sind, daß sie leichten Herzens ihre schönen Matschwadörfer dafür in unsere Hand geben.

Gegen 1 Uhr rückten wir in Badovinci ein. Abermals ein unendlich langgestrecktes Dorf; ebenso schön und von Wohlstand zeugend wie Černabara. Man hatte weder Černabara noch Badovinci bombardiert. Das erwies sich nun, da die Serben die beiden Orte nicht verteidigten, als gut. Nur hier und da hatten unsere Batterien einen Bravourschuß in die Ortschaften abgegeben, und einige Häuser waren durch Granaten und Schrapnelle in Ruinen verwandelt.

Im übrigen bot das neue Dorf dasselbe Bild wie alle Dörfer, die wir in Serbien gesehen: längs der Landstraße ein Bretterzaun, manchmal mit verschnörkelt gedrechselten oder geschnitzten Pflöcken, oft rot und blau, grell angestrichen. Hinter dem Zaun ein kleiner Vorhof mit Hundehütte und einem überdachten Backofen, an dessen Wand die langgestreckten hölzernen Backtröge für das Maisbrot lehnen. An der Seite der ebenerdigen Häuser einstöckige Bretterbauten, die aussehen wie Tanzpavillons von Ausflugsrestaurants: das sind Tschardaken, die Tennen, auf denen Kukuruzkolben getrocknet werden. Im Hof ein Schwengelbrunnen. Die Straßen sind viermal breiter als die Dorfstraßen in unseren Gegenden. Überall straft das Innere der Häuser das Äußere Lügen. Von Möbeln keine Spur, aber auffallend viele Nähmaschinen, reichgestickte Decken und Tücher, und an den Wänden Photographien, die die Männer niemals in Zivil, sondern immer als Soldaten zeigen. Billige Farbdrucke aus dem Balkankrieg gegen die Türken hängen an der Wand, manchmal auch ein Heiligenbild, darüber eine Ampel.

Die Kirche ist in Kreuzform erbaut, davor ein hölzernes Turmgerüst für zwei Glocken, um zwei Meter niedriger als die Kirche, die selbst keinen Turm besitzt. Hinter der Kirche ein Friedhof mit vielen frischen Kreuzen, die uns sagen, daß größtenteils die Morava- und die Timokdivision gegen uns gekämpft haben. Auch hier ist manches Kreuz rot und blau angestrichen, einige ältere Soldatengräber stammen aus den beiden letzten Balkankriegen und sind mit bunten Porträts des Toten in ganzer Figur gemalt.

Nachmittags brachten unsere Dragoner eine serbische Kavalleriepatrouille ein; zwei der österreichischen Dragoner sollen sich als Serben verkleidet und, als sich ihnen die serbischen Reiter ahnungslos näherten, sie zum Ergeben gezwungen haben. Am Abend ging eine Unteroffizierspatrouille in den größten Meierhof des Ortes, um die dort internierten Gefangenen zu befragen, ob sie Kaffee oder Tee zu trinken wünschten. Auf die fünf gefangenen Kavalleristen bezog sich das nicht, denn sie wurden auf unserer Hauptwache gut bewirtet. Sie sind – wie sie uns sagten – Reservisten des zweiten Aufgebots und gehören der Timokdivision an. Im übrigen erzählten sie uns das, was – wie sie glaubten – wir zu hören wünschten. Daß Pasič ein Gauner sei und die Kriegsmüdigkeit im Lande groß. Sie sahen ziemlich heruntergekommen aus.

Viel ärger war es aber bei den 115 Zivilgefangenen, die in den Zimmern des Gutes interniert sind. Es waren zurückgelassene Dorfbewohner, wohl Ortsarme, Greise, Greisinnen, Idioten, Leute, die keine Habe in Sicherheit zu bringen und nichts mehr zu verlieren hatten oder sich nicht mehr fortschleppen konnten, zwei schöne Serbinnen, von denen eine eben entbunden hatte, Mütter mit Säuglingen und größeren Kindern, auch einige Männer, von denen es uns unerfindlich war, warum sie zurückgeblieben waren. Leuchteten wir in den dunklen Raum mit der elektrischen Taschenlampe, so bot sich in dem kreisrunden Schein ein Medaillonbild schauerlicher Art, ein Genrebild des Elends. Verrunzelte Weiber, Greise mit lederner Haut über den Knochen, schmutzige Kinder, lallende Irre. Dabei herrschte drückende Hitze, denn die Leute, die in ihre Mäntel und in Schafwolldecken eingehüllt dalagen, hatten es sich nicht nehmen lassen, in dem Ofen eine Höllenglut zu entfachen. Die meisten verharrten vollkommen apathisch, andere näherten sich uns mit heuchlerischen Beteuerungen, und alle ihre Antworten auf unsere Fragen, ob sie Tee oder Kaffee zu trinken wünschten, lauteten: „Rakja." Sie hatten aber genug Schnaps bekommen, denn es ist kein Mangel daran. Kaum ein Haus, in dem nicht wenigstens ein Faß von hausgemachtem Sliwowitz zu finden wäre. Auch unsere Soldaten hatten sich damit vollgesoffen.

Ungarische Zeitungen sind eingetroffen, die von unserem Gefecht berichten. Hier der Wortlaut des amtlichen Berichts: „Am 27. d. M. haben wir in Serbien erneute Erfolge errungen. Der Ort Ravnje und die stark befestigte feindliche Stellung an der Dammstraße nördlich Černabara in der Matschwa wurden nach tapferer feindlicher Gegenwehr von unseren Truppen erstürmt. Hierbei 4 Geschütze, 8 Maschinengewehre erobert, 5 Offiziere, 500 Mann gefangen und viel Kriegsmaterial erbeutet. Potiorek, FZM.“

Zum zweitenmal schlafe ich heute seit Monaten wieder unter Dach und Fach. Als wir im Freien schliefen, hatte ich mir einen Schlafsack ersehnt. Heute, da wir in Häusern schlafen, heute, da wir Märsche machen, funktionierte die Paketpost wieder und brachte mir einige erwünschte Bücher und auch einen Schlafsack – einen prachtvollen, warmen Schlafsack. Ich bin geradezu unglücklich darüber. Was soll ich damit? Ich habe keinen Platz, ihn aufzupacken, wenn ich nicht den Tornister wegwerfen will. Und den schweren Schlafsack auf den schweren Tornister, der schon den Mantel trägt, zu schnallen, ist zwar möglich, aber die Last wirft mich fast zu Boden. Dabei erregt der Schlafsack die Bewunderung aller Kameraden, so daß ich noch Angst haben muß, mir könnte das schwer drückende Geschenk gestohlen werden, wenn ich mich entferne. Der Besitz ist es, der Unglück bringt und Sorgen und Unruhe und Habsucht und alles Übel.

Montag, den 2. November 1914.

Heute ist Allerseelen. Ein Tag im Jahr ist den Toten frei. Aber alle Tage in diesem Jahr dem Tode. Unsere Soldaten bringen die serbischen Kriegergräber in Ordnung, stellen die Kreuze wieder auf, die der Wind niedergebrochen hat, und machen die Kirchhofswege frei von Unkraut.

Soldaten unseres Regiments und die (an der schwarz-gelben Armschleife kenntlichen) zugeteilten Mannschaften der Brigade und der Division umstanden die Gräber und zählten sie. Die meisten konstatierten die Wirkung unserer Geschosse zum erstenmal, denn die eilig aufgeschütteten Grabhügel auf der Paraschnitza können ebensogut unsere Soldaten wie Serben beherbergen. Und die in den Spitälern gestorbenen Serben oder die zurückgeschafften Leichen hatten wir ja nie zu Gesicht bekommen, so daß wir glaubten, unsere Kugeln hätten selten getroffen. Nun aber zählten wir die Gräber, und da wir der Toten gedachten, gedachten manche ihrer eigentlich mit Genugtuung. Ein absonderliches Gefühl am Allerseelentag.

In der Heimat wird es heute Trauer geben, und ein wehklagendes Gedenken wird zu den Gräbern in der Ferne gehen. Nie war ein Allerseelentag trauriger.

Um 11 Uhr nachts wird Abmarsch aus Badovinci nach Zminjak sein.

Bis dahin hatte ich geschrieben, als es 11 Uhr nachts geworden war. Eben wurde das Umhängen der Rüstung befohlen. Der Rechnungsunteroffizier teilte noch rasch die Post aus. Ich erhielt zwei Briefe, einen von meinem Bruder Paul und einen von meiner Mutter. Ich las nur die ersten Zeilen. Es waren die furchtbarsten Briefe, die ich in meinem Leben bekommen habe: mein Bruder Wolfgang ist tot.

Dienstag, den 3. November 1914.

Ich muß versuchen, mein Herz hier auszuschütten, auch diesen größten Jammer meines Lebens vielleicht doch zu lindern versuchen.

Ich hatte mich schon vor Wochen geängstigt, daß mein Bruder tot sei. Dann aber war doch eine lustige Nachricht von ihm gekommen. Immerhin: wir hatten ihn schon damals beinahe aufgegeben, und das war der Beginn seines Endes. Nie war uns Brüdern, die wir seit dem in unseren Kindertagen erfolgten Tode unseres Vaters keinen Todesfall in der Familie erlebt hatten, bis dahin der Gedanke gekommen, daß einer von uns sterben könne. Wir sind alle fünf von ganz verschiedener Wesensart, aber gemeinsam war uns eine starke Körperlichkeit, nie war einer bettlägerig, alle waren wir tauglich zum Militärdienst, und in uns allen äußerte sich die Gesundheit in übermütigen Betätigungen, wie Übermaß von Sport, durchbummelte Nächte, Schwimmen verbotener Strecken, Rekord an Mensuren, Tanzwut, abenteuerliche Streifzüge, einen Überschuß an

Temperament, das jede Berechnung, jede Überlegung und jede Klugheit verlachte. Wie hätte da jemand von uns daran gedacht, daß unser Kreis durch den Tod zerrissen werden könnte! Erst im Kriege war uns dieser Gedanke gekommen, und insbesondere meines Bruders Wolfgang wegen hatte ich mir die größte Sorge gemacht. Er stak viel tiefer in einem Vorzustand des Todes als ich. Schließlich ist es doch das heimatliche Korps, in dessen Reihen ich lebe, schließlich begegne ich doch auf Schritt und Tritt Bekannten, habe mit neuen Bekannten gemeinsame Berührungspunkte. Aber er! Er war da oben in Rußland bei einem polnischen Regiment, unter wildfremden Menschen, mutterseelenallein, in unwirtlichem Lande allein. Das alles hatte ich erwogen, als seinerzeit durch die Schuld der Feldpost keine Nachricht von ihm kam. Und doch hatte es damals gut geendet. Aber als nun in den letzten Wochen wieder keine Post von ihm kam, war ich mir klar darüber, daß der damalige Zustand nur eine schonende Vorbereitung des Schicksals auf das Furchtbarste gewesen sei. Von zu Hause hatte man mir immer geschrieben, es kämen von Wolfgang „nur spärliche Nachrichten". Aber ich wußte, daß nicht einmal spärliche Nachrichten von ihm gekommen seien, sonst hätte man mir sie im Wortlaut mitgeteilt. Meine gestrige sentimentale Stimmung war von den Gedanken an den vermißten Bruder veranlaßt. Und als mir am Abend dieses Allerseelentages, den ich nie in meinem Leben vergessen werde, der Kanzleiunteroffizier die beiden Briefe von daheim übergab, von wo ich bisher nur Feldpostkarten erhalten hatte, wußte ich alles. Ich las nur die ersten Zeilen. Dann bekam ich Schwindelanfall und Brechreiz. Ich ging in den Garten hinaus, von Verzweiflung geschüttelt.

Die glückliche Rückkehr in unser glückliches Heim war mir als das einzig mögliche glückliche Ende dieses Krieges erschienen. Wir würden wieder, Söhne und Mutter, beisammen sein und durch die Erzählung komischer oder abenteuerlicher Kriegsepisoden die Gedanken der Mutter zerstören, daß es uns etwa schlecht gegangen sei. Damit ist es vorbei! Dieses Heim ist nun auch befleckt und besudelt von dem wahnsinnigen Schlachten, das durch die Welt geht. Nur traurig und tröstend werden wir im besten Falle dessen gedenken müssen, der uns nun fehlt.

Warum hatte der Tod gerade Wolfgang treffen müssen, nicht einen andern von uns! Er ist der einzige, der nicht bloß uns in Trauer stürzt, sondern auch eine blutjunge Frau, die er in diesem Jahre geheiratet hat und deren erster Schmerz im Leben dieser gräßlichste aller Schmerzen ist. Ein halbes Kind ist diese Frau und muß schon Witwe sein.

Als ich mich auf meine Einrückung zum Regiment besann, war dieses längst abmarschiert. Ich holte es ein, als es rastete, man hatte mein Fehlen noch gar nicht bemerkt. Von Verzweiflung und Apathie erfüllt, ging ich nun mit der Truppe. Ich hätte gern jemandem mein Herz ausgeschüttet, aber meinen Bruder, der eine unendliche Güte und einen sonnigen Humor ausstrahlte, kannte hier doch niemand. Was ich in den letzten Wochen erlebt, war nur fremder Jammer gewesen. Nun, da es mich unmittelbar ins Herz traf, faßte mich ein wahnsinniger Haß gegen den Krieg.

Der Mond leuchtete taghell. Kameraden und Offiziere marschierten vorüber, erkannten mich und riefen mir scherzhafte Begrüßungen zu. Ich antwortete nicht, und mit beleidigter Miene wandten sie sich ab.

Um 2 Uhr früh kamen wir in Zminjak an. Hier las ich die Briefe durch. Mein Bruder ist bei Lublin verletzt worden, in russische Gefangenschaft geraten und im Spital von Lublin seiner Verwundung erlegen. Vielleicht von Bangigkeit, von schlechter Behandlung gemartert, und niemand von denen, die ihn liebten, konnte bei ihm sein! Der Brief meiner Mutter, die untröstlich ist und mich zu trösten versucht, war für mich vollends zum Weinen. Während ich die Briefe las, machten die Vorüberziehenden Witze darüber, daß ich im Mondschein Liebesbriefe lese ...

Meine Familie bat mich in den Briefen, den Empfang

ihrer traurigen Mitteilung zu bestätigen. Ich schrieb, daß ich die Briefe erhalten habe und nicht wisse, was ich antworten solle.

Auf der Landstraße in Zminjak legten wir uns zum Schlafen nieder. Obwohl schon der Morgen graute und ich seit Monaten nicht so lange wach geblieben war, konnte ich nicht einschlafen. Das war die erste Nacht in meinem Schlafsack.

Um 6 Uhr früh ging es weiter. Die Spezialkarte von Mitrowitza, die uns zweieinhalb Monate geführt hatte, verschwand im Inneren der Kartentaschen. Die Spezialkarte Zone 27, Kolonne XXI (Prinjavor), seit der bösen Augustmitte geborgen gewesen, mußte wieder hervorgeholt werden. Diese Karte zeigt nicht mehr bloß helle Flächen, sondern wirkt düster durch die dichten Schraffen, die bergiges Gelände bedeuten. Zu Beginn unseres gegen Südost gerichteten Marsches war das Terrain noch freundlich und übersichtlich, Weizenfelder, deren Ernte allerdings schon in das Innere des Landes geschafft worden war, und fette Weiden, deren Viehherden gleichfalls von den Serben fortgetrieben worden sind und auf denen nur versprengtes Vieh und Schafe grasten.

Bald wurden rechts, im Süden, die Berge sichtbar, und man erkannte in unserem Direktionsgipfel den unglückseligen Todorow Rt, den wir am 18. August von einer andern Seite kennengelernt hatten; die wenigen Kameraden, die den serbischen Feldzug von Anfang an mitmachen, begrüßten ihn mit Beschimpfungen und Befürchtungen. Bald begannen Kanonen der Serben, die den Ort Lipolist am Südrand besetzt halten, hörbar zu werden. Mir selbst war das alles gleichgültig.

Während das III. Bataillon den Nordrand von Lipolist besetzt hält, liegen die andern Teile auf einem Feld als Reserve, und jeder Soldat schaufelt sich eine sichernde Dekkung.

Es ist Nacht. Alle schlafen schon. Ich sitze auf einem Strohschober und schreibe diese Blätter. Der Mond und die Sterne scheinen so hell, daß ich die Zeilen sehe, die ich schreibe, wenn ich auch die Worte oder gar die Buchstaben nicht unterscheiden kann. Aber ans Schlafen ist gar nicht zu denken. Ich sehe immer meinen Bruder vor mir, der in einem Spital Rußlands stirbt.

Mittwoch, den 4. November 1914.

Gestern sind fünf serbische Überläufer zu uns gekommen. Einer von ihnen schien ein besser situierter Mann zu sein: beim Hüsteln hielt er die Hand vor den Mund, er hatte nicht (wie alle Serben) Opanken an den Füßen, sondern mitteleuropäische Halbschuhe und Ledergamaschen. Er erklärte, er sei Mazedonier und wolle nicht mit einem Volke kämpfen, gegen das er gekämpft habe. Die anderen waren wohl nur aus Kampfesmüdigkeit herübergekommen, es waren Weber und Taglöhner aus der Nischagegend, Reservisten der Moravadivision.

Oberleutnant R. hat beim Sturm 12 000 Kronen Kompaniegelder verloren, wie er höheren Orts am Tage nach dem Angriff gemeldet hat. In der Kompanie hat er das niemandem gesagt und auch nicht viel suchen lassen, wahrscheinlich fürchtete er, daß man ihm den Verlust nicht glauben würde. Das Geld wurde einfach im Verlustausweis gebucht.

Mittags vor der Menageverteilung marschierten wir gegen Süden längs der Westseite der Ortschaft Lipolist, auf deren Kirchturm sich bereits unser Artillerieaufklärer eingenistet hat. Der Feind steht wohl im Süden des Ortes am bewaldeten Fuß der Hügel. Er mußte sich nach einem äußerst blutigen Gefecht mit unserem III. Bataillon dorthin zurückziehen. Unsere Schwarmlinie rückte im feindlichen Geschützfeuer vor. Unter unseren Tritten rauschte das spröde Laub in den Gärten und kleinen Forsten.

4 Uhr nachmittags. Wir beziehen Stellung nördlich des Karrenweges, Front zur Kirche von Lipolist und zur Moorlandschaft Rangjibara. Eilig ist jeder damit beschäftigt, sich eine Schützendeckung auszugraben.

Donnerstag, den 5. November 1914.

Rheumatischer Schmerz in meiner rechten Kniekehle und im Schenkel, was ich als Beweis dafür nehme, daß auch mein Körper seit dem vorgestrigen Ereignis angekränkelt ist. Um 4 Uhr nachts war Alarm, von drei Burschen unseres III. Bataillons hervorgerufen, die mit der Botschaft, daß Serben von allen Seiten heranrücken, einen Zug der 9. Kompanie zur Flucht veranlaßten.

Gegen die drei Burschen wurde eine umfangreiche Strafanzeige erstattet, weil man nicht weiß, ob es nur Angst war, was sie den Feind sehen ließ.

Lipolist ist ein Dorf wie andere serbische Dörfer auch. Keller kennt man in serbischen Dörfern scheinbar gar nicht; der Apfelwein und der Brombeerwein und die ungeheuren Rakjamengen werden in Fässern aufbewahrt, die in feuchten, scheunenartigen Bauten stehen. Merkwürdig ist und für die mangelnde Überlegung der serbischen Bauern charakteristisch, daß die Ziehbrunnen immer hart an einem hohen Baum errichtet sind, weil dieser als Stütze des langen Hebelarms verwertet werden kann. Nie fällt es dem Bauer ein, einen senkrechten Pfahl selbst in die Erde zu rammen, obwohl er sich durch diese kleine Arbeit einen Weg von oft mehr als 40 Schritten, den er täglich hundertmal zurücklegen muß, ersparen würde.

Im Ort ist eine sehr schöne, in Kreuzform erbaute Kirche mit zwei Türmen, die ziegelrote Kuppeln und goldene Kreuze tragen. Außen an der Kirchenmauer sind einige frische Soldatengräber, aber auch alte Grabsteine, auf denen sich ein altserbisches Motiv wiederholt: ein Kreuz, dessen vier Enden kleine Kreuze sind; unten geht es in einen sokkelartigen Bogen über, der in seinem Innern wieder ein kleines Kreuz trägt. An der Kreuzungsstelle der beiden Linien sind vier Keile sichtbar, die eher wie Windmühlenflügel aussehen denn wie Strahlen einer Gloriole. Diese in Schwarzweiß gehaltene Zeichnung ist von Zacken umgeben, die längs des Grabsteinrandes verlaufen.

In der Kirche gibt es außer einigen neuen, mehr bunten

als schönen Wandgemälden, die wohl einen Zimmermaler von Lipolist zum Autor haben, ein altes gutes Freskoporträt eines serbischen Heiligen, das aber in schlechtem Zustande ist.

Auf dem Pult vor dem Altar lag ein Meßbuch; der Deckel dieses uralten Werkes ist aus getriebenem Silber und zeigt schön ziselierte Figuren und Ornamente, darüber sechs uralte Medaillons mit Emailminiaturen, welche den Heiland und fünf Heilige darstellen. Obwohl die Kirche tagsüber offen steht, hat niemand diese Bilder herausgebrochen, ebenso sind die mit Gold und Edelsteinen geschmückten Meßgeräte im Hauptaltar, über dem sich der kleinere der beiden Türme wölbt und ein Stück des Himmels zeigt, vollkommen unberührt geblieben. Diese Schonung ist nicht etwa eine Folge des strengen Plünderungsverbots, sondern vor allem des Respekts, den selbst der habgierigste Soldat vor der Kirche empfindet.

Aber auch in Privathäusern wird nicht mehr geplündert oder – um sich des gebräuchlichen Euphemismus zu bedienen – „requiriert“. Die Dörfer, durch die wir jetzt kommen, bleiben bis auf die Nahrungsmittel fast unberührt. Nur die Leute vom Truppentrain, die keine andere Erinnerung an den Krieg haben als eben jenes Souvenir, das sie mitnehmen, sammeln allerhand Zeug, das sie wohl zu Hause für ein paar Kreuzer ebenso zu kaufen bekämen.

Eben wurden in Lipolist ein alter Zigeuner und sein Sohn der Brigade eingeliefert. Der Alte wand sich unter Leibschmerzen und mußte alle drei Minuten austreten, der kleine Junge war von wundervollem, südländischem Typus, aber Gesicht und Brust waren von Krätze übersät. Die armen Leute waren in der entlegensten Hütte des Ortes angetroffen worden, wo sie einen sterbenskranken Greis, den Onkel des älteren Gefangenen, gepflegt hatten. Nun wurden sie im Siegestaumel zur Brigade gebracht, als ob man mindestens den Generalstabschef Putnik erwischt hätte.

Freitag, den 6. November 1914.

In der heute eingetroffenen Zeitung ist der Wortlaut des Telegramms mitgeteilt, das der Armeeoberkommandant an den Kommandanten des 8. Korps gerichtet hat: „Ich beglückwünsche Eure Exzellenz sowie die braven Truppen des 8. Korps allerherzlichst zu dem schönen, für die ganze Armee wertvollen Erfolg. Potiorek." Wie markant die Worte dieses Manifestes sind, ein Napoleon, ein Bismarck hätten nicht dröhnender, nicht wirkungsvoller sprechen können, nicht stärker die Begeisterungsfähigkeit der Truppen aufstacheln und zu neuen Siegen anspornen können, als es hier in dieser historischen Proklamation geschieht!

Nein, Spaß à part: was man über „Feldherrn" Potiorek hört, wird immer skandalöser. Es heißt, daß er sich überhaupt nicht für die Gefechte interessiert, alles, was sich tags vorher ereignet hat oder ihm rapportiert wurde, vergißt und die unsinnigsten Befehle gibt.

Am Abend des heutigen Freitags bekam ich Post. Von unserem Train schrieb mir Kadett Perten auf meine Bitte, mir ein Paar Kommißstiefel zu verschaffen, es gäbe keine. Das ist schlimm, denn von meinen Stiefeln sind nur Lederfetzen übrig, die rings um meine Knöchel hängen. Ich muß also weiter auf nackten Fußsohlen im Winter durch das Morastgebiet Serbiens marschieren. Schuster gibt es nicht bei den Kompanien, und wenn es welche gibt, so haben sie kein Material, und wenn sie Material haben, so fällt es ihnen nicht ein zu arbeiten, weil sie nichts davon haben (Geld ist wertlos) und vom Kampf und den Märschen dadurch nicht befreit sind. Das kann ja eine lustige Winteroffensive werden.

Am Abend, als ich mir eine Zigarette anzündete, kroch eine Spinne über meine Hand. Eine Spinne am Abend bedeutet Glück, an Unglückstagen doppelt. Was kann sie mir für Glück bringen?

Samstag, den 7. November 1914.

Der Winterfeldzug hat begonnen. Die ganze Nacht konnten wir, die wir sonst im ärgsten Granatenhagel wie Murmeltiere geschlafen hatten, nicht einschlafen, so laut pfiff der Sturm durch die Bäume und Maisstauden, und der Frost ließ die Beine erzittern. Vormittags Vorrücken. Viele wurden verletzt. Es ging gegen Süden über die Moränen von Praznavreče, gegen den Hügel Kosovac (Trigonometer 185), auf dem man feindliche Geschütze von Zeit zu Zeit aufblitzen sah. Hart an dem Berg machten wir halt.

Die amtliche Verlautbarung über unseren letzten Vormarsch steht in den Zeitungen: „Trotz verzweifelter Gegenwehr der Serben und ungeachtet der schwierigen Passierbarkeit der zum Teil sumpfigen Matschwa drangen heute unsere sämtlichen über die Save und Drina vorgegangenen Truppen in breiter Front weiter vor und nahmen die Orte Černabara, Banovopolje, Radenkovic, Glušci und Tabanovic."

Sonntag, den 8. November 1914.

Telefonisch kommt die Meldung, daß Loschnitza erobert und 2200 Serben gefangengenommen worden seien. Es scheint wirklich, als ob sich der Feldzug für Österreich günstig gestalte. Heute kamen auch drei Offiziere, die vor vier Monaten leicht erkrankt waren oder eine winzige Verwundung ergattert hatten, wieder zurück. „Was machen wir mit den vielen Offizieren", seufzte der Regimentsadjutant ironisch, als sie sich bei ihm meldeten. Schon in den letzten Tagen waren einige Offiziere eingerückt, aber sie waren meistenteils am nächsten Tag wieder abgegangen, indem sie sich schleunigst Rheumatismus, Zahnschmerz oder sonst etwas beibogen.

Für 9 Uhr früh war der Angriff gegen den Hügel Kosovac angesetzt, der das serbische Hügelgebiet eröffnet. Wir gingen vor. Nie im Kriege und nie im Manöver hatte ich bisher ein derartig übersichtliches Terrain gesehen. Es ist ein Schlachtfeld, wie man es sich als Laie vorstellt, ein sonnenklares, durch nichts kaschiertes Weidenland. Vor uns lag im Süden der niedrige grüne Hügel, auf dem man jeden Serben unterscheiden konnte, der dort umherlief, jeden, der seinen Kopf aus dem Schützengraben steckte, um ihn sofort wieder verschwinden zu lassen. Die Distanz betrug etwa 1500 Schritte; die Kugeln flogen zwar hörbar nahe an uns vorbei und ließen keinen Zweifel darüber, daß sie uns galten, aber sie trafen ihr Ziel nicht.

Ich mußte mit einer Meldung über die Praznavreče, eine Moorlandschaft übelster Art. Das Gras war mannshoch, und bei jedem Schritt versank ich in den Morast. Nur bis über die Knöchel, denn das Gras, das die Pfützen heimtükkisch verdeckte, bot wieder den Vorteil, daß es wegen seiner Dichte und Stärke ein allzu tiefes Einsinken verhinderte. Dennoch war das ein böses Gefühl, weil bei einem eventuellen Einsinken keine sterbliche Seele in der Nähe war, die mich hätte herausziehen können, und ich infolge der Höhe des Grases kein Ende der Morastlandschaft sehen konnte. Dabei fror ich wie ein gerupfter Spatz, denn meine sohlenlosen Stiefel boten dem Eindringen des Sumpfwassers kein Hindernis.

Aber schließlich begegnete ich einer Verbindungspatrouille von 102, und diese wies mich an den Kommandanten der vorgeschobenen Halbkompanie, der mir den Weg zum II./102. Bataillon zeigte. Bald darauf fand ich Hauptmann Sommer von 102, übergab den Befehl und trat mit der Antwort den Rückweg in unsere Schwarmlinie an. Die Geräusche eines Feuergefechts belehrten mich, daß vor mir unsere Schwarmlinie im Kampfe stehe. Nicht lange darauf kamen Wegweiser: Verwundete, die sich mühselig vom Kampfplatz schleppten. Nun fand ich den Weg nach vorne, und von Bataillon zu Bataillon irrend, erfragte ich mich schließlich bis zum Oberstleutnant, der in einer Mulde des Feldes am Telefon saß.

Mediziner Mauthner kam vorüber, der oft von zu Hause Sendungen bekommt, und ich bettelte ihn um eine Zigarette an, da ich schon lange keine in den Lippen gehalten. Er hatte keine, aber er wußte von einem eben aus dem Spital eingerückten Soldaten, der einige Schachteln aus Ungarn zum Verkauf mitgebracht habe. Ich rannte, den Mann zu suchen, und wirklich erstand ich eine Schachtel Bosna-Zigaretten, fünfzig Stück für drei Kronen. Die Spinne vom Freitag hatte mir das verheißene Glück also nicht vorenthalten. Das wird ein angenehmer Abend werden.

Am Abend lagerten wir auf einem Feld. – Feuerüberfall. – Verletzte wurden vorübergetragen. – Wir hackten uns ein Loch in die Erde, dann steckte ich meine nassen Stiefel inklusive Füße in den Schlafsack, zog dessen Deckel über meinen Kopf und steckte mir eine Bosna-Zigarette an.

Montag, den 9. November 1914.

Die Sonne leuchtet, als ob es August wäre, aber der Frost schüttelt, wie es sich eben für den November gebührt. Von den drei Offizieren, die gestern eingerückt sind, ist keiner mehr da. Gleich bei Beginn des Gefechtes haben sie sich krank gemeldet.

Die Größe der Verluste, welche die Vorrückung der letzten drei Tage gekostet hat, ist uns heute nicht mehr bloß numerisch bekannt, sondern auch namentlich, ich finde in der Verlustliste die Namen von Freunden. Am meisten betrauere ich den Tod des Kadetten Stříbrný, eines der intelligentesten Burschen, die ich hier kennengelernt. Es ist drei Tage her, da hatte er geäußert, sein Tod wäre objektiv gräßlicher als der Tod der anderen, weil er seinen Beruf noch nicht auszuüben begonnen, weil er das Gelernte noch nicht verwertet habe, weil er das Leben noch nicht kenne und vor allem, weil er die Erfüllung der Liebe erst erwarte. – Leutnant Podrabsky und Einjähriger Adamus sind Kameraden gewesen, mit denen ich auf der Paraschnitza täglich gesprochen hatte. Und auch sonst waren mir viele lieb. Sie liegen nun an der Kirchenmauer von Lipolist begraben.

Dienstag, den 10. November 1914.

Die Tage bringen uns Übles. Es ist nicht auszudenken, daß man Menschen, mit denen man tags vorher gesprochen, junge Menschen, mit denen man seit Monaten ununterbrochen beisammen war und die gesund waren, ohne sichtbaren Übergang plötzlich nicht mehr sehen soll, weil sie im Grabe liegen und nicht mehr sind. Man flucht diesen schrecklichen Tagen. Die Nächte beginnen schon um 5 Uhr, wenn die ängstliche Abendschießerei losgeht und jeder Schritt aus der Deckung die Gefahr bringt, getroffen zu werden. Da legt man sich denn nieder, will einschlafen und kann es nicht. Die Toten des Tages fallen einem ein. Was tagsüber das Gefühl einer Sekunde war, weggewischt von einem neuen Schrecken, der wieder von einem andern abgelöst wurde, dringt jetzt in die Gedanken, man vergegenwärtigt sich das Ungeheuerliche dieser Massenschicksale, den Schmerz daheim, die Not der Hinterbliebenen und die eigene Zukunft. Dabei verschwindet der physische Schmerz nicht, die Glieder tun weh vom Liegen auf einer Seite. Der Regen schlägt lärmend auf das Kukuruzdach.

Gegen Mitternacht hörte das Schießen auf, und an seine Stelle trat das lebhafte Feuer aus einer einzigen Flinte, was man an der Richtung des Schalles und der Geschosse erkannte. Auch ein Feuer, das auf dem Kosovac zu lodern begann, schien nur dazu angetan, uns das Vorhandensein von Serben vorzutäuschen. Patrouillen wurden vorgesandt, und um 2 Uhr morgens meldeten sie, daß der Berg geräumt worden sei. Ein Bataillon besetzte den Ziegenrücken, der das Berggebiet Serbiens im Norden eröffnet.

Um 5 Uhr morgens brachen wir zur Vorrückung auf. Auf der Landstraße, auf dem Gleis der schmalspurigen Bahn, fuhr mit verkehrter Lokomotive ein Zügle in der Richtung Schabatz vorsichtig einher. Am Südausgang von Zminjak sah ich eine Kirche, einen neuen roten Ziegelbau im Kuppelstil der Moscheen. Das wollte mir nicht gefallen, ich erinnerte mich an die Zigarettenfabrik bei Dresden, die sich gleichfalls recht morgenländisch präsentieren möchte und doch eine Fabrik ist. Viel inniger, weil unabsichtlicher, war die Verbindung zwischen Orient und Kirche auf dem Friedhof gewahrt, dessen Kreuze und Gräber, schief, ungeordnet, verstreut, von schönem Unkraut und mancher Zierblume geschmückt sind, so daß man sich an die heilige Moslemingrabstätte im kleinasiatischen Skutari erinnert.

Ich kam mit einem Soldaten ins Gespräch, der eines der landesüblichen Heidi-Wagerl kutschierte. Er erzählte mir mit wichtigem Gehaben, daß er am Morgen einen verwundeten Leutnant unseres Regiments von Lipolist nach Zminjak gefahren und ihn dabei gefragt habe, wann Schluß des Krieges sei. „Weißt du, was er mir geantwortet hat? Er wisse es selbst nicht. Ist das nicht großartig: die Herren wissen selbst nicht, wann Schluß sein wird!"

Ich bekam endlich ein Paar Stiefel, ein unsagbar angenehmes Geschenk. Ich zog die alten aus und die neuen an. Zwischen diesen beiden Beschäftigungen ließ ich fünf Minuten verstreichen, fünf Minuten genoß ich das Gefühl, ohne Stiefel zu sein. Länger als fünf Minuten bin ich nun seit mehr als vier Monaten nicht ohne Stiefel gewesen. Viermal habe ich seit der Mobilisierung meine Strümpfe gewechselt – gewiß nicht viel, wenn man die großen Hitzen und die riesigen Märsche bedenkt. Die neuen Stiefel haben die Größe „12", während mir schon „15" zu groß wäre. So sieht es aus, als ob meine Beine in den Knien gebrochen wären und Schienbein und Waden, in Stiefeln steckend, auf der Erde schleiften. Aber besser ist es, in derartigen Skiern zu gehen als in den Lederfetzen, die ich bisher getragen.

Wir begegneten einem Tschužentransport, einem Abtrieb der Zivilbevölkerung Serbiens hinter die Etappen. Auch eine Zigeunerfamilie kam vorbei, die auf dem Wege alle Fetzen sammelte. Die Zigeuner hatten ganz schwarze Gesichter und sahen beinahe wie Neger aus. Einige sehr schöne Mädel waren darunter, aber zu schmutzig, um wachzurütteln.

Duvaniště ist ein Dorf voll alter Häuser, unter denen ich zum erstenmal in Serbien ein einstöckiges sah. Nicht einmal in der großen Stadt Leschnitza gab es andere als ebenerdige Häuschen, und auch auf dem Gerichtsgebäude von Černabara hatte sich unmittelbar über dem Parterrezimmer das Dach erhoben. Ich wurde mit einer Meldung nach Lipolist gesandt, das sich seit den vier Tagen, da ich es nicht gesehen, sehr verändert hat. Die Serben hatten es, da sie uns darin wußten, furchtbar beschossen, fast kein Haus, das nicht Granatenrisse aufweist, die Kirche aber ist unbeschädigt.

Das Regiment war inzwischen über Culikovič und Grustič vorgerückt, wo ich gegen 6 Uhr abends ankam.

Es war bereits stockdunkel. Ein Bataillonshornist sagte mir, er wisse genau, wo das Regiment sei, und gehe gleichfalls hin. Ich schloß mich ihm an. Nach einer Stunde scharfen Marsches fragte ich ihn, ob er sich nicht im Wege geirrt habe. „Ausgeschlossen"; wo er einmal geritten sei, finde er noch nach Jahren genau den Weg und entsinne sich jedes Grashalmes. Beruhigt zog ich wieder eine Stunde mit ihm über Berg und Tal, Schluchten und Felder, Forste und Gestrüpp und Bäche und fragte ihn dann wieder. „Gleich, gleich." Nach zwei Stunden hielt uns ein Posten an. Wir: „Wo ist das Regimentskommando?" Er wies uns den Weg. So kamen wir zu einer Zeltgruppe, und ich fragte, wo das Regimentskommando sei. „Hier." Ich fragte den Telefonisten, ob Oberstleutnant Steinsberg da sei. „Steinsberg? Gibt es nicht." – „Wie? Was ist denn hier für ein Regiment?" – „102." Wir waren also fehlgegangen, ich schnürte mein Bündel und ging mit dem Trompeter von neuem auf die Suche, wir kamen weiter nach Serbien, aber nicht näher zum 11. Regiment. So entschloß ich mich zurückzukehren und bat bei Regimentskommando 102 um ein Plätzchen zum Schlafen und etwas Kaffee. Aber man machte sich keinerlei Ehre daraus, beim jüngsten Regiment der Monarchie einen Soldaten des ältesten Regiments zu beherbergen, und verlassen, hungrig, frierend, obdachlos saß ich im Gestrüpp. Da kam ich mit einem Soldaten ins Gespräch, der fragte mich nach einigen Elfern und erzählte mir, daß hier nicht nur das Regimentskommando, sondern auch die 17. Brigade in den Zelten lagere. Nun suchte ich schnell den Ordonnanzoffizier Leutnant Dr. Hans Thorsch auf, mit dem ich auf der Paraschnitza viel zusammen war. Dr. Thorsch erstaunte nicht wenig, zu so später Nachtstunde auf offenem Felde noch Besuch zu bekommen, aber er freute sich und ließ mir aus einem Faß ein Glas Bier einschenken, sage und schreibe: Bier! Da vergaß ich meine 42 Kilometer, die ich heute mit vollem Tornister zurückgelegt hatte, und schlief im seligen Bewußtsein ein, einen Genuß gehabt zu haben, den ich nie mehr zu erhoffen gewagt: Bier.

Mittwoch, den 11. November 1914.

Durch eine romantische Höhenlandschaft wandernd, ging ich von halb 5 Uhr früh ab und kam gegen 8 Uhr beim Regimentskommando an, das in dem Orte Desič auf einem Hügelkamm lagerte. Um 9 Uhr früh marschierten wir fort: allgemeine Direktion Valjevo. In Rumsko rasteten wir.

In einem Hause fand ich eine ganz abgehärmte junge Frau mit einem Säugling im Arm, die mir erzählte, daß ihr Mann vor einigen Tagen im Kampf gegen uns gefallen sei. Sie bot mir Rakja an. Ich lehnte ab und suchte ein anderes Haus auf, das schmutziger war. Rumsko hat keinen einzigen Brunnen, unter den zurückgebliebenen Dorfbewohnern konstatierte der Chefarzt die schwarzen Blattern.

Liebe Mutter!
Herr Regimentstambour Rašin ist so liebenswürdig, Dir dieses Notizbuch mitzubringen und Dir von meinem Wohlbefinden zu erzählen.

Dein Egon Erwin.

Donnerstag, den 12. November 1914.

Um 8 Uhr früh brachen wir von Rumsko auf. Der Weg unserer Brigade führte in nordöstlicher Richtung. Ein greiser serbischer Bauer ging vor unserer Kolonne, und dieser Ephialtes zeigte uns besser als alle Spezialkarten den Weg gegen seine serbischen Brüder.

Die Gegend ist herrlich, begeisternd schön. Die unheilvollen Berge lassen wir links liegen und gehen durch das Tal der Dobrava, an wundervoll grünen Triften und sanften Hügeln entlang. Manche der niedrigen Hügellehnen fällt ganz steil ab, aber die Bauern haben sich dadurch nicht abhalten lassen, auf diesen schroffen Hängen Obstgärten und Weingärten anzulegen, viele Häuser haben schwarze, im stumpfen Winkel aufgesetzte Dächer, höher als die Häuser, die sie bedecken; diese Dächer sehen wie die schwarzen, hohen Lammfellmützen der serbischen Bauern und Hirten aus.

Die Dörfer sind nicht mehr so verödet wie jene, die wir am Anfang unserer Tour vorgefunden hatten. Verhärmte Frauen, Greise und Kinder stehen vor ihren Hütten, an deren Zaun sie irgendein weißes Tuch oder Wäschestück ausgesteckt haben, zum Zeichen, daß sie friedlich gesinnt seien. Auf den Feldern liegt manchmal der Pflug in einer begonnenen Furche – der Besitzer hat ihn mit dem Gewehr vertauscht. Auch die Obstbäume, die in langer Schwarmlinie die Felder umstellen, harren noch der Einbringung, ebenso die großen Schober.

Durch Wälder geht der Weg, die vom Herbst wundervolle Farben erhalten haben, die Blätter sind rot, ockergelb, braun, grünlich und golden und knistern unter unseren Schritten. Mulden, Täler, lange Höhenrücken, weiße Häuser, Klöster zeigen sich, und die Berge, die bis zum vorgestrigen Tage uns mit Vorahnungen des Entsetzens erfüllt und uns bei unserer ersten Kampagne in Serbien vor vier Monaten schon so bitteres Leid zugefügt hatten, bleiben weit hinter uns zurück. Der Blick auf diese abgewendete Gefahr oder nach links auf die sanften Höhenlinien versetzt auch den nicht besonders lyrischen Soldaten in angenehme Stimmung.

Diese konnte nicht ganz schwinden, als der Marsch sich unsäglich in die Länge zog, es kalt zu werden, zu dämmern anfing, dunkel wurde und wir noch immer nicht unsere Nächtigungsstation erreicht hatten. Wenn man ein paar Schritte marschiert war, wurde Halt befohlen, dann ging der Vormarsch wieder weiter. Das machte die Leute ungehalten, und wenn man auch anfangs annahm, daß diese Verzögerungen durch Stockungen der Kolonne herbeigeführt seien, so vermutete man bald andere Gründe, unvermutete Behelligungen durch den Feind oder ähnliches.

Die Abteilungskommandanten ordneten an, daß keine Zigarette angezündet und kein Wort gesprochen werden dürfe, aber als wir um halb 10 Uhr abends in einen Ort kamen, sahen wir weithin lodernde Wachtfeuer. Ringsumher saßen ungarische Soldaten, aneinandergepreßt, singend, Harmonika oder Karten spielend, viel fröhlicher als die tschechischen Soldaten, die, seit sie Böhmen verlassen haben, von tiefer Schwermut befallen scheinen, was sich selbst in scherzhaften Situationen nicht verleugnet. Das nasse Holz der Feuer knisterte, und die Funken übersäten das Dorf mit silbernen Sternchen.

Unsere Brigade war in die Marschroute des 13. Korps geraten, wie es heißt, irrtümlich. Nun hieß es, schnell eine Nächtigung zu finden. Auf einem offenen Feld (bei Stolice, zwischen Metlič und Moravska), in stockfinsterer Nacht, entstand nun ein Tohuwabohu von Befehlen, ein Wirrwarr von Kommandos, Kompanien suchten ihre Bataillone, Soldaten ihre Kompanien, Bataillone des Regimentskommando, Freunde ihre Freunde, Offiziersdiener jagten nach Zeltblättern für ihre Herren, es begann zu regnen, niemand hatte Zeltpflöcke, kurzum, es war sehr schön, und ich baute mir am Rande eines Wäldchens ein Zelt, in dem mein Schlafsack gerade Platz hatte, legte mich hinein, befestigte auf dem Griffknopf des Gewehres, das den Grundpfosten meines leinenen Hauses bildete, ein Kerzenstümpfchen und schreibe jetzt dieses Tagebuchblatt.

Freitag, den 13. November 1914.

Dem heutigen Tag, der Freitag und zugleich der Dreizehnte ist, hatte ich schon seit Wochen mit Befürchtungen entgegengesehen. Der Regen peitschte uns um 5 Uhr früh aus dem Zelt, das trotz des umgebenden Wassergrabens, den wir abends geschaufelt hatten, vollkommen überschwemmt war. Der Frost war über Nacht so ungeheuer geworden, daß man nicht einmal die Handschuhe anziehen konnte, so erfroren waren die Fingerspitzen. Die Fahrküche hatte uns im Straßendreck nicht folgen können, Brot hatten wir nicht gefaßt, die Zwieback-Reserveportion (genannt „Hundekuchen") ist längst aufgegessen, so mußten wir, vor Frost klappernd und vor Hunger fast sinnlos, in die Einteilung zum Marsch, während man vor Regensträhnen und Nebel kaum den Tragriemen des Gewehres finden konnte.

Zigaretten! Gestern hatten wir uns noch aus Kommiß-Pfeifentabak und dem zugehörigen Packpapier Papyrosi gedreht, heute war gar nicht daran zu denken, das Päckchen aus der Tasche zu zerren, das nötige Quantum von Tabak gefühlsmäßig herauszugreifen, mit liebevollem Gefühl ins Papier zu ordnen und es dann sanft zurechtzuwalzen.

Alle Leute, die nur Husten und Stockschnupfen in der Nacht davongetragen haben, sind gegen jene Armen zu beneiden, die vor Rheumatismus und Zahnschmerz kaum einen Schritt machen können. Die Tornister und Decken waren von der Nässe so schwer geworden, daß man unterhalb der Tragriemen blutige Striemen auf den Schultern bekam und die Last den Mann rücküber zu stürzen drohte.

Aber Hunger, Frost, Regen, Nebel, Rauchernot, Rheumatismus, Bepacktheit und Durchnäßtheit waren noch lange nicht die ärgsten Übel dieses dreizehnten Novembertages. Die ärgste Not war der Kot. Er bedeckte die ganze Gegend, so daß Felder, Straßen und Straßengräben voneinander nicht zu unterscheiden waren; erst wenn man plötzlich bis zur Patronentasche einsank, merkte man, daß man in einen kaschierten Straßengraben geraten sei. Immerfort glitschte man aus, so vorsichtig man auch das Gewehr als Balancierstange benützte, und sauste der Länge nach zu Boden. Auf den Stiefeln häuften sich Kotpatzen und machten sie schwer wie Bleikugeln an den Fußfesseln der Katorgasträflinge.

Ich dankte dem Schicksal, daß ich die neuen Stiefel hatte, aber dafür war mir ein anderes Malheur zugedacht. Seit Pisek trug ich, weil sämtliche Knöpfe meiner Hose den Weg alles Irdischen gegangen waren, keine Hosenträger mehr und keinen Leibriemen, aber den brauchte ich auch nicht, da das Beinkleid eng war. Infolge der unterbliebenen Nahrungsmittelzufuhr bin ich jedoch so abgemagert, daß die Hose nun hinunterrutscht. Über die Stiefel kann sie zwar nicht fallen, da ich Hosenspangen trage, doch fühle ich, wie der Antipode des Bauches unter dem Mantel fast hüllenlos ist – um so unangenehmer, als infolge der Tornisterlast beim Hinfallen immer gerade diese Gegend mit dem nassen Erdboden in Berührung kommt. Dabei ist das Terrain keineswegs eben, sondern geht über Täler und Höhen, von den Höhen zu den Tälern, bei welch letzterer Gelegenheit man sich einfach niedersetzt, um in dem Kot hinunterzurutschen.

Ein ganzes Regiment in unregelmäßigem Gänsemarsch und fortwährend stockend kann man sich nicht vorstellen, es war mindestens fünf bis sechs Kilometer lang. Es sah nicht wie ein Vormarsch aus, sondern wie der zügellose Rückzug eines geschlagenen Heeres. Dieser Eindruck wurde noch verstärkt, als sich unsere Kolonnen und jene des 13. Korps miteinander vermengten und viele unserer Soldaten mit Kroaten und Magyaren einhertrotteten, ohne zu merken, daß sie in ein falsches Armeekorps geraten seien. Alles fluchte: „Wenn es doch nur *irgend*ein Ende nähme!“ – „Lieber krepieren als solche Strapazen.“

In diese Flüche mischte sich ein verzweifeltes Geschrei: es waren die Kanoniere, die vergeblich mit Sporen, Zerren und Schreien die sich aufbäumenden Pferde zu der schier unmöglichen Arbeit veranlassen wollten, in dieser Lehmwüste die Geschütze vorwärts und aufwärts zu bringen. Jede Weile blieb eine Kanone so tief im Dreck stecken, daß die Räder gar nicht zu sehen waren, man spannte sechs Ochsen und drei Paar Pferde vor, das Fußvolk, das die Geschützbedeckung bildete, schob von hinten, und die Bemühungen währten oft länger als eine Stunde, bevor sie Erfolg hatten. Dieser Lärm ging durch Mark und Bein und muß auf Meilen hörbar gewesen sein.

Gestern hatten wir die Nackenschützer hervorgeholt, um uns vor der Sonne zu schützen. Heute klappten wir frierend die Ohrenschützer der Mützen herunter. Gestern waren wir noch auf den von serbischen Arbeitsmannschaften für das serbische Heer frisch hergerichteten Straßen gezogen, heute ging es über Gebirge von Straßendreck, gestern trugen wir unsere normale Last, heute ist das Rüstzeug von Nässe und Kot unermeßlich beschwert. Die fast lyrische Stimmung von gestern ist heute in eine verzweifelte umgeschlagen.

Aber so unwillig man sich vorwärts schleppte – das eigene Leid verschwand vor einem fremden, das uns begegnete und bei dessen Anblick sich die Flüche in Ausrufe des Bedauerns verwandelten: das waren die Kolonnen der geflüchteten Dorfbewohner, die wieder in ihre Hütten zurückkehrten. Auf kleinen Fuhren, vor denen Kühe gespannt waren und die mit grellbunten Decken, Polstern und anderem Hausrat sowie Gerümpel schwer beladen waren, kehrten die Armen heim. Das Vieh konnte auf der aufgeweichten Landstraße nicht ziehen, und die armen Leute mußten selbst Hand anlegen, aber das ging schwer, es waren ja nur Greise, Frauen und Kinder, die die traurige Übersiedlung bewerkstelligen sollten. Auf den Wagen hockten Mütter mit Säuglingen und Kinder, die wimmerten, weinten oder lachten. Kleine Mädchen trieben Gänse, größere das Vieh, andere schoben den Wagen an. Eine war sehr hübsch; als sie bemerkte, daß sie Aufmerksamkeit erregte, schneuzte sie sich kokett in die Hand.

Häufig blieb ein Wagen der Dörfler unwiederbringlich im Kot stecken, oder ein Zugtier stürzte um, totes Vieh lag auf der Straße, manchmal auch ein umgekippter Wagen, sein Inhalt zerstreut. Die Besitzer standen ratlos dabei, und ihre Verzweiflung schnitt uns ins Herz. Wir konnten ihnen aber nicht helfen.

Ohnedies zerriß die Rückwandererkolonne unsere Marschordnung noch mehr und hinderte uns auf Schritt und Tritt, und einige Offiziere äußerten die Ansicht, die Serben hätten uns die Armen absichtlich entgegengeschickt.

Nachmittags kamen wir im Ort Draginje-Bošnak an. Die Kompanien rangierten sich, und man befreite sich von der Last des Rüstzeuges. Da wir Hunger hatten, begannen wir die Hetzjagd auf ein Schwein. Bei dieser Sauhatz gelang es mir zwar, das Tier mit einer Latte über den Kopf zu schlagen, aber ich sauste dabei in den Dreck und schlug mir die Hand blutig. Das Wild wurde mit weiteren Schlägen betäubt und dann durch einen Bajonettstich in den Hals geschlachtet. Dann brieten wir es am Rost. Ich selbst briet mir fette Haut zu Grieben.

Es dürfte keineswegs mein Ungeschick als Koch, sondern der Mangel an Brot Schuld daran tragen, daß mir nach dem Genuß der Grieben elend zumute wurde. Trotz Müdigkeit konnte ich nicht einschlafen, weil ich immerfort Brechreiz hatte. Ich wartete sehnsüchtig auf die Mitternacht – das Ende des Unglückstages. Sie kam, ohne daß ich einen Schuß in den Bauch oder Kopf erhielt, der mich zum geistigen oder körperlichen Krüppel gemacht hätte. Das hatte ich für heute erwartet. Wenn aber der Tod heute gekommen wäre, wäre es ein Beweis dafür gewesen, daß der Tod kein Glück und keine Erlösung ist. Denn das Glück kommt nicht an einem Unglückstag.

Samstag, den 14. November 1914.

9 Uhr früh Abmarsch. Im Ort ist ein Plakat des österreichischen Oberkommandos an die Bevölkerung angeschlagen, mit dem sie zu Ruhe und friedlicher Gesinnung aufgefordert wird. Die Proklamation ist nur in deutscher Sprache affichiert, so daß sie keine Wirkung haben kann. Wahrscheinlich konnte man die kyrillischen Plakate nicht so schnell herstellen.

Immer mehr der heimkehrenden Familien begegneten wir. Auch Männer, die anscheinend in wehrfähigem Alter sind, waren darunter. Kinder haben die olivengrünen Mützen der serbischen Soldaten auf, viele Knaben und auch

Frauen serbische Uniformblusen mit Aufschlägen. Heitere Aufmerksamkeit erregten die Frauen, die unsere feldgrauen Blusen trugen. Massenhaft Zigeuner gibt es hier.

Die Leute sind schon mutiger geworden, sie stehen vor ihren Hütten und schenken uns Rakja und Wasser, um unsere Gunst zu gewinnen. Wenn man sie etwas fragt, neigen sie sich devot bis zur Erde und versichern, daß sie unsere „untertänigsten Diener" seien, und wenn Offiziere vorüberreiten, schwingen sie die Mützen und schreien: „Živio Austria." Natürlich würden sie begeistert auf uns schießen, wenn wir nachts auf einem Rückzug durchkämen. Früher hatten sie um ihr Leben gezittert, jetzt betteln sie uns schon um Tabak an. Kleine Knaben, vier bis fünf Jahre alt, verkaufen Speck und wissen dabei so gut zu feilschen wie die Alten.

Von halb 4 Uhr an wurde starkes Artilleriefeuer, gegen 4 Uhr auch Gewehrfeuer in bedrohlicher Nähe hörbar. Der Marsch dauerte lange über den Anbruch der Dunkelheit hinaus. Die Kolonnen gerieten in schreckliche Unordnung, die Hälfte der Truppen verlor sich und vermengte sich wieder mit den Kroaten und Ungarn und irrte dann stundenlang umher.

Oft läßt ein Licht die Versprengten dort das Truppenlager vermuten. Aber es ist ein anderes, noch viel traurigeres Lager: es sind die Obdachlosen, die auf dem Rückweg zur verlassenen Scholle Nachtruhe halten. Sie hocken um das Feuer, durch ein improvisiertes Strohdach etwas gegen Wind und Wetter geschützt. Kinder lehnen schlafend an dem Arm der Mutter, andere wimmern leise. Und die Erwachsenen starren in das Feuer.

Sonntag, den 15. November 1914.

Der Tag ist trübsinnig und regnerisch. Wir hatten um 12 Uhr nachts auf einem nächst Březovica gelegenen Feld die Zelte aufgebaut beziehungsweise nicht aufgebaut. Die Gegend ist reich an Pflaumen, in jedem Hause sind ganze Berge von gedörrten Exemplaren aufgeschichtet. Eine Powidlfabrik steht am Weg, ihr Magazin, aus Hunderten von Fässern bestehend, wurde mit Hurra im Sturm genommen, und wir schaufelten das Pflaumenmus mit dem Feldspaten aus den Tonnen. Auch in Sudnica-Pambukovica, wo wir in einer auf Pfählen erbauten Futterkammer nächtigten, stand ein drei Meter hohes Faß mit angefaulten Pflaumen, aus denen Branntwein gepreßt wird.

Unser Lager riecht nach Heu, die Kräuter darin betäuben uns fast mit ihrem an Balsam und Pfefferminz gemahnenden Geruch.

Montag, den 16. November 1914.

Von der uns Tag für Tag mehr beschäftigenden Frage bewegt, ob Valjevo oder Kragujevac unser Ziel sei oder wo wir sonst mit den Serben zusammenstoßen würden, gingen wir heute um 7 Uhr früh gegen Osten, Richtung Lajkovac, uns von Valjevo etwas entfernend. Diese großen Märsche sind jetzt immer gleich. Die Füße naß, die Stiefel schwer, die Straße kotig, die Hitze lähmend.

Aber das Ärgste ist die Bestie im Kalbfell, die sich in unser Rückgrat festgebissen hat. Nur ein kurzer Entschluß, und man könnte sich des Feindes im Rücken mit einem Ruck entledigen, aber man schleppt das Tier weiter mit sich. Er enthält nicht viel, der Tornister, aber wenn ich die Konserven, das Winterzeug, die Patronen in den Brotsack stopfen wollte, bliebe noch immer auf meinem Rücken der Schlafsack, dem ich bei Tage fluche und den ich bei Nacht segne. Er ist ein schönes Nachtquartier, jedoch man muß es sich täglich auf dem Marsch im Schweiße seines Angesichts verdienen.

Über Zwidar kamen wir nach Ub, einer großen Stadt. Mit lateinischen Buchstaben stand auf einem Hause die Aufschrift „Hotel Serbien"; statt der „Gemischten Warenhandlungen", der Kaufhäuser der Dörfer, sah man jetzt spezialisierte Geschäfte, sogar eine Sargtischlerei. Auf der Straßen lagen großmächtige Folianten, wahrscheinlich Steuerbücher oder Grundbücher, total zerfetzt und beschmutzt. Die Straßen sind gepflastert, wenn auch holperig. Die Stadt ist leer von Bewohnern, voll von unseren Truppen und Kommandos, die in den Geschäften und auf der Straße und in den Schmiedewerkstätten hantieren und amtieren, Generalstäbler, Schreiber, Kurschmiede und Kanoniere.

Hinter Ub konnten wir auf der Chaussee gar nicht vorwärts, so ungeheuer waren die Kolonnen der Rückwanderer. Die Bauern blieben neben den Wagen stehen, um uns passieren zu lassen. Dabei sah ich, wie eine Bäuerin von einer Zigeunerin abrückte. Der Klassenunterschied ist noch nicht erloschen. Auch jetzt, da die Bäuerin als obdachloses Bettelweib durch das Land zigeunert, wahrt sie zwischen sich und der Zigeunerin die Distanz.

In Ruklade nächtigten wir auf Stroh in einem ehemaligen Gasthauszimmer am hügeligen Südausgang des Ortes, während nicht weit von uns Kanonendonner und auch Gewehrfeuer hörbar war.

Dienstag, den 17. November 1914.

In das Geknatter der Flinten mischte sich das laute Gepolter der schweren Haubitzen und Kanonen, die links von uns aus der Straße vorrückten. Die zwei Brücken über das Flüßchen Cikanka und über den Fluß Kolubara sind vom Gegner abgebrochen, aber heute nacht von unseren Pionierabteilungen repariert worden.

Wir gingen um 7 Uhr früh, in Schwarmlinie entwickelt, etwa eine halbe Stunde gegen Süden vor. Auf Cote 135 blieben wir auf einer sumpfigen Wiese als Divisionsreserve bis zum Anbruch der Dunkelheit liegen. Unsere Unterhaltung bestand darin, uns in den Morästen Gesicht und Hände zu waschen (wieder einmal seit achtzehn Tagen), einander die Haare zu schneiden und zu rasieren und den Lehm der Woche mit dem Bajonett von Hose und Mantel zu schaben.

Mittwoch, den 18. November 1914.

In sintflutartigem Regen gingen wir früh nach Lajkovac und richteten uns dort im Stationsgebäude mühselig ein nettes Quartier ein. Dann kamen die 73er, denen dieser Rayon eben zugewiesen worden war, und warfen uns hinaus. Wir fluchten.

Ich habe von dem fünf Minuten dauernden Quartier im Bahnhof von Lajkovac einen Vorteil davongetragen: ich fand im Kehricht serbische Zeitungen. Obwohl diese schon fast drei Wochen alt waren, obwohl es sich meistenteils um Exemplare des serbischen Amtsblattes „Srbske Novine“ handelte und mir das Buchstabieren der kyrillischen Lettern immer noch einige Mühe macht, entzifferte ich das Blatt vom amtlichen Teil bis zu den Todesanzeigen, die erste Zeitung aus Feindesland. Besonders interessierte mich die Darstellung der Kämpfe in Bosnien, in denen (ohne Zweifel wahrheitsgemäß) die Zurückweisung unserer Angriffe dargelegt wurde.

Oberleutnant Dr. von Schönfeld vom Divisionskommando ist gestern in der Schwarmlinie getötet worden. Seine Leiche liegt mit offenen Augen und lächelndem Gesicht in einem eilig gezimmerten Sarg. Man bereitete ihm ein besonderes Begräbnis, der Divisionär und die Brigadiere, die Generalstäbler, Sanitätschef, Intendanzchef, Ordonnanzoffiziere, Divisionspfarrer und Telefonoffiziere erschienen, und der Stabszug der 14er Dragoner rückte aus.

Der zweite Tote ist Dr. Hans Thorsch, der gestern bei der Rekognoszierung eines Brückenzustandes den Tod gefunden hat. Dr. Thorsch war als geistvollster Verteidiger vor dem Divisionsgericht eine äußerst geschätzte Persönlichkeit in unserem Gefechtsbezirk. Mich hatte er vor acht Tagen, als ich mich zu 102 verirrt hatte, mit Bier bewirtet. Seine Leiche liegt vor unserer Linie und ist noch nicht geborgen.

Donnerstag, den 19. November 1914.

Als ich heute nacht nach Hause stampfte, hatten Finsternis und Kot geherrscht, so daß ich trotz meiner Vorsicht jeden Moment einen Holzpflock oder Baum anrannte; die Lehmklumpen hatten mir ins Gesicht gespritzt, und das Wasser war in meine Strümpfe gedrungen. Aber als ich morgens ins Freie trat, war es so hell, daß mich die Augen schmerzten: Schnee ist gefallen! Er lagerte in dicker Schicht auf den Plachen der „Landesübel“, das heißt der landesüblichen Fuhrwerke, auf den Zeltblättern, die den Bagagetrain zudecken, auf den Schindeldächern der Lajkovacer Häuser, auf den Querlatten der Zäune, auf den Ästen und auf den schiefen Baumstämmen. Auf der Erde war der Schnee allerdings der Übermacht des Kotes unterlegen. Nur auf besonders hohen Dreckbergen oder Erdwällen hatte er sich festgesetzt und auf dem hügeligen Fuß der Bäume eine Deckung gefunden. Sonst hatte er sich damit begnügen müssen, die konvexen Teile der Kotlandschaft zu bezukkern, während andererseits die Schneestücke mit der braunen Soße gesprengt waren.

Die Schweine rieben, um sich zu erwärmen, ihr Fell an Bäumen, wir wärmten uns an Feuern, die an den Pflöcken angebundenen oder von Soldaten umhergeführten Pferde drängten sich mit ihrem Hinterteil an das Feuer, das sie sonst fürchten. Aus der Schwarmlinie kommen Marode mit aufgeschwollenen Handgelenken und steifen Hälsen – der Winterfeldzug beginnt.

Monsignore Zháněl zelebrierte in dem Raum, in dem wir geschlafen hatten, eine Totenmesse für Oberleutnant Schönfeld, nach welcher sich Prinz Lobkowitz und Graf Schönborn das Abendmahl reichen ließen. Am Schluß der Feier gedachte der Feldkurat der Kaiserin Elisabeth, deren Todestag sich heute jährt. Nachmittags kamen dreihundert serbische Gefangene, größtenteils Überläufer, und standen in zwei Reihen formiert im Hof der Division.

Selten habe ich eine Tat bereut, die ich aus freiem Antrieb unternommen. Aber heute fluchte ich, daß ich mich entschlossen hatte, mir Heu zu holen. Seit meiner Erkältung von vorgestern schmerzte mein Rücken maßlos, so daß ich an eine Lungenentzündung glaubte, die sich auf den kalten Steinfliesen des Quartiers noch verschlimmern könnte. Der Weg zum Heu dauerte fast eine Stunde, er führte über Sümpfe, in denen man bis an die Knie einsank, wenn ich aber eine festere, trockenere Stelle vermutete, fiel ich ins Wasser.

Als ich endlich zu dem Heuhaufen kam, merkte ich, daß ich vergessen hatte, mir einen Strick zum Binden mitzunehmen. Zu meinem vermeintlichen Glück hatte ich (aus Furcht, man könnte mir im Quartier meine eben erbettelten Stücke Brot und Käse stehlen) meinen Brotsack umgehängt und schnürte nun damit das Heubündel. Die Schnur des Brotsackes riß. Ich band sie zusammen, aber wohl nur schlecht, denn beim Tragen bröckelte meine Last ab. Schließlich riß der Strick ganz, Brotbeutel und Heu fielen in den See, in den die Straße verwandelt war.

Mit schmerzenden Gliedern brachte ich das teuer erkaufte Heu in den Händen heim, hatte aber den Inhalt des Brotsackes verloren. Dann wurde ich dienstlich abberufen, und obwohl ich einen Freund als Posten zu meinem Nachtlager gestellt hatte, damit mir niemand mein Heu entwende, fehlte bei meiner Heimkehr die Hälfte des „Bettes“. Ich kann vor Erkältung kaum atmen.

Freitag, den 20. November 1914.

Die Divisionssanitätsanstalt bekam heute viel Zuwachs. Man brachte Kranke, darunter serbische Soldaten mit erfrorenen Gliedmaßen, von Rheumatismus Geschwollene, Verwundete, die stöhnten und starben. Es war gräßlich, sehen zu müssen, wie man die Schwerverletzten zum Abtransport in das Feldspital auf die Krankenwagen lud. Ich lernte den Sanitätsoffizier Sch. kennen, der einmal bei einer Pragerin mein Nebenbuhler war. Wir hatten einander bisher persönlich nicht gekannt. Als ich ihn an unsere Rivalität erinnerte, schaute er mich von oben bis unten an, als ob er sagen wollte: Du bist das, und sein Entsetzen darüber, daß er und ich, ein so zerlumpter und schmutziger Patron, einander in einer Chose d'amour in die Quere kommen konnten, vermochte er nicht zu verhehlen.

Samstag, den 21. November 1914.

Das Leben bei der Division kommt mir geradezu verbrecherisch vor. Ich will nichts gegen die Generalstäbler sagen, die kaum zum Essen Zeit finden, aber was sich hier an Ordonnanzoffizieren, Stabskompanie-Kommandanten, Telefonoffizieren, Auditoren, Trainoffizieren, Intendanten, Menageoffizieren, Akzessisten, Proviantoffizieren und dergleichen herumtreibt, ist nicht zu beschreiben. Diese Herren zerreißen sich das Maul, wenn die Dukatenbuchteln oder der Marmelade-Pfannkuchen (von Berufskonditoren hergestellt) irgendeinen formalen Fehler haben. Die alten Stabsoffiziere, die längst pensioniert waren und mehr oder minder freiwillig in die Schwarmlinie eingerückt sind, bekommen tagelang keine Menage. Von der Mannschaft ganz zu schweigen. Aber in der Offiziersmesse geht es wie in einem Hotel zu. Morgens gibt's Kakao, gegen 10 Uhr ein Gabelfrühstück, Gulasch, Kotelett oder Schweinebraten, mittags drei opulente Gänge samt Zigaretten, Zigarren und Wein, abends Karbonaden oder ähnliche Leckerbissen mit Tee, Rum und Kognak, Eier oder Käse.

Ich sah zu, als sich ein Trainleutnant ankleidete, das Nachthemd auszog, das Oberhemd parfümierte, den Halsstreifen wechselte, die Hose aus dem Spanner nahm, sich des Zahnbürstchens und der Zahnpasta und des Rasierapparates bediente, das in der Küche gewärmte Wasser vom Diener bringen ließ, über eine halbe Stunde mit der linearen Herstellung seines Scheitels zubrachte und – nach dem Friseur schickte, damit er ihm die Haare im Nacken ausrasiere.

Oberstleutnant Robert Bischitzky wurde heute von einer Kugel getroffen, die ihn und den Hauptmann Stolz von 73 tötete.

Montag, den 23. November 1914.

Gestern wurde Leutnant Dr. Thorsch bestattet, heute begrub man Oberstleutnant Bischitzky und Fähnrich Ferda von unserem Regiment auf dem improvisierten Friedhof.

An der Beerdigung nahm niemand teil, man hatte sich nicht einmal die Mühe genommen, die Legitimationskapsel des Fähnrichs nachzusehen, in der man hätte lesen können, daß er mosaischer Konfession gewesen war, sonst hätte man ihm wohl kein Kreuz auf das Grab gesetzt.

Selbst das Unvermutete ist immer irgendwie vorbereitet, selbst die Katastrophen. Heute haben zwei Soldaten auf folgende Weise den Tod gefunden: sie wurden, als sie in der Deckung lagen, durch Flankenschüsse getroffen, einer in den Fuß, der andere in den Arm. Als sie daraufhin aufsprangen (vor Schmerz oder um zum Hilfsplatz zu eilen), traf die blutenden, aus dem Zustand des gesunden Lebens bereits herausgerissenen Männer eine Granate und tötete beide.

Ein zweiter Fall: vor einigen Tagen war der Rechnungsunteroffizier Johann Mikšiček vom Regimentsarzt ins Feldspital gesandt worden, weil eine schwere Pneumonie bei ihm konstatiert wurde. Alle ergingen sich in Lobeshymnen über ihn, als ob er bereits tot sei. Inzwischen war – wie man heute erfuhr – Mikšiček frontdiensttauglich erklärt worden und im Begriff, der Truppe nachzukommen. Dabei hatte er auf der Landstraße einen eben eingerückten Rekruten namens Zobal zur Rede gestellt, weil dieser einen ihm anvertrauten Kranken hilflos auf dem Wege zurückließ. Der in der Kriegseile jedenfalls schlecht ausgebildete Rekrut hatte frech geantwortet, Mikšiček ihn in der Erregung angefaßt, worauf Zobal das Gewehr von der Schulter riß und Mikšiček durch einen Herzschuß tötete. Feldwebel Mudra, ein Zeuge des Vorfalles, ließ den Mörder, der ruhig und mit zynischen Bemerkungen seinen Weg fortsetzte, in Ub von einem Feldgendarmen verhaften, und dort wurde Zobal gehängt. Das Tagesgespräch bei unserer Truppe bildet das Bedauern über das Schicksal Mikšičeks, aber eigentlich war jeder auf seinen Tod vorbereitet gewesen, und nur die Art des Todes überraschte, nicht der Tod selbst.

Dienstag, den 24. November 1914.

In der Feuerlinie war mein Gemütszustand nur durch die körperlichen Leiden (die eigenen und die der anderen) gedrückt. Die seelischen Eindrücke waren, wenn nicht gerade die Verwundung oder der Tod eines Kameraden mich betraf, im allgemeinen nicht die ärgsten. Ja, die Primitivität des Lebens hat mich oftmals direkt befriedigt, und wenn ich sah, wie ein Offizier einen Infanteristen, dem er im Frieden kaum auf den Gruß gedankt hätte, um ein Stück Brot oder ein Zigarettenpapier anbettelte, freute ich mich.

Begegnung mit dem Dichter. Er ist bei der Divisionstelefonabteilung tätig und trägt einen abendfüllenden Umhängebart, dessen beide Spitzen mit den Brustwarzen zusammenfallen. Der Koch hat mir ihn auf den Hals gehetzt, um ihn loszuwerden. So schulde ich dem Koch nichts mehr für sein Essen, wir sind quitt. Um also von dem Dichter zu sprechen, er ist Forstbeamter, Dichter, Unteroffizier und Dummkopf zugleich; er hat einmal ein Forstgedicht und ein patriotisches Schülerlied gelesen, und aus Zitaten dieser beiden Gedichte setzt sich seine äußerst produktive Dichtkunst zusammen, die von „Wald und auf der Heide“ und „O du mein Österreich“ wimmelt und deren Erzeugnisse er fein säuberlich mit eigens mitgeschleppter Tinte in ein Notizbuch einträgt, auf Feldpostkarten in die Welt sendet und allen Leuten vorliest, deren er habhaft wird. „Sie sind ja ein zweiter Goethe“, sagte ich ihm, um zu sehen, wie weit seine Albernheit gehe. „Ja, das ist eine eigene Gabe“, erwiderte er mit unerschütterlichem Ernst und fragte mich, ob er mit der Herausgabe seiner Kriegsgedichte einige tausend Kronen und die Unsterblichkeit verdienen werde. Das heißt, er fragte mich nur des Geldes wegen, an der Unsterblichkeit zweifelte er nicht eine Sekunde. Die meisten Leute der Division nehmen seine Dichtungen ernst. Eine Probe aus seinen Gedichten:

„Er ist jetzt Oberleutnant beim Generalstab eingeteilt,
Und wenn er mich sieht, ruft er: Weidmanns Heil!“

Donnerstag, den 26. November 1914.

Den Tagen von Lajkovac danke ich die Bekanntschaft mit einem interessanten Typ von Kriegskriminellen, mit jenen Berufsoffizieren, die an Gefechtstagen immer krank werden, und mit solchen, die aus dem Spital einrückten, aber im Hinblick auf das gefährliche Klima, dem die Truppe vorn ausgesetzt ist, es vorziehen, die Resultate der Kämpfe im Zuschauerraum abzuwarten. Ihre Reden frappierten mich, in denen sich eine ganz eigenartige Sachkenntnis dartat: jeder wußte die Stationen und Staffeln des Krankenabschubs genau, jeder wußte, wo „günstige“ und wo „ungünstige“ Spitalskommandanten zu finden seien, wie man es anstellen müsse, um statt in das Militärspital in ein Rotes-Kreuz-Spital zu kommen (ich hatte bisher gar nicht geahnt, daß dies ein Unterschied sei) oder einen Urlaubsschein zur Heimreise zu erhalten oder gar in eines jener Rekonvaleszentenheime zu gelangen, das ein hochadeliges Schloß ist, wo man auf die Jagd gehen und im Auto fahren kann und eine schöne, heitere Pflegerin hat. Jeder hatte Erfahrungen, und die anderen lauschten gierig und notierten sich den Namen eines gefälligen Militärarztes und eines freundlichen Asyls; alle bekannten sich offen zu dem Grundsatz „Heile mit Weile“. Einer hatte einen glücklichen Schuß erwischt, der andere leider nur einen Hexenschuß, „mit dem er höchstens bis Bukovar kommen konnte“.

Der Krieg dient diesen Nobelmarodeuren zur Erreichung eines feineren Lebens, zur Erlangung von Aufmerksamkeit und Pflege. Diese Leute sind manchmal wirklich krank: Tuberkulose, Herzschwäche, Leistenbruch oder dergleichen. Aber daran litten sie schon im Frieden, und es ist betrügerischer Konkurs, sich im Frieden für den Kriegsfall aushalten, sich jahrelang für den zukünftigen Bedarfsfall bezahlen zu lassen und dann im Moment der Entscheidung einfach auszukneifen. Ein aktiver Offizier, der sich während des Krieges wegen eines Geburtsfehlers superarbitrieren läßt, ist ein Deserteur. Im Felde an Tuberkulose zu sterben ist mindestens so ein „Heldentod“, wie wenn man aus dem Hinterhalt durch einen Schuß getötet wird.

Freitag, den 27. November 1914.

Wir marschierten gegen Petka. Die Eisenbahnbrücke über die Kolubara ist von den Serben gesprengt worden, und ihre Mitte liegt im Wasser. Wir zogen über eine Kriegsbrücke. Petka ist sechs Kilometer von Lajkovac entfernt.

Heute wurden 300 Gefangene zum Korps, das jetzt in Lajkovac ist, geschafft. Gegen Abend „atmete ich Höhenluft“, indem ich im Tal beim Gebirgstrain unseres Regiments war. Dort wurde der Inhalt von Paketen versteigert, deren Adressaten nicht mehr leben . . . Das Geld geht an die Absender zurück. Ich erstand einen Sweater für K. 10.–. Als ich heimkehrte, erfuhr ich, daß ich Post erhalten habe – seit Wochen zum erstenmal. Auch Pakete für mich seien darunter. Ich freute mich und zündete mir schon im Geiste eine feine österreichische Zigarette an. Statt dessen: warme Wäsche, aber natürlich nur gestrickter Unsinn, Handschuhe mit zierlichen Posamenten, Pulswärmer mit einem rotgestickten Herzen, Fäustlinge für Elefantenbabys, Knieschützer für Störche und ähnliches Zeug, das die Mädel aus Langeweile und um sich wichtig zu machen in fröhlichen Kränzchen strickten. Man muß sich für diesen Ballast noch bedanken, schenkt die Sachen nicht gerne her, weil man weiß, daß man das, was man heute abgibt, mit mathematischer Sicherheit morgen dringend benötigen wird (während das, was man aufhebt, wochenlang den Tornister beschwert).

Die Schlafgenossen, die beim Auspacken anwesend sind und mich noch vor fünf Minuten mit Schimpfworten aus dem Quartier jagen wollten, weil sie als erste in diesen Schweinekoben Streu hineingetragen hatten, werden jetzt liebenswürdig und betteln mich an, indem sie vorgeben, daß sie dieses oder jenes „gerne bezahlen“ wollen. Wenn ich aber einem etwas schenke, sind zehn andere tödlich beleidigt. Am Abend kam das halbe Regiment zu mir, alle hatten von meinem „Glück" gehört, daß ich zwei Pakete erhalten, jeder wollte von mir Zigaretten, Schokolade oder Biskuits. Ich hatte nichts dergleichen, und niemand glaubte es mir.

Seit Wochen hatte ich mich schon an meinen Zigarettenmangel gewöhnt. Heute, da ich Zigaretten im Paket erhofft hatte, empfand ich den Mangel an Rauchbarem doppelt. Hätte mir eine der freundlichen Spenderinnen zehn Sportzigaretten eingepackt – ich hätte sie vom Strich weg geheiratet.

Samstag, den 28. November 1914.

Das einzige, was ich von den Wintersachen für mich verwerten wollte, waren die gestrickten Zehenwärmer. Als ich sie aus dem Paket nehmen wollte, waren sie weg.

Das Terrain ist gräßlich, wir haben gar keine Reserven, alle Soldaten denken an Selbstmord. Wenn man die Schwarmlinie wenigstens für acht Tage ablösen könnte.

Das Korpskommando hat unseren Offizieren heute für eventuellen Bedarfsfall zehn Flaschen Champagner gesandt (Törley), also scheint man höheren Orts den Sieg vorzubereiten. Am Abend hatte ich am Lagerfeuer eine erregte Debatte mit den Feldgendarmen über Wert und Unwert von Waffenpässen, Schmuggler- und Wildererverfolgungen, über stehendes Heer und Gesetze. Die Gendarmen waren selbstverständlich auf Seite des Bestehenden, der Staatsgewalt, und der Ansicht, daß der Mensch eine Bestie sei, die mit Gewalt gezähmt werden müsse.

Sonntag, den 29. November 1914.

In der Nacht hatte ich einen Traum, der mir freundliche Gedanken brachte, aber um so schmerzlicheres Erwachen: ich hatte ein Wiedersehen mit meinem Bruder Wolfgang erlebt. Überhaupt ist es noch immer der Tod meines Bruders, der mich vollkommen beschäftigt, wenn ich mich auch schon so weit im äußeren Verkehr in der Hand habe, daß nur Leute, die mich früher gut kannten, an mir eine gedrückte Stimmung bemerken.

Witze mache ich ganz mechanisch, mit der einfachsten Technik, die es gibt: zu irgendeiner Banalität, die zu sagen ist, ziehe ich einen Vergleich aus dem militärischen Alltagsleben heran, ein Wort, das wir tausendmal im Munde führen. Zum Beispiel drohe ich im Hinblick darauf, daß man bei Verwundungen „Sanität" ruft, während die Beerdigung der Leichen den Pionieren obliegt, bei Debatten im Scherze meinen Kameraden: „Wenn ich dir eine Ohrfeige gebe, so braucht man nicht mehr Sanität zu rufen, sondern Pioniere." Oder noch präziser: „Mit der linken Hand gebe ich dir eine Ohrfeige, mit der rechten knüpfe ich dir gleich das Legitimationsblatt ab." Wenn man von Mädeln spricht, ob man die oder jene der vorbeikommenden Serbinnen gerne „küssen" möchte: „Nicht einmal mit dem Putzstock." Derartige Scherze muß ich machen, wenn ich nicht anmaßend erscheinen will, sobald mir jemand ein Scherzwort entgegenruft und eine Antwort erwartet. Entfesselt aber mein Satz Heiterkeit, so tut mir das Lachen weh, im selben Augenblick erinnerte ich mich des Trauerfalls, und die gute Laune, die ich hervorgerufen, scheint mir ein Verbrechen an meinem toten Bruder zu sein.

Am Abend schlief ich in einer der typischen Rakjatennen mit zwei Infanteristen. Links von mir lag H., Prokurist einer großen Spinnerei in Wien und geschulter Nationalökonom, rechts von mir D., Portier eines Kleinseitner Bordells und gewalttätiger Einbrecher, der eben sein siebentes Jahr als Infanterist abdient. Es war kalt, und wir preßten uns fest aneinander.

Montag, den 30. November 1914.

Man hat in Ermanglung eines geeigneten Eiskellers mit der Konsumierung des Champagners nicht bis zum endgültigen Sieg warten können. Am heutigen Tage, an dem die Nachricht kam, daß die Russen zum zweitenmal über die Karpaten gedrungen sind, wurden die zehn Törley-Flaschen ausgetrunken.

Ich habe heute zugesehen, wie der Menageoffizier der 2. Divisionsstaffel (ein aktiver Oberleutnant) die Bratpfanne mit einem Huhn wütend aus dem Fenster warf, weil er gewünscht hatte, daß es zu braten sei, während der Koch es mit Paprika geschmort hatte. Ähnliche Äußerungen eines durch keinerlei Hemmungen beschwerten Jähzornes habe ich beim Train unseres Regiments erlebt, wo z. B. Hauptmann Oberdanner Leute mit Stockschlägen traktierte, so daß Soldaten mit geplatzten Halsadern und dgl. in das Spital abgegeben werden mußten.

Dienstag, den 1. Dezember 1914.

Der letzte Monat dieses grausamsten aller Jahre beginnt heute. Wird es der letzte Monat des Krieges sein? Viele Millionen wünschen es mit allen Fasern ihres Herzens, es ist die inbrünstigste Hoffnung, die alle beseelt, keinen Menschen gibt es, der das Gegenteil will, und dennoch kann dieser heiße Wunsch, der sich über Legionen und Erdteile schwingt, keine Macht gewinnen, und alle Sehnsüchte sind wirkungslos. Nirgends ist ein Ende abzusehen.

Morgens marschierten wir via Lazaravač, d. h. nur durch die Elendsviertel der Peripherie, über die Fußgängerbrücke (die Eisenbahnbrücke ist gesprengt) scharf nordwestlich, was das Gerücht verstärkte, daß wir mit dem 13. Korps und der Armee Kraus gegen Stadt und Festung Belgrad marschieren. Der Weg ging an verlassenen serbischen Deckungen und Verhauen vorbei. Ich setzte mich in einen Wagen der Feldpost und spielte – was ich sonst selbst in wochenlangem Arrest nicht getan hatte – mit einem Postbeamten „Mariage“ und „Einundzwanzig“ um Patronen. Nach einer Stunde hörten wir auf, weil ich keine Patronen mehr hatte und er mir nicht kreditieren wollte.

Ich lag mit dem Rücken an einen Sack gelehnt und spürte, daß aus einem Loch die Ecke eines Paketes herausragte. Ich drehte mich um und sah, daß es Schokolade sei. Hunger hatte ich (es war bereits 2 Uhr nachmittags, und ich war noch nüchternen Magens), und so entstand in mir das Gelüst, ein Stück abzubrechen. Ich versuchte es, aber die Schokolade war hart, und das Paket, das – wie sich nun herausstellte – ganz klein war, blieb in meiner Hand. Aus dem Abbröckeln eines Stückchens hätte ich mir keine Gewissensbisse gemacht, denn ich weiß, daß eine solche Muster-ohne-Wert-Sendung auf dem langen Weg über diverse Feldpostämter, Fuhrwerke und Fahrküchen ohnedies immer in geometrischer Progression abnimmt. Aber das Ganze zu stehlen, schien mir ein um so ärgeres Verbrechen, als auch mir schon manches Paket nicht zugestellt wurde und ich bei solchen Gelegenheiten genug geflucht hatte. Und nun sollte ich selbst zum Dieb an irgendeinem armen Kameraden werden, dem sein Mädel oder seine Mutter für ihre letzten Heller ein Stückchen Schokolade gekauft hatten. Ich hielt das Päckchen in der Hand, und da wir bereits in Vreoci waren und es aussteigen hieß, mußte ich es wohl oder übel in meinen Schnappsack tun, um den Diebstahl zu verbergen. Ich ging zum Stabsquartier. Versteckt zog ich die Sendung heraus: „An Herrn Georg Ferda, Fähnrich in der 2. Kompanie des 11. Intanterieregiments; Absender Gottlieb Ferda in Weipert." Der Adressat, mein guter Freund Ferda, liegt seit einer Woche in Lajkovac begraben, und die Schokolade wäre ohnedies von einem noch weniger Erbberechtigten beim Regimentstrain oder bei der Fahrküche aufgegessen worden.

So brach ich mir ein Stück ab und verzehrte es ohne Gewissensbisse.

In Vreoci klebten am Abend die Kanzleiunteroffiziere der Division Spezialkarten aneinander, immer nördlichere und nördlichere bis Breszkovacz (Z. 27, Kol. XXIII), worauf schon die Donau zu sehen ist. Ob wir sie auch in natura sehen werden?

Mittwoch, den 2. Dezember 1914.

Anläßlich des Regierungsjubiläums Kaiser Franz Josephs fand heute vormittag unter zahlreicher Beteiligung die Eroberung von Belgrad mit reichhaltigem Vergnügungsprogramm statt. Die Einnahme erfolgte durch den Ostflügel unserer Armee. Die Heeresleitung hat weder Kosten noch Mühe gescheut, um diese für den heutigen Tag anberaumte Veranstaltung rechtzeitig in alle Teile der Welt zu melden und überall „spontane“ Ovationen anläßlich dieses unvorhergesehenen, zufällig am Jubiläumstage erfolgten Ereignisses zu erwecken.

Donnerstag, den 3. Dezember 1914.

Die Sehenswürdigkeit von Vreoci: neben der großen Kirche steht ein kleines Haus aus Holz, äußerlich kaum von den Maistennen der serbischen Bauernhöfe zu unterscheiden. Aber es ist keine Tschardake, sondern eine Kapelle voll alter Reliquien, Holzmalereien, darstellend die Erzengel, die Apostel und Heiligen in Rot und Gold mit deutlichem Anklang an die byzantinische Zeit Serbiens, alles unsäglich primitiv und doch meisterhaft. Die Malereien füllen eine Querwand, die das Allerheiligste vom Versammlungsort der Gemeinde trennt. Über dieser Ikonostasis erhebt sich ein Holzkreuz mit geschnitzten Engeln und zwei hölzernen Drachen, alles polychrom, jedenfalls von anderer Stelle losgelöst, hierher übertragen und willkürlich zusammengestellt; zumindest sind Bindeglieder der Gruppe abhanden gekommen. Aber dichte Spinnweben haben die Mission der künstlerischen Vervollständigung übernommen und schlingen sich von einer Kreuzecke zur anderen wie Strahlen einer Gloriole, vom Rachen der beiden Moloche hinauf zu den schwebenden Putten wie Wolken, und spielen in den Händen der Engelchen wie Schleier im Wind. Hinter der kulissenartig wirkenden Bilderwand steht der Hochaltar. Ein einfacher Tisch mit slawisch bestickter, weißer Decke und einem uralten Altarkreuz. Vor der Altartür liegt ein runder Stein in der Erde, so wie Grabsteine in die Fußböden der Dome eingebettet sind. Auf diesem Stein, der die Jahreszahl 1130 trägt, sind die Konturen zweier Fußsohlen eingemeißelt, und es scheint der Name Cyrillos erkennbar. Ich glaube kaum, daß hier unten die Sandalen oder die Füße eines Heiligen als Reliquien bestattet sind, sondern eher, daß die Zeichnung Fußstapfen darstellen soll, nur die Stelle bezeichnen, die ein heiliger Mensch betrat.

In Vreoci sind heute die 91er. Viele erzählten mit mehr Erregung, als sie für alle Verluste und Unglücksfälle übrig hatten, von der Unfähigkeit eines Majors ihres Regiments und gaben Anekdoten seiner Dummheit zum besten. Es war jener Herr, der am 8. September dem Hauptmann Sychrava die verlangte Verstärkung verweigert hatte und dem ich in diesen Blättern – auf Grund eines einzigen Satzes, den ich ihn sprechen hörte – die Mitschuld an unserer damaligen Katastrophe gegeben hatte.

Freitag, den 4. Dezember 1914.

Dieser Freitag ließ sich übel an. Schon in der Nacht große Aufregung im Divisionsstab, Ausgabe von Befehlen und Widerruf derselben, Einlangen von Meldungen über serbische Frontveränderungen und Angriffe, die eine keineswegs siegessichere Stimmung hervorriefen, Absendung des Trains in der Nacht und ähnliche Beweise von Unruhe.

Der Kutscher des Fuhrwerkes, auf das ich meine Sackdecke legte, weigerte sich, sie aufzunehmen, aber ich preßte sie schließlich doch in den Wagen, ohne daß er besonders lebhaft protestiert hätte. Bald aber wurden ihm auch von anderen derartige Lasten auf sein volles Heidi-Wagerl aufgeladen, so daß er sich beim Oberleutnant beschwerte. Als ich knapp vor dem Abmarsch an dem Wagen vorbeikam, fand ich meinen schönen Schlafsack im Straßenmatsch liegen. Der Offizier hatte alle Privatbagage hinuntergeworfen, und ich mußte nun – während sich alles schon vorwärts bewegte – meinen Schlafsack so kunstvoll wie möglich falten und schnüren, um ihn unter dem Tornisterdeckel unterzubringen. Mit der Bürde am Rücken hatte ich die Kolonne über steile Hügel einzuholen.

Hier war kein Kot mehr, aber der Weg war dadurch nicht besser geworden. Die Furchen, Rinnen, Löcher, die die schweren Haubitzen, die beladenen Trainfuhrwerke und die starken Stiefel der bepackten Truppen in das damals aufgeweichte Erdreich gerissen hatten, waren unversehrt erhalten, nur verhärtet. Gelatinedünne Eisplatten überdachten jede Stelle, auf der vor vier Tagen ein plumper Soldatenfuß in schütterem Kot eingesunken war, und wenn man jetzt auf das dünne Glas trat, so barst es, und der Fuß spürte das Wasser genau wie dazumal. Die nichtdurchfurchten und nichtdurchrissenen härteren Stellen des Weges waren glitschig, und wenn man stolperte, so fiel man, denn der Tornister unterliegt stärker als jede andere Materie dem Gravitationsgesetz. Mehr als einmal stieß ich auf diesem Wege mein altes Gebet zum Himmel: Lieber Gott, laß mich in Ruh!

Auf der Höhe von Sakulja etablierte sich der Feldherrnhügel. Soldaten und Pferde froren im Freien und hungerten, wir hatten seit vier Tagen kein Brot gefaßt, der Mittag und der Nachmittag vergingen ohne Menage. (Für die Offiziere war sie gleich vormittags dagewesen.)

Der Vormarsch im unwegsamen Terrain war in so großer Hast erfolgt, daß die Trains nicht nachzukommen vermochten und wir furchtbaren Hunger litten. Wir kauten Späne von den Holzzäunen, um uns wenigstens die Illusion des Essens zu verschaffen.

Die Misere mit dem Schuhwerk habe ich bereits oft erwähnt: die Leute waren barfuß und ihre Zehen erfroren. Erfrierungen ersten Grades wurden von den Ärzten nicht als Grund zur Ablieferung ins Feldspital anerkannt; am nächsten Tag kamen die Leute vom Hilfsplatz wieder, aber nun bekamen sie Erfrierungen zweiten oder dritten Grades, und ihre Beine waren reif zur Amputation.

Die Kompanien schrumpften bis auf 30 Mann zusammen, und die Schwarmlinien werden immer schütterer. Statt uns aber tief einzugraben und hinter Wolfsgruben und Drahthindernissen an der Kolubara zu verschanzen, rennen wir mit unserem Häufchen immer weiter vor und möchten am liebsten mit den paar Leuten Kragujevac belagern und erobern. Erst um 6 Uhr abends kam die Menage.

Im langgestreckten Anbau eines Gehöfts, der in Friedenszeiten den Bauern wohl als Stall, Brotbäckerei und

Maistenne gedient hatte, fanden wir Unterschlupf und heizten, um uns zu erwärmen, den Backofen. Gemeinsam mit einem Hünen holte ich einen Balken, den wir kaum auf der Schulter tragen konnten. Den riesigen Pfahl steckten wir in den Ofen, und er glimmte, daß es eine Freude war. Kaum waren wir eingeschlafen, brüllte jemand: „Es brennt!“ Alles sprang auf und rannte aus der Kutja, ganz blaß vor Angst, daß die serbische Artillerie im nächsten Moment ein Bombardement auf ein flammend leuchtendes Ziel eröffnen könne, aber am meisten fürchtete jeder eine Maßregelung durch die Offiziere, die durch eine Feuersbrunst zur nächtlichen Übersiedlung genötigt würden. Die Schlafgenossen kehrten eilig in die Hütte zurück, als sie sahen, daß für die nächste Sekunde ein Übergreifen des Feuers auf unsere Lagerstätte nicht bevorstehe, um in Hast noch ihren Tornister huckepack aufzuladen und das Gewehr zu ergreifen. Ich selbst hatte mich bloß aufgesetzt, als ich aber feststellte, daß nur aus den Lücken zwischen den Ziegeln des Backofens Flammen herausschlugen und das Gebälk nicht erreichten, sondern höchstens erhitzten, rückte ich Brotsack, Gewehr und Tornister zurecht und schlief weiter. Nach und nach kamen auch die anderen zurück, begutachteten die Sache von allen Standpunkten (Wasser zum Löschen wäre nicht vorhanden) und kamen zur Überzeugung, daß bestimmt entweder eine Feuersbrunst oder keine Feuersbrunst entstehen werde. Das Schicksal entschied sich für das letztere, und die meisten blieben wach, bis die Glut des Balkens niederglomm, ohne daß unsere Hütte in Flammen aufging.

Samstag, den 5. Dezember 1914.

Ein Tag der Konflikte. Mittags Gang zum Standort der Fahrküchen, unterwegs hatte ich eine Prügelei mit dem Rechnungsunteroffizier der ersten Kompanie; er will deshalb gegen mich die Strafanzeige erstatten. Bei den Fahrküchen erhielt ich Nachrichten über die Dezimierung unseres Regiments: die 14. und die 11. Kompanie sind vollkommen vernichtet, andere aufgerieben, und die Offiziere, die übriggeblieben sind, saßen einsam und allein bei den Fahrküchen. Über 300 Leute Verlust, das Regiment zählt jetzt im ganzen 815 Mann. Man hat aus den vier starken Bataillonen zwei schwache formiert. Wenn ich nach einem Bekannten frage, erhalte ich die Antwort: „tot" oder „verwundet" oder „gefangen" oder „vermißt".

Mürrisch zurückgekehrt, hatte ich ein neues Renkontre. Die Hütte, in der wir geschlafen hatten, sollte für vier Pferde der Offiziere geräumt und deshalb fünfzehn Mann an die Luft gesetzt werden. Ich erklärte, daß Quartier nicht eher zu verlassen, bevor ein Offizier uns hinausweisen würde; da die Dragoner trotzdem die Pferde hereinführen wollten, ohne einen Offizier geholt zu haben, stellte ich mich ihnen in den Weg, packte die Pferde bei den Zügeln und ließ sie nicht hinein, von meinen Schlafgenossen nur sehr matt unterstützt, obwohl ich fortwährend aneiferte. Schließlich kam ein Dragonerwachtmeister und erklärte, daß der Kommandant des Stabszuges tatsächlich diesen Befehl gegeben habe. Ich war es müde, allein der Aufrührer zu sein, und räumte das Feld.

Sonntag, den 6. Dezember 1914.

Heute ist mir zum ersten Male seit vier Monaten vergönnt, Feder und Tinte in der Hand zu haben – Bestand des Pfarrhauses. Am Nachmittag, als ich mir bei der Fahrküche meinen Kaffee holte, schlug eine Granate ein, wir stoben auseinander, ein Koch und ein Soldat wurden getötet und fünf andere Soldaten schwer verletzt. Die Gruppe war neben der Fahrküche gerade damit beschäftigt gewesen, einen Ochsen zu schlachten. Nun lag der Ochse mit zerrissenem Hals tot neben denen, die sich eben angeschickt hatten, das Messer gegen ihn zu erheben.

Montag, den 7. Dezember 1914.

Viel mehr als durch die „den Truppen allgemein zu verlautbarende“ Botschaft, daß im Raum von Lodz und Lovicz die vereinigten österreichischen und deutschen Truppen einen „entschiedenen“ (im Deutschen schwächt man ab, wenn man bekräftigt, z. B. „zweifellos“, „unbedingt“, „ganz bestimmt“) Sieg erfochten haben, wurden wir von einer anderen Mitteilung mit freudiger Hoffnung erfüllt: in Belgrad gäbe es noch Tabak, Bier und sogar Zigaretten. Wie diese Nachricht zu uns kam? Bei unserer Division treibt sich ein Oberstleutnant herum, der aussieht, als ob er hundert Jahre alt wäre. Er war Kommandant des aus mehreren Truppenkörpern zusammengestellten 15. Marschregimentes gewesen, das uns anfangs September in Bosnisch-Rača von der Drinabewachung abgelöst hatte. Dieses Regiment war Ende Oktober in der Matschwa vernichtet worden, indem vier Kompanien des 75. und zwei Kompanien des 88. Regiments von den Serben gefangengenommen wurden. Der Exkommandeur wartete seit Wochen auf die Ankunft seines Koffers und den Befehl, was weiter mit ihm geschehen solle. Heute kam nun der Koffer, und zwar per Heidi-Wagen aus Belgrad, und dessen Kutscher war es, der von der Stadt der Zigaretten und des Bieres erzählte, so daß uns das Wasser im Munde zusammenlief.

Dienstag, den 8. Dezember 1914.

Schrapnelle, Granaten werden von den Serben gegen unsere Pfarre gepfeffert und fallen zehn Schritte, zwanzig Schritte vom Haus entfernt ins Feld. Wir sitzen in der Erwartung da, die olivengrünen Artilleristen würden nun bald eingeschossen sein und unser Haus in die Luft fliegen lassen. Ich lese ein deutsches Lesebuch – neben einem Liederbuch für Turner das einzige in abendländischer Schrift abgefaßte Buch der Pfarrbibliothek. Unter den Büchern des Popen finden sich außer einer Unzahl von Jahrgängen des serbischen Catalogus Cleri und der Priesterzeitschrift „Christianskoj

Wiestnik" einige serbische Heldenepen, Übersetzungen von Puschkin und Verne, Doyle und Cervantes, die Statuten der serbischen Fortschrittspartei und die der radikalen sowie panslawistische Zeitschriften. In einer von ihnen finde ich eine vor zehn Jahren erschienene Schrift meines Berliner Bekannten, Dr. Georges Weill, Abgeordneten von Metz im Deutschen Reichstag, zitiert. In deutschen Zeitungen habe ich gelesen, daß Dr. Weill bei der Ermordung Jaurès' anwesend war und in die französische Armee eingetreten ist.

In der heute eingetroffenen Zeitung vom 26. November ist über die Erfolge unserer Division bei Lazarovač eine offizielle Meldung enthalten, und zum erstenmal werden darin Truppenkörper namentlich hervorgehoben: das 11., das 73. und das 102. Regiment.

Die Dunkelheit des Abends versammelt uns in der Pfarre, und man erzählt vom Verschwinden des der Offiziersmesse zugeteilten Korporals Nechanický. Vor vierzehn Tagen ist er mit 1000 Kronen Fassungsgeld und ebensoviel anvertrauten Geldern von Soldaten, welche ihm den Kauf von Tabak, Zigaretten und Schnaps aufgetragen hatten, nach Schabatz gefahren und seither nicht mehr gesehen worden. Schon seit einigen Tagen war in unserem Kreis die Möglichkeit seiner Desertion erwogen worden. Diese Fälle häufen sich in letzter Zeit. Wenn es sich um private Aufträge handelte, hatte sich der Defraudant einfach bei seinem Auftraggeber nicht mehr blicken lassen. Wenn ärarisches Geld im Spiele war, hatten sich die Burschen wiederholt in Bjelina mit Champagner bezecht, dann das ganze Bordell freigehalten, einer Auserkorenen im Tête-à-Tête ein paar Banknoten geschenkt, und zwei haben sich im Morgengrauen auf der Straße mit dem Karabiner erschossen. Die Burschen hatten seit Wochen kein Essen, kein Geld, keine Frau, keinen Alkohol gesehen, die Flüchtigkeit des Lebens und seine Wertlosigkeit erkannt und noch nie so viel Geld in ihren Händen gefühlt.

Unsere Unterhaltung wurde jäh durch den Befehl zum Aufbruch unterbrochen. Um 9 Uhr abends Abmarsch. Bisher waren wir immer morgens marschiert, und diese nächtliche Hast erweckte allerhand Vermutungen. Rückzug? Ein Gerücht: 102 hat zwei Bataillone verloren, gefangen, vermißt, aufgerieben. Authentische Mitteilung der Offiziere: Nein, nur Frontveränderung aus taktischen Gründen. Aber im Krieg sind authentische Mitteilungen nicht mehr wert als Latrinengerüchte. Die taktischen Gründe werden eben mit Rückzugsgründen identisch sein. Auch aus den Reservestellungen wird alles, was kein Feuergewehr ist, nach hinten befohlen. Train, Stabskompanie, Arbeitsmannschaft marschierten ab, sogar die Offiziersdiener mit den Decken zogen von dannen. Nur die Offiziere des Generalstabs blieben zurück.

Mittwoch, den 9. Dezember 1914.

Morgens kamen 73 und 11 aus der Schwarmlinie bis zu unserer Reservestellung zurück, und das Gebäude, das bisher Divisionskommando gewesen, wurde nun Regimentskommando. Also steht es schlecht mit uns. Nun ist das Ereignis da, das ich längst erwartet hatte: der Rückzug. Hoffentlich wird er weniger furchtbar sein als die beiden ersten. Die Offiziere bestreiten überhaupt, daß es ein Rückzug sei. Nur Räumung einer Position.

Über sonnige Hügel marschierten wir ab. Wir kamen über Sokolova, ein Zigeunerdorf, das von bronzebraunen Kindern wimmelt, die entweder nackt sind oder ein Hemd von gleicher Farbe tragen. Das typische „Neimaš duvana? – Hast du keinen Tabak?“ klang von den pfeiferauchenden Zigeunerweibern dringlicher als in den Dörfern mit erbeingesessener Bevölkerung. Unterwegs bot ich mich einer Ordonnanz an, eine Aktenmappe des Divisionskommandos zu tragen. Ich hatte nämlich bemerkt, daß daran der Schlüssel baumele, und hoffte, etwas Interessantes darin zu finden. Schnell blieb ich zurück, öffnete das Dossier und durchblätterte das vom Generalstabshauptmann Kirsch geführte Tagebuch der Division, ob nicht etwas Aufklärendes darin zu entdecken sei oder etwas, das geeignet wäre, irgendeinen Irrtum meines Tagebuches richtigzustellen. Ich fand nicht viel dergleichen.

In Arnajevo fanden wir eine schöne Scheune zum Nachtlager, und ich kaufte von unserem Hausherrn eine Gans für drei Kronen, was laut Armeebefehl sechs Dinar entspricht. Wir hatten sie aber kaum gerupft und Kraut zerschnitten, als es hieß: Abmarsch.

Die Gründe für diesen schleunigen Aufbruch verlauteten bald. Das 15. und vielleicht auch das 16. Korps seien zurückgedrängt, wir selbst zu dezimiert, um einen Durchbruch der Serben aufhalten zu können, und müßten deshalb in der Richtung gegen Belgrad ziehen, um die Ankunft neuer Rekruten und die Neuformierung abzuwarten.

Der Rückzug dehnte sich bis in die stockfinstere Nacht, jeden Augenblick kamen wir in andere Trainkolonnen, jeden Augenblick in andere Artillerieregimenter, die Kotmassen preßten die Räder wie Zangen und hielten sie jede Weile an, so daß Fluchen und Schreien die Nacht erfüllte. Immerhin war die Stimmung nicht so verzweifelt wie einst im August. Wir konnten uns nicht vorstellen, daß uns die Serben auf den Fersen seien, denn wir hatten doch in der letzten Zeit gesiegt und glaubten nicht mehr, seit wir mit serbischen Gefangenen gesprochen hatten, an die Tollkühnheit, an die Todesverachtung, an den wilden Haß und an die Unbesiegbarkeit der Serben.

An der Landstraße standen die Troßknechte, Fahrküchenkutscher, Kanoniere vor Feuern, an denen sie sich die durchnäßten Füße wärmten, wenn ihr Fahrzeug nicht vorwärts kommen konnte. Jedes Feuer war eigentlich von einem „Vorfahren" für den „Nachfahren" hergestellt worden, der es schon nach wenigen Sekunden benützte. Dann wurde auch seines Fahrzeuges Stockung behoben, er fuhr weiter bis zur nächsten Stockung und blieb dort beim Feuer stehen.

Da ich keinen Platz an einem Feuerchen finden konnte, machte ich mir rasch in einer der am Weg befindlichen, mit Türkenweizen überdachten serbischen Deckungen ein Nachtlager zurecht, steckte meine kotigen Stiefel in den Schlafsack, zog die Kapuze über den Kopf und schlief in der eisigfeuchten Dezembernacht so fest, daß ich das Rattern der ungeheueren Kolonnen, das schreiende Anfeuern, die Kommandorufe, die Peitschenhiebe, das verzweifelte Wiehern der Rosse und das Pfeifen des Windes nicht hörte.

Donnerstag, den 10. Dezember 1914.

Um halb 7 Uhr früh brachen wir auf und stießen nach kaum einer Stunde zur Division. Wären wir in der Nacht noch vier Kilometer weiter gegangen, dann hätten wir unter Dach und Fach in Stepojevač schlafen können. Dort lagerten auf der Dorfstraße nahezu alle Truppen der 9. Infanterie-Truppen-Division.

Von den diesjährigen Einjährig-Freiwilligen ist nur noch ein einziger übriggeblieben, der Fahnenträger. Die Verluste des Regiments betragen seit Anfang des Krieges etwa 10 000 Mann.

Gewehrfeuer und Kanonendonner sind in der Nähe hörbar und beweisen, daß die Serben uns doch verfolgen. Dazu die Mitteilungen, daß das 13. Korps zurückgeschlagen, Lajkovač und alle die Höhen an der Kolubara, die furchtbar viel Blut gekostet haben, wieder in serbischem Besitz sind. Wir sollen eine Verteidigungsstellung in der Richtung gegen Leskovač beziehen, das 13. Korps bleibt Reserve hinter unserem westlichen Flügel. Wahrscheinlich halten wir nur noch die Linie Belgrad–Valjevo.

Es ist drei Viertel 11 Uhr vormittags. Eben hat der Oberstleutnant telefoniert, daß durch Kavallerie zu rekognoszieren sei, ob der Feind verfolge.

Zwei Minuten später. Eine Meldung trifft ein, und die Generalstäbler rennen zum Rastplatz der Truppen: „11. Regiment! Gewehre ergreifen, Rüstung umhängen, Alarm!" Alles läuft durcheinander wie in einem Bienenstock.

Eine Minute später. Eine Granate pfeift über den Ort.

Eine Minute später. Ungeheures, grauenhaftes Tohuwabohu. Tausend Wagen, die Pferde noch mit umgehängten Futtersäcken, ergießen sich aus allen Höfen, aus allen Ausbuchtungen der Dorfstraße, von allen Wiesen und Gärten auf die Landstraße und sprengen in jagender Hast nordwärts davon.

Der Divisionär wirft sich den Hunderten von Soldaten entgegen, die eben ihre Rüstung umhängen: „73 an den Ortsausgang, 11 an den rechten, 28 an den linken Flügel!“

Die weglaufenden Soldaten behaupten, Trainbedeckung zu sein, aber die Truppenoffiziere hemmen den Strom.

Trotz dieser massenhaften Trainbedeckung müssen zwei Köche aus dem Kessel einer Fahrküche das Wasser mit Eßschalen ausschöpfen, um leer davonjagen zu können, da niemand vorhanden ist, der ihnen beim Herausheben und Ausschütten des Kessels behilflich wäre.

Mitten in dieses Gemenge von rasenden, jagenden, blassen, schlotternden Menschen saust eine Granate nach der anderen auf die Straße, zwischen die Häuser, das Erdreich 20 Meter in die Höhe wirbelnd, Lehm und Kot, wieder eine Granate, wieder eine Granate, und in allen Menschen das gleiche Gefühl: der nächste Augenblick kann mein Tod sein. Wird er der Tod sein?

11 Uhr. Der vor einer Minute von Tausenden bevölkert gewesene Ort ist leer. Nur hier und da humpelt ein Soldat seines Weges, langsam, phlegmatisch. Wäre nur ein Funken Leben in ihm, ein Funken Hoffnung, wäre der Fuß noch so marschmarod, ja, wäre das Bein gebrochen, er würde hasten, von der allgemeinen entsetzlichen Panik ergriffen. Aber ihm ist alles egal. Von den Truppen ist nichts mehr im Ort als unsere Kompanie und die Kommanden von Division 9 und Brigade 18. Die Offiziere blaß, aber bemüht, Gleichmut zu markieren, am ruhigsten noch der General, Befehle gebend und Zigaretten rauchend. Ordonnanzen rennen aufgeregt umher und fragen nach den Regiments- und Bataillonskommanden. Aber wer ist da, der ihnen den Weg weisen könnte? Wer weiß, wo sie jetzt ihre Stände aufgeschlagen haben? Es gibt noch kein Telefon zu ihnen, gerade jetzt wäre das Telefon wichtig.

11 Uhr 10 Min. Unsere Artillerie hat Feuerstellung bezogen und erwidert das feindliche Feuer, daß die Fenster-

scheiben von Stepojevač, die dem feindlichen Bombardement seit fast einer halben Stunde standgehalten haben, in Splitter springen.

Viertel 12 Uhr. Man hört unsere Truppen schießen. Wohin? Haben sie schon Stellung bezogen? Ist zwischen ihnen und dem Feind kein Österreicher mehr? Wissen sie schon die richtige Front?

11 Uhr 20 Min. Feindliche Schrapnelle mischen sich mit Granaten.

Halb 12 Uhr. Verwundete, noch blutend oder schon bandagiert, manche auf der Bahre, kommen heran. Das Feuer geht weiter, in jeder Minute drei Schüsse: ein pfeifendes Zischen, ein Knall, und eine Fontäne von Sprengstücken spritzt in die Höhe, wenn es eine Granate ist, aus der Höhe herab, wenn es ein Schrapnell ist.

Diesmal war das Feuer unvermutet gekommen, und es war ein jedem Infanteristen erkennbarer Fehler, daß man die Sicherung des Ortes erst angeordnet hatte, als die Granaten schon hineinplatzten und der Feind ante portas war. Alle Regimenter hatten gelagert wie in biblischem Frieden.

Von den Szenen, die sich auf der Landstraße bei der Flucht der Fahrzeuge abgespielt haben mußten, zeugte die Chaussee, als wir sie um 3 Uhr passierten, um nordwärts zu ziehen: umgestürzte Fahrküchen, umgekippte Wagen, manche waren stehengelassen worden, damit man ihre Pferde vor einen anderen Wagen spannen könne, im Graben lagen viele tote Pferde, heruntergefallene Waren, Wäsche, Sattelzeug, Konserven, Fässer. Soldaten waren intensiv dabei, Brauchbares für sich auszusuchen, und plünderten auch jene Wagen, die vielleicht noch abgeholt werden sollten.

Noch zehn Kilometer hinter Stepojevač trafen wir Fahrküchen, die zu ihren Truppenteilen zurückkehrten und von denen manche 75 Mann als „Fahrküchenbedeckung" zur Begleitung hatten. Bis hierher waren also die Leute in der Panik geflohen, aber nun kehrten sie zurück, denn fern von der Gulaschkanone lauert der Hungertod. Um 7 Uhr abends kamen wir in Progon an und schliefen auf welkem

Laub, das wir aus einem nahen Wäldchen im Zeltblatt herantrugen.

Freitag, den 11. Dezember 1914.

Seit ein paar Tagen juckt mich das Fell, leider nicht bildlich gemeint, sondern höchst real. Ich mußte mich immerfort kratzen, jedoch meine Suche nach Ungeziefer blieb erfolglos. Nur ganz kleine rote Flecke fanden sich an meinem Arm. „Du hast Krätze", sagten mir die Kameraden.

Oberarzt Nocar, den ich vom Zivil her kenne und an den ich mich in dieser „schweren Stunde" um Rat und Hilfe wenden will, wohnt da drüben hinter dem Berg, in einem der weißen Häuser. Das erfuhr ich nachmittags in der Divisionssanitätsanstalt und ging zu ihm. Es war ein weiter Weg, beschwert von dem Gedanken, daß man mich vermissen könne, daß die Division vielleicht abmarschiert sei und vor allem – Krätze! Der Weg wurde immer ekelhafter, ich ging in alle weißen Häuser und fragte nach dem Oberarzt Nocar, aber niemand wußte von ihm. Ich hatte schon alle Häuser abgesucht und ihn nicht gefunden, als ich oben noch ein kleines Haus sah. Ich kam hinauf, fand den Gesuchten nicht darin, erblickte aber von dort aus ein neues Haus, wo er hätte sein können. Also vorwärts. Auch dort war er nicht. Ich gab es auf und ging wütend zurück. Knapp am Ausgangspunkt meines Marsches traf ich einen Sanitätssoldaten. Ob er wisse, wo Dr. Nocar wohne? Freilich wisse er das, er sei sein Pferdewärter und gehe eben zu ihm. Ich mit, wieder eine halbe Stunde weit. In der Wohnung wurde mir der Bescheid, der Doktor sei gerade zur Sanitätsanstalt gegangen, und zwar über die Felder. Deshalb hatten wir ihn nicht getroffen. Also ging ich über die Felder, voll grenzenlosem Ärger über mein Schicksal und überzeugt, daß der Arzt eben auf der Landstraße heimkehre, so daß ich ihn wieder verfehlen werde.

„Du, Körper", sagte meine Seele, „wir sind zwar Feinde von Geburt an, aber jetzt, da wir im Krieg sind und beide von anderen Mächten gepeinigt werden, könnten wir Frieden schließen. Ich bin genug geplagt, plage wenigstens du mich nicht mit Halsschmerz, Schnupfen, Magenschmerzen, Müdigkeit, Fußwunden, Rheumatismus, erfrorenen Zehen, Schmutz, Hunger und Krätze. Ich will dir dein Leid tragen helfen, erleichtere meines. Hast du denn gar kein Gefühl?"

„Hast du denn gar keinen Körper?" gab der Leib brutal zurück.

„Nimm doch Vernunft an", flehte der Geist.

„Nimm doch Gestalt an", höhnte der Körper.

In der Sanitätsanstalt fand ich endlich Dr. Nocar. Er untersuchte mich und schüttelte den Kopf: „Du hast keine Krätze. Das können Flohbisse sein oder eine Reizung der Haut."

Samstag, den 12. Dezember 1914.

Abends konnte ich nicht einschlafen, denn das Jucken hat trotz der beruhigenden Diagnose des Oberarztes leider nicht aufgehört. Obwohl das Zelt höchst baufällig und schlapp war, fror ich nicht, denn, ein seltsames Phänomen, die Nächte sind im Dezember hier wärmer als im August. Auch die Tage scheinen von nichts weiter entfernt zu sein als vom Winter. Heute ist ein wundervoller Frühlingstag, und in der Mittagsstunde, als wir von Progon nordwärts nach Cigani bei Meljak marschierten, war uns so heiß, daß wir den Mantel ausziehen mußten.

In Cigani traf ich Dr. Siegfried Fischl, kaum erkannte ich ihn, blaß, schlotternd, mit wildem Vollbart und unreinem Teint, Infanterist ohne Chargengrad, die Holme einer Tragbahre geschultert. Niemand hätte vermutet, einen Wissenschaftler vor sich zu haben, der schon als Achtzehnjähriger mit Popper-Lynkäus in Zeitschriften polemisiert, später chemische Arbeiten publiziert und an der Technischen Hochschule in Prag Vorträge gehalten hatte. Er begrüßte mich matt, als ob wir uns erst gestern gesehen hätten und als ob wir nicht in Cigani, sondern auf dem Wenzelsplatz wären. Er sei krank. Ich sah ihm an, daß er nicht viele Kranke von der Schwarmlinie zum Hilfsplatz tragen werde. Ob ich ihm irgendwie helfen könne, fragte ich ihn. Nein. So krank wie er seien Hunderte, und wenn er auch für ein paar Tage ins Spital, ja vielleicht nach Hause kommen könnte, so habe das keinen Wert. Und avancieren? „Hätte ich als Freiwilliger gedient, wäre ich längst tot."

Ich legte mich in einer Hütte nieder, die zuletzt als serbisches Feldspital gedient hatte, was an Rezepten, Medikamenten, Wattetampons, Karbolgeruch und Resten medizinischer Zeitschriften erkennbar war.

Wir trinken aus Tränkeimern, in denen sich fünf Minuten vorher jemand die Füße gewaschen hat, oder aus Brunnenkübeln, in denen gleichzeitig je 30 ungewaschene Hände panschen, bis die Feldflaschen voll sind, oder aus Feldflaschen, aus denen 30 schwindsüchtige, katarrhalische oder ekzembehaftete Münder getrunken haben, wir schlafen in einem geräumten serbischen Feldspital und sind glücklich, Stroh darin vorzufinden, worauf vielleicht ein Ruhr- oder Cholerakranker gestorben, sicher aber ein Kranker gelegen hat, wir klauben Zigarettenreste auf und zerbeißen Zigarrenstummel, wenn sie nicht mehr rauchbar sind, wir waschen uns nicht, schlafen neben Verlausten, sind selbst verlaust, putzen uns nicht die Zähne, schneiden uns nicht die Nägel, haben die Kleider seit fünf Monaten nicht gewechselt, haben keine Hosenträger, keinen Leibriemen, keine Knöpfe, keine unzerrissene Tasche, kein Taschentuch, keinen Kamm, keine Bürste, wir betteln um Suppenreste und schleichen um die Offiziersküche, ob nicht ein Tropfen Kaffee in der Tasse des Herrn Leutnants übriggeblieben sei, wir kauen rohes Fleisch, wir schlafen im Freien – wird das je wieder anders werden? Über solchen Gedanken schlief ich ein und wurde um Mitternacht geweckt. Abmarsch.

Sonntag, den 13. Dezember 1914.

Halb 6 Uhr früh, noch war es dunkel, gingen wir durch einen Lindenwald nordwärts. Bei einer Karaule mit hölzernen Arkaden sammelten sich die Stäbe von Division und Brigade, dann ging der Marsch weiter bis zum Petrov Grob, Trigonometer 337. Hier kamen die Truppen des 13. Korps auf ihrem Rückzug vorüber, hier stand die Landwehrdivision. Hier bezog auch unser Regiment Lager, laut Frührapport zweihundert Gewehre stark. Wir formierten uns in Gefechtslinie.

Über den Devojacki Grob gingen wir weiter, und ich freute mich beim Aufstieg, daß ich von der Höhe herab endlich Belgrad erblicken werde. Aber als wir mit Mühe die Höhe erschritten hatten, lagen Täler vor uns, und hinter den Tälern Hügel – und von Belgrad keine Spur.

In Ruschanj machten die Truppen halt und stellten sich dem Feinde, der unmittelbar hinter uns her war. Von den Schwarmlinien aus wurden in rascher Eile Telefone gelegt. Oberst Sündermann, Generalstabschef des 8. Korps, leitete, die Landkarten vor sich und das Mikrophon am Mund, die Schlacht.

Daß heute eine Katastrophe kommen werde, hatte ich, für den das Datum das Fatum bedeutet, gewußt. Um 12 Uhr trafen die ersten Granaten in Ruschanj ein und gleichzeitig die ersten Botschaften, daß der rechte Flügel – ungarischer Landsturm – verschwunden sei, daß die anderen Fronten wanken und von einem Durchbruch bedroht seien. Bald darauf kamen ganze Abteilungen versprengt in die Ortschaft hinab, und der Befehl zur Marschbereitschaft, zum Satteln der Pferde und zur Abfahrt des Trains wurde gegeben. Zwei Generalstäbler sprachen darüber, daß es keine Verbindung mit Belgrad gäbe, man könne also keine Verstärkungen und Weisungen telefonisch ansprechen und ein Auto käme auf den von Trains verstopften Straßen zu langsam vorwärts. Bei diesem erlauschten Gespräch fiel mir ein: unsere Trains werden sich in Belgrad ansammeln, während man dort nichts davon weiß, daß unsere letzte Schlacht verloren ist. Und nichts wird zur Verteidigung von Belgrad getan werden.

Um drei Viertel 2 Uhr nachmittags jagte alles in grauenhafter Hast davon, von allen Seiten des Talkessels kamen Wagen und Menschen, und es wimmelte im Nu von Tausenden. Der Rückzug war regellos und atemlos, aber doch nicht von verzweifelter Stimmung, denn er wurde vom Feind nur schwach mit Feuer verfolgt und wirkte auf die von den langen Monaten des Krieges im Freien ermatteten Truppen wie eine Erlösung: man sollte wieder in menschliche Gegenden, wieder in eine Stadt, vielleicht sogar in die Heimat, nach Österreich!

Ich warf meinen Tornister auf ein Telefonwägelchen, und er wird wahrscheinlich verloren sein. Fröhlich zog ich zwischen Kameraden, Kanonen, Fahrküchen und Trainwagen bergab. Nach kurzer Zeit überschritten wir ein Eisenbahngleis, das normalspurig war; im Wächterhäuschen, das sich durch nichts von unseren unterschied, waren die Glockensignalapparate für Ruhestrombetrieb eingerichtet wie bei uns, und auf dem nahen Stationsgebäude von Resnik waren auch französische Aufschriften (Salle d'attente usw.). Nur ein Mann im Wartesaal erinnerte mich daran, daß ich in Serbien sei. Auf meine Frage, was er hier tue, drehte er sich um, um zu zeigen, daß seine Hände am Rükken mit Isolationsdraht gefesselt seien. Wahrscheinlich hatte sich der Serbe einer österreichfeindlichen Tat verdächtig gemacht, war gefesselt worden und dann zurückgelassen, weil man ihn nicht mehr hinrichten wollte. Jetzt auf der Flucht lernen unsere Machthaber, daß mit Spionenriecherei, Berserkerpose und Meuchelmord kein Krieg zu gewinnen ist. Der Mann stöhnte, daß er Hunger habe. Das Stück Brot, das ich ihm in den Mund steckte, verschlang er mit Gier.

Wir zogen durch Resnik, vor dessen Weingärten eine Batterie Feuerstellung auf der Landstraße nahm, wir klommen einen steilen Abhang hinunter, um den sich ein Bach in fast geschlossenem Ring schlängelte, kamen an einem weißen Kirchlein samt Klostergebäude mit roten Türmen vorüber, das von Häusern im Karree umstellt war und jedenfalls ein Wallfahrtsort (Knĕzovač?) ist. An Steinbrüchen, Villen, Telegrafenstangen ging die Flucht vorbei, es begann zu regnen, nach und nach wurde es stockdunkel, die Kameraden verloren einander, ich fand mich unter einer Kolonne von magyarischen Landstürmern und fühlte mich unter ihnen und der Sprache, von der ich kein Wort verstand, einsamer denn je. Auf der Landstraße konnte man plötzlich nicht weiter, weil vorn die Brücke über den tiefen Bach unter den Kanonen zusammengebrochen war; man kehrte zurück, um eine andere Straße zu suchen. Nach fast 5 Stunden fanden wir schließlich einen Weg, der in eine parkartige Allee mündete, an welcher schöne Villen standen. Wir waren also nicht in einer falschen Richtung gezogen, denn das konnte nur ein Vorort der Landeshauptstadt sein, jedenfalls Topschider. Um 7 Uhr abends sahen wir, daß wir auf einer Höhe waren, denn tief unter uns strahlten die Lichter von Belgrad, und diese Lichter waren regelmäßig und standen in geraden Linien und stammten von Glühbirnen und Gaslaternen . . .

Bald spürten wir Straßenpflaster unter unseren Füßen, und rechts und links standen geschlossene Häuserzeilen. Wir waren in Belgrad.

Keine Patrouille hatte uns angehalten, kein Kordon war zu sehen. Das fiel mir auf. Belgrad ist also nicht befestigt, und man wird es morgen dem anstürmenden Feinde wohl kampflos räumen müssen.

Wir gingen durch die Stadt, an Häusern mit Mörtelverputz und zwei oder drei Stockwerken vorüber, an Parterrewohnungen, in denen ich bemalte Zimmerwände sah, an Sodawasserkiosken, an Fenstern mit Vorhängen, an Straßentafeln und Geschäften und ähnlichem, das ich längst vergessen hatte, hinunter zur Savebrücke. Die Eisenbahnbrücke war zerstört gewesen, aber zwischen den beiden niedergebrochenen Teilen ist ein Fußgängersteg errichtet worden. Außerdem führen zwei Notbrücken nach Österreich. Über sie ratterten die Fuhrwerke unserer Trains und die Munitionswagen unserer Artillerie. Ein Hauptmann von Sappeuren verwehrte jedem Soldaten das Betreten der Brücke. Die aufgelösten Mannschaften sollten noch einmal gesammelt und dem Feind entgegengeführt werden.

Ein Infanterist und ein Korporal, die um jeden Preis hinüberkommen wollten, da sie keine Lust hatten, sich noch einmal dem Feind zu stellen, wußten sich Rat: sie bewogen den Kutscher des Wagens, der ihre Regimentskasse führte, nicht auf die Brücke zu fahren, sondern etwa 30 Schritte entfernt von dieser am Ufer halten. Dann hoben sie in Gemeinschaft mit etwa 20 anderen Soldaten, die sie schnell einweihten, die Kasse vom Wagen und trugen sie über die Brücke. Der Wagen sei niedergebrochen, erklärten sie dem Sappeurhauptmann, und dieser mußte sie mit der Kasse hinüberlassen . . .

Montag, den 14. Dezember 1914.

Wache ich oder träume ich? Ich bin in Ekstase. Entzücken und das höchste Wohlgefühl, das ich seit meiner Abreise aus Berlin, also seit längst vergangener Zeit, nicht mehr empfunden habe, wechseln mit trüben Bildern. Welch ein Tag! Ich zog auf der von großen Schleppern gestützten Kriegsbrücke als „Begleitmann" der Regimentskasse über die Save. Das Gewoge und Gedränge auf der Brücke, das Geschiebe und Gestoße, das Gebrüll und die Unordnung sind nicht zu beschreiben.

Von allen Seiten kamen Wagen und wollten gleichzeitig auf die Brücke, und die Leute zwängten sich zwischen ihnen durch, so daß jeden Augenblick jemand zwischen den Seilen, die das Brückengeländer bildeten, hinuntergestoßen wurde und in einem der Pfeilerschiffe liegenblieb. Mein Übergang über die Brücke dauerte etwa fünf Viertelstunden. Drüben traf ich den Stabstrain, ermittelte den Telefonwagen, auf dem mein Tornister noch lag, und zog weiter. Von Belgrad hatte ich freilich nicht viel mehr gesehen als neue Häuser, typische Großstadtvororte, am Ufer zusammengeschossene Speicher, Trümmer eines Bahnhofes u. dgl.

Der Weg von der Brücke bis nach Semlin führte über ödes Land, zum Teil längs der Donau auf einem Karrenweg. Es war die Burmahalbinsel, und die Lichter vor uns wiesen uns den Weg nach Semlin. Zur Morgendämmerung kamen wir in Semlin an, entzückt darüber, nicht mehr ungebetene, feindselige, quälende Gäste in fremdem Land zu sein. In lateinischen Buchstaben stand der Stationsname auf dem Bahnhof: „Zemuň", dem ersten österreichischen Gebäude, das wir sahen.

Und nun kamen wir aus dem Staunen nicht mehr heraus. Was für Gestalten, längst vergessen, nahten sich uns. Wir sahen Zivilisten! Und es waren nicht etwa Matschwa-Bauern mit Schafpelzen, nein, Herren mit Bügelfalten, die in der Mitte einer Allee von Ösen der Lackstiefel endeten, Herren mit Zylindern und Elfenbeinstöcken und Winterröcken. Wir sahen öffentliche Bauten, für die Österreich an den Grenzen aus Repräsentationsgründen etwas aufwendet, wir sahen Firmenschilder von Raseuren, von Fiakerhaltern, Konditoreien, Modegeschäften, nachdem wir monatelang in Erdhöhlen gewohnt hatten.

Und plötzlich standen wir starr. Ein Mädchen kam uns entgegen, mit einem blumengarnierten Samthut, brauner Bluse, schickem braunem Rock. Ein Mädchen! Eine gewaschene, gutgekleidete, europäische Städterin. Zuerst glotzten wir sie entgeistert an wie eine Erscheinung, wir trauten unseren Augen nicht. Erst als sie um die Ecke verschwunden war, sahen wir einander an und sagten: „Ein Mädchen!“

Andere Frauen kamen dann an uns vorbei. Sie gingen plaudernd nebeneinander, in knöchelfreien Röcken, straff gespannten, hellen Strümpfen und Halbschuhen mit breiter Masche.

Und dann Dirnen, viele Dirnen. Wer hat ihnen den Tip gegeben, daß hier jetzt Konjunktur sei? Sie waren da, und man kannte sie oder schien sie von irgendwoher zu kennen, vom Kurfürstendamm oder von der Rotenturmstraße oder von Picadilly oder von den großen Boulevards. Sie sahen alle gleich aus, aber uns war es, als wären sie Meisterwerke der Schöpfung. Eine kam entgegen, mit der ich in Prag bei Havrda oft getanzt hatte, und ihr unvermuteter Anblick entlockte mir den Ausruf ihres Namens:

„Paula!“

Sie maß mich verächtlich und schwebte weiter. Da ließ ich meinen Blick über meine zerfetzten, beschmutzten und zerknitterten Kleider schweifen.

Ein Café! Zuerst wagten wir uns nicht hinein, aber dann saßen wir halb lachend, halb melancholisch an runden Marmortischchen, vor uns waren Billards, rechts thronte zwischen Messingaufsätzen eine Buffetière, an den Wänden waren Spiegel und Ständer für die Queues, und ein Kellner im Frack brachte uns Tee mit Rum in Porzellantassen, auf Nickeltabletts, Zuckerstückchen daneben, und er betrog uns sogar bei der Zeche! Erregt saßen wir da und machten Witze: sollen wir das Billard zu Brennholz für unser Lagerfeuer zerhacken? Manche gossen den Tee in die Menageschale, „damit er besser schmeckt". Im Ernst aber steckte sich jeder ein paar Stückchen Zucker ein, um nächstens den Konservenkaffee damit zu versüßen. Ich ging aufs Klosett, Wasserspülung, Wasserspülung, und als ich die Wände mit Pornographien beschmiert sah, empfand ich es noch intensiver, im Bereich der Kultur zu sein.

Wir schlenderten durch die Straßen, an einem Fußballplatz vorbei, über den Kai, Dampfer fuhren auf der Donau, zerschossene Häuser erblickten wir und kamen durch die von den Serben in „Kral Peter-Ulica" umgetaufte Hauptstraße, deren Straßentafel aber wie übertüncht ist. Auch die Geschäftsleute haben die serbischen Reklamen auf ihren Läden, ja sogar die in Cyrillika geschriebenen Namen der Firmeninhaber aus Vorsicht verlöscht, Tünche.

Während das Geld bisher auch nicht den geringsten Wert für uns gehabt hat, auch der Ärmste seine Löhnung verfallen ließ und jede Geldentschädigung für einen Dienst oder eine Gefälligkeit zurückwies, konnte man sich plötzlich alles kaufen, Gurken, Obst, Käse, Tabak, Brot und Wurst.

Ich ging zu einem Raseur, der mir einen weißen Frisiermantel umhängte, mich glatt rasierte, mir den Kopf schor und ihn mit Bayrum-Shampooing dreimal wusch; er zeigte mir das beim Abtrocknen dreimal ganz braun gewordene Handtuch, ich hatte noch von den Nachtlagern her die ganze Matschwa und das Kolubara-Erdreich in den Haaren. Und ich, der ich noch vor wenigen Tagen höchlichst zufrieden gewesen war, wenn mir ein Kamerad mit halbscharfem Bajonett die Stoppeln vom Kinn geschabt, wurde im Nu wieder zum arroganten Kulturmenschen, verlangte eine scharfe Spritzung, gleichmäßigere Zustutzung der Koteletts und hatte allerhand auszusetzen, bevor mich der Friseur mit Puder betupfte ...

Dann kaufte ich Wäsche, denn ich hatte einen Entschluß gefaßt, dessen Erfüllung mir seit Monaten das Erstrebenswerteste auf der Welt schien: zu baden. Am Donauufer war das Dampfbad, schäbige kleine Zellen. Im Berliner Volksbad kostet eine solche Zelle fünf Pfennige, und es ist dort sauberer und schöner, hier zahlte ich eine Krone, aber wie glücklich war ich in dem kleinen Raum! Ich zerrte Kleider und Wäsche vom Leibe. Losgelöste Baumwollstücke der Winterwäsche, Strohhalme und Gräser und Erde fielen mit zu Boden. Als ich nackt war, erschrak ich, so mager, so schmutzig hatte ich mich nie gesehen. Ich sprang in das warme Wasser. Anfangs glaubte ich, ich würde wahnsinnig, ein so unsägliches Kribbeln überfiel mich, als ob eine Ameisenmilliarde eine Strafexpedition gegen mich vollziehe. Bald aber wurde mir wohlig zumute, der Schmutz löste sich. Dann noch die reine Wäsche! Ich zog das neue Hemd, die neue Unterhose und die neuen Strümpfe an und empfand dabei den glückseligsten Moment während des ganzen Feldzuges.

Mittags aßen der Gefreite Willi Stohl, Infanterist Fritz Fantl und ich in einem Restaurant. Wir drei hatten im letzten Monat gemeinsame Wirtschaft geführt, jedes erbettelte Stück Speck, jedes gestohlene Stück Brot und jeden erbeuteten Tropfen Schnaps redlich miteinander geteilt – jeder einen Bissen, jeder einen Schluck.

Nun saßen wir an weißgedecktem Tisch und aßen mit Löffel, Gabel und Messer, tranken aus Gläsern.

Damit war aber auch die Reihe der Genüsse vorüber. Nachmittags stand ich Posten. Ungeheure Trains kamen vorbei, in wilder Hast, ärger als in Milina, wo sich auf der Straße gegen Amalija nur ein Korps, unser achtes, bewegt hatte. Hier kamen Bosnier, Tschechen, Magyaren, Landesschützen. Die Kanonen donnerten, die Läden waren geschlossen, die Zivilbevölkerung packte ihre Sachen, um fortzufahren (größtenteils nach Neusatz), und das Gerücht verbreitete sich, daß Belgrad brenne. Ich eilte, als ich vom Posten abgelöst worden war, zum Bahnhof, um zu sehen, ob es wahr sei. Nein, Belgrad brannte nicht. Da lag es wundervoll am Hang eines Berges, auf dem sich der Konak und die Spitzen der Kathedrale in den Himmel schmeichelten, während sich unten am Ufer die Häuser in der Donau spiegelten. Auf der Höhe blitzten serbische Kanonen auf und schossen gegen unsere drei Brücken. Belgrad brannte nicht, nur ein isoliert stehendes großes Gebäude – wie es heißt, die Zuckerfabrik – stand in Flammen.

Auf Monitoren fuhren Truppen aus Belgrad fort, und auch über die Brücken kamen noch unendliche Massen von Soldaten. Ein scharfer Regen fiel. Auf der rechten Straßenseite jagten Automobile, den Eindruck einer hastigen Flucht noch erhöhend und die Pferde der seit Stunden fahrenden Wagen, Kavalleriekolonnen und Meldereiter beunruhigend. Dies die Fahrbahn. Und auf dem Trottoir, hart an dem wüsten Chaos, trippeln die Kriegshuren, schäkern mit Offizieren und Zivilisten und kokettieren mit Vorbeireitenden.

Dienstag, den 15. Dezember 1914.

Um 5 Uhr früh: sechs große Detonationen, die drei Brücken Österreichs zum Balkan werden gesprengt.

Um 10 Uhr vormittags ging es in die Vorstadt Franzthal, wo sich unser Regiment formierte. Tausende von Menschen, die als die letzten vom jenseitigen Ufer herüberkamen, brachten Schreckensbotschaften. Batterien gefangen, Regimenter aufgerieben, Paniken auf der Kriegsbrücke, verlorene Trains, verlaufene Kolonnen und dergleichen.

Mein Körper, der bisher nur rote Pünktchen aufzuweisen hatte, ist nun ganz mit einem rotblauen Ausschlag bedeckt. Ich war der Ansicht, daß das vom heißen Wasser des Bades herrühre, aber es sind Läuse. Ich hatte sie in der Schmutzkruste wohl nicht gespürt.

Um 2 Uhr nachmittags zogen alle Truppen der 9. Division nach Surschin. Vor Dobanovci zweigte der Weg nach links ab. Die Marschdisziplin lockerte sich, Gruppen blieben zurück, denn der Weg war kotig, weit und die Erschöpfung groß. Bald sahen wir uns der Dunkelheit ausgesetzt, ohne eine Karte, ohne einen Kompaß, ohne einen Führer zu haben. Rechts und links nichts als Felder, Felder.

Gegen 6 Uhr blitzte es am Horizont auf. Wir stritten darüber, ob es Scheinwerfer oder Blitze aus Kanonenrohren oder Granaten oder Leuchtsignale oder Leuchtschrapnelle seien – daß es Wetterleuchten und Himmelsblitze sein konnten, fiel keinem von uns ein. Aber bald erkannten wir es. Rechts von uns, links von uns, vor uns und hinter uns wurde das Firmament von gezacktem Feuer zerschnitten, dann leuchtete es von allen Seiten gleichzeitig auf, man konnte die unendlich jähe Helle nicht ertragen, obwohl sie kaum den Bruchteil einer Sekunde währte, worauf der Weg unter dem wolkenbedeckten, sternenlosen Himmel wieder verschwand. Um 7 Uhr überfiel uns ein Gußregen, in mancher Minute schlug uns das Wasser brutal in Nakken und Augen, dann gab es schwächere Momente, die man glücklich empfand. Wir strebten einem vermeintlichen Damm zu, der sich immer ganz nahe vor uns erhob, aber es war kein Damm, wie wir nach Stunden erkannten, sondern eine optische Täuschung, bewirkt durch den Zusammenstoß der dunklen Pußta am Horizont mit dem immerhin helleren Firmament.

Mittwoch, den 16. Dezember 1914.

Alte Zeitungen sind eingetroffen: der Einzug unserer Truppen in Belgrad am 2. Dezember ist in feierlicher Weise erfolgt. Freilich. Wer hat daran gezweifelt! Der Rückzug war etwas weniger feierlich.

Unter dem hämischen Titel „Ein überflüssiges serbisches Dementi“ wird folgendes Telegramm aus Nisch reproduziert: „Österreich-ungarische Blätter melden, daß Belgrad von österreich-ungarischen Truppen im Kampf genommen worden sei. Das ist vollkommen falsch. Belgrad wurde Sonntag, den 29. November, von den Truppen und Behörden geräumt. Es handelt sich also nicht um eine Eroberung Belgrads nach vorausgegangenem Kampf, sondern einfach um den Einzug des Feindes." Was ich hier sofort behauptet hatte. Die einzige taktische Leistung, die wir vollbracht haben, ist, daß wir den Einzug um vier Tage verzögerten, um am Jubiläumstag dort zu sein.

Das sind die Gesichtspunkte, von denen die österreichische Kriegsführung beherrscht wird. Von dem vierzehntägigen Besitz Belgrads wurden aus Gefühlsduselei und Ordensjägerei vier Tage vertrödelt.

Der flüchtige Unteroffizier unserer Offiziersmesse, Nechanický, hat sich in Esseg als Deserteur und Defraudant selbst gestellt. Es wurden Protokolle mit denjenigen aufgenommen, die ihm Geld zum Einkaufen mitgegeben hatten. Ich beeinflußte die Leute, ihre Verluste nicht anzumelden, er wird ohnedies zu hart bestraft werden, und der Hauptschuldige an seinem Verbrechen ist er ja doch nicht.

Belgrad ist seit gestern 10 Uhr vormittags in feindlichen Händen, und es heißt, daß sogar Schabatz, wo zehntausend österreichische Kranke sind, von den Serben besetzt ist.

Die Soldaten, die vorgestern eine Regimentskasse vom Trainwagen gehoben hatten, um sich mit ihr über die Brücke zu schwindeln, sind auf österreichischem Ufer von einem Intendanzoffizier angehalten und sichergestellt worden und zitterten nun, wegen Flucht aus der Schlacht vor das Divisionsgericht gestellt zu werden. Aber es kam anders. Alle zwanzig wurden für die kleine silberne Tapferkeitsmedaille „wegen Rettung der Regimentskasse aus feindlichem Feuer" eingegeben, ich als Führer – für die große.

Heute hatte ich Gelegenheit, serbische Originalbefehle zu lesen, die uns in die Hände gefallen sind – erster Blick hinter die serbische Front. Marschall Putnik, Chef des serbischen Generalstabes, Oberst Vuko Aračič, Befehlshaber der Timok-Division, II. Aufgebot, General Miha Zivkovič, Stabschef des Abwehrkommandos von Belgrad, und Oberst J. Milisavljevič erlassen Maßnahmen: gegen fliehende serbische Bataillone sei eigenes Geschützfeuer zu eröffnen, gegen fliehende Unterabteilungen Maschinengewehrfeuer, gegen Schwärme Gewehrfeuer, und einzelne Flüchtlinge seien von den hinter der Front patrouillierenden Komitas niederzumachen; wegen Desertion und wegen Wegwerfens von Gewehren wird man gehängt, wegen Wegwerfens von Patronen erschossen, wegen Plünderung standrechtlich behandelt, wegen Trunkenheit gefesselt und mit fünfundzwanzig Stockschlägen bestraft, desgleichen Troßknechte, die ihre Pferde nicht füttern oder Munition von ihrem Trainwagen werfen.

„Gegen jeden, der sich nicht nur zu seiner persönlichen Schande, sondern auch zur Schmach unserer gesamten Armee aus dem Gefecht oder vom Kampfplatz entfernt, sich selbst verstümmelt oder dem Feinde übergeben hat, werden außer dem Vollzug der Todesstrafe noch Schritte zur Konfiskation, das heißt Wegnahme des gesamten Vermögens, sowohl des beweglichen als auch des unbeweglichen, zugunsten der Staatskasse unternommen, ferner werden auch gegen die Hausgenossen eines solchen Soldaten die allerdrakonischsten Mittel angewendet, wie Trennung und Zwangsübersiedlung seiner Familienangehörigen in verschiedene Orte, Verbot, zusammenzukommen und miteinander zu verkehren, Verwendung zu schweren Arbeiten und so weiter, denn eine Familie, deren Mitglied in diesem heiligen Krieg nicht seine Pflicht tut, verdient keinerlei Rücksicht, nicht einmal den gesetzlichen Schutz."

Unter Androhung ähnlicher Strafen wird in einem Erlaß des Kommandanten der III. Armee vom 3. November (16. November n. St.), Aktenzeichen OZ 2627, der serbische Rückzug geschildert, Massendesertionen, Massenplünderungen und Massenübergabe von Soldaten. Schon einige Tage vorher trat Oberst Milisavljevič mit nachfolgendem Befehl an die Chargen (man macht in Serbien nicht so viele Unterschiede zwischen Offizieren und Unteroffizieren wie bei uns) der allgemeinen Verzweiflung entgegen:

„Sagt unseren Soldaten, daß der Feind nicht stärker ist als wir und daß die Gerüchte von seiner Überzahl falsch sind.

Sagt ihnen, daß die feindlichen Soldaten sehr schlechte Kämpfer sind und ein rasches Infanteriefeuer nicht aushalten, macht ihnen klar, daß unsere Komitas, wenn ihrer nur drei oder vier beisammen sind, ganze Züge von Schwabas vor sich hertreiben.

Sagt ihnen, es ist nicht wahr, daß unsere Artillerie keine Geschosse habe, sie sollen sich davon überzeugen, daß unsere Munitionskolonnen und Protzen voll sind und fortwährend Munition aus Rußland kommt, unsere Artillerie aber nur dann schießt, wenn sie trifft, während die Schwabas auf jeden Berg feuern.

Sagt ihnen, daß Rußland die Österreicher und Deutschen geschlagen hat und die Russen uns über Ungarn zu Hilfe kommen werden. Allen Kommandanten und Offizieren befehle ich, die ganze freie Zeit im Gespräch mit ihren Soldaten zu verbringen."

Sehr wichtig ist der Absatz eines serbischen Novemberbefehls: „Es ist der Mannschaft begreiflich zu machen, daß gar kein Grund vorhanden ist, in Kleinmut und Apathie zu verfallen, denn ihre Meinung, der Krieg sei verloren, ist irrig, in Wirklichkeit führt das Oberkommando nur ein einfaches Manöver durch. Wir sind nicht auf der Flucht, da wir doch nirgends geschlagen wurden, und dieser Rückzug hat nur das Ziel, eine günstigere Position einzunehmen!"

Ja, es war tatsächlich ein einfaches Manöver, ein Positionswechsel und keine Flucht. Aber die serbische Mannschaft glaubte es nicht (vor allem, weil die Anordnung der Rücknahme mit unserem Sturm auf den Dammweg von Černabara zusammenfiel), entledigte sich der Patronen, desertierte, und diese von den serbischen Befehlshabern gerügten Übelstände waren ihr Segen: die österreichischen Heerführer erblickten in der Zahl der Gefangenen, der weggeworfenen Munition, der weggeworfenen Gewehre und Patronen den Beweis dafür, daß der Gegner vernichtet sei, sie verlachten den gesunden Menschenverstand, jagten die unterernährten, jämmerlich ausgerüsteten und dezimierten k. u. k. Truppen in die Falle, und die Kampagne gegen Serbien war verloren.

Unser Regimentsadjutant meldete heute bei der Division den Stand des Regiments: „80 Feuergewehre."

Der General nickte traurig. Dann fragte er: „Wieviel Maschinengewehre?"

„Keines, Herr General."

Der Divisionär schüttelte langsam den Kopf und wandte sich zum Gehen. Dann drehte sich der alte Soldat plötzlich um: „Die Fahne?"

„Die Fahne ist gerettet."

„Na also."

Donnerstag, den 17. Dezember 1914.

Trotz der Fürchterlichkeit der letzten Woche, trotz der Anabasis aus Serbien und obwohl wir gestern durch einen Regen der Sintflut und eine Hölle der Finsternis über endlose Felder irrten, bevor wir hier, in einer Tenne von Surschin, Unterkunft fanden, habe ich die ganze Nacht nicht geschlafen, so sehr juckte mein Körper, und ich kratzte ihn wund. Graugelbe Schmarotzer kribbeln in meinem Hemd, in meiner Montur, auf meiner Haut. Unsagbar einfach, ich weiß schon, ist die Therapie: gründliche Reinigung, Vernichtung der Wäsche, Wechseln der Kleider. Das sagt sich leicht! Wo soll ich mich reinigen, wie kann ich die Wäsche, wenn ich keine andere habe, vernichten, Sweater, Bauchbinde und Trikotunterhose, die mich vor dem Erfrieren schützen. Wenn es möglich wäre, die Kleider zu wechseln – bereits vor vier Monaten hätte ich das gerne getan, denn es war schon damals nötig. Ich bin froh, wenigstens graue Salbe zu bekommen.

Freitag, den 18. Dezember 1914.

Die graue Salbe scheint meinen Gästen nahrhafte Speisenzufuhr gewesen zu sein, dem Körper war sie minder zuträglich, er ist mit Ekzemen bedeckt. Was Läuse und Salbe von meiner Haut unversehrt gelassen haben, das ruinierten nachts meine Fingernägel. Ich schmierte heute mit Petroleum, doch wirkte dies auf den Ausschlag nichts weniger als balsamisch, und außerdem stinke ich. An Hiob mußte ich denken: des Nachts wird mein Gebein durchbohret allenthalben, und die mich jagen, legen sich nicht schlafen.

Samstag, den 19. Dezember 1914.

Morgens marschierten wir ab. Nach Badovinci hieß es im Befehl, aber schon nach vier Kilometern, in Dobanovci, wo das Etappenkommando der V. Armee (8., 13. und kombiniertes Korps Kraus: Armeekommandant Liborius Franck) haust, machten wir halt.

Ich bin bei einem deutschen Bauern einquartiert, die serbokroatischen Bewohner haben ihre Häuser verlassen, zum Teil, weil sie mit den Serben bei deren seinerzeitiger Invasion verkehrt hatten und deshalb die Rache der Österreicher fürchteten, zum Teil wurden sie wegen dieser Sympathien festgenommen und weggeführt. Über vierzig Personen des kleinen Ortes sind von den Österreichern erschossen oder gehängt worden.

In Dobanovci war es nämlich, wo sich Kronprinz Alexander von Serbien vor einem Vierteljahr zum König von Syrmien krönen ließ; unser Wirt, der alte Jakob Balzer, erzählt uns von der Zeremonie, die eigentlich gar keine Krönung war, sondern ein Hochamt. Prinz Georg wohnte mit seinem Stabe bei. Der Pope Save Petkovic, der die Messe zelebriert hatte, wurde später von den Österreichern eingesperrt, aber als diese von neuem flüchteten, blieb er zurück und zog mit den Serben in deren Heimat. Das war in der letzten Septemberwoche. Frau Balzer fürchtet wohl, die Erzählungen ihres Gatten könnten nicht patriotisch genug aufgefaßt werden, und fügt hinzu, die Serben seien sehr grausam gewesen, schildert, wie man der alten Jüdin Goldiger die Augen ausgestochen habe, obwohl sie nichts weiter gesagt, als daß die serbischen Offiziere wie Zigeuner aussehen. Alle zwanzigjährigen Burschen, alle Pferde und alles Zugvieh haben sie nach Serbien geführt.

Dennoch stimmt Frau Balzer ihrem Gatten darin bei, daß die Offiziere „von drüben“ einfach und bescheiden sind, ganz anders als die österreichischen Herren, die nur mit ihresgleichen verkehren und in Betten schlafen wollen, während die serbischen neben der Mannschaft im Stall nächtigen. Auch ist sie schlecht auf die k. u. k. Kommandos zu sprechen, die, als der serbische Anmarsch gemeldet wurde, ihre Truppen eilends abzogen, aber der Bevölkerung von Dobanovci (selbst den Deutschen) verschwiegen haben, daß Gefahr im Verzuge sei und sie sich in Sicherheit bringen oder wenigstens ihr Vieh schlachten mögen. Der alte Balzer ist Deutscher mit Leib und Seele, sozusagen aus Familientradition: wie seine 1778 aus der Rheinpfalz nach Südungarn gekommenen Vorfahren, so sollen seine Enkel Deutsche bleiben. Seine Schwiegertochter, unsere eigentliche Wirtin, ist eine gebürtige Badovincierin, aber sie sagt, sie sei aus Hessen, als wäre sie erst gestern hier eingelangt und nicht schon ihre Urahnen unter Maria Theresia.

Sie säugt ihren jüngsten Buben, der schon zwei Jahre alt ist und Hosen trägt. „Warum nähren Sie den großen Jungen noch?“ frage ich.

„Es schmeckt m'r halt so gut“, antwortet an ihrer Stelle der Säugling.

Sonntag, den 20. Dezember 1914.

Über die einfach aufs Feld gelegten und mit Klammern an den Schienen befestigten Schwellen einer Feldbahn balancierten wir, um die Tümpel und den Kot der Straße zu vermeiden, zwei Stunden und eine halbe nach Batajnica. Dort wurde die Division einwaggoniert, mitsamt dem Train, was viele Stunden dauerte, denn es ist nicht leicht, Fuhrwerke in die Eisenbahnwagen zu schieben, die Pferde fielen wiederholt in die Lücke zwischen Rampe und Waggon: um halb zwei Uhr nachmittags war die Verladung beendet. Ich war mit sechs Männern und sechs Pferden im selben Wagen zusammen, außerdem war ein Ofen und ein eisernes Gefäß für Ruhrkranke da, das ich während der ganzen Fahrt als Stuhl benützte.

Die Reise ging durch ungarische Dörfer, die artesische Brunnen haben statt der primitiven Schöpflöcher Serbiens, getünchte Hofmauern statt der schon vor unserer Ankunft ramponierten Staketenzäune in Serbien, Felder mit geradem Rain statt der bizarr konturierten Flächen jenseits der Save, alles trug Früchte, war aber nicht geerntet, durch Neupazua, Altpazua, Indija, Beschka, Karlowitz kamen wir, durch andere Orte, deren Namen ich nicht lesen konnte, da es dunkel wurde; ich schlief ein, während mich eins der Pferde beschnupperte.

10 Uhr abends Ankunft in Ujvidek. Wir setzten uns in die Schankstube des Bahnhofs, aßen Würstchen mit Kren, tranken Bier. Das Lokal war voll. Ein General kam, der sich einen Tisch räumen ließ, was andere Offiziere dazu benützten, alle Mannschaftspersonen aus dem Saal zu weisen, um allein zu sein. Sie gebrauchten die Ausrede, die Soldaten hätten keine Ehrenbezeigung geleistet.

Empört über diese Lüge verließ ich ostentativ langsam und laut lachend die Wirtsstube und schimpfte draußen zu den im Nu um mich versammelten Hinausgeworfenen, es sei schändlich von den Offizieren, jetzt gegen uns wieder die Herren herauszukehren, während sie bisher froh waren, wenn man Brot und Feuer mit ihnen teilte. Natürlich fand sich ein Duckmäuser, der die Schuld uns beimaß: das Benehmen einiger von der Mannschaft wäre tatsächlich lausbübisch gewesen.

Nun kam es zwischen mir und dem Kriecher, der bemüht war, sich als mein Vorgesetzter aufzuspielen, da er Feuerwerker ist, zu einer Rauferei, bei der ich gewürgt wurde und würgte, geschlagen wurde und schlug. Merkwürdigerweise traten einige Burschen auf die Seite meines Gegners, so daß der Zweikampf zur Massenprügelei anschwoll, in deren Verlauf man mit Riemen dreinhaute. Als einige Offiziere aus dem Bahnhof herausstürzten, fand die Schlacht ein Ende, wir verschwanden im Dunkel.

Montag, den 21. Dezember 1914.

Marsch in ein neues Quartier. Nach Ofutak an der Donau. Auf unserem Weg froren wir in unseren dünnen Mänteln und beneideten die sorgsam vermummten Agrarier, die uns in ihren Karossen überholten; selbst die Kutscher hatten so ungeheure Pelze, daß sie daraufhin bei uns eine Stimme im fideikommissarischen Großgrundbesitz erhalten würden; ein pelzverbrämter Latifundienbesitzer ließ sich von vier Knechten auf einer Draisine nach Ujvidek rudern.

In Ofutak sollen wir ein paar Wochen Erholungsaufenthalt nehmen. Es ist ein langgestrecktes Nest, von Schwaben bewohnt, was angenehm ist, da sie reinlich sind und man sich mit ihnen verständigen kann. An einem Haus das Aushängeschild einer diplomierten Hebamme mit einem Bild: eine Frau, einen Säugling in Windeln hüllend.

Überall spricht man von dem gestrigen Raufhandel. Die Parteigänger des Feuerwerkers sind, wie er, Etappenschweine; er ist bei der zweiten Staffel des Divisionstrains eingeteilt, seine Kumpane waren ein Zugführer des Divisionsgerichts, ein Stabsführer und dergleichen, also Leute, die noch kaum einen Gewehrschuß gehört haben und daher rücksichtslose Behandlung durch Offiziere als etwas Selbstverständliches empfinden oder gerne hinnehmen, um nicht in den Schützengraben geschickt zu werden. Die Sympathie der Mannschaft ist auf meiner Seite, und als ich morgens zur Fahrküche kam, erhielt ich eine doppelte Portion Kaffee. Aber alle sind sich einig, daß es mir sehr übel ergehen wird, wenn der Zugführer vom Divisionsgericht dort eine Strafanzeige erstattet, da ich mich der Meuterei, der Insubordination, der Tätlichkeit gegen Vorgesetzte und herabsetzender Äußerungen gegen Kommanden schuldig gemacht habe.

Dienstag, den 22. Dezember 1914.

In der Zeitung steht unter dem Titel „Was die Serben lügen“ folgendes:

Die „Agence Havas“ meldet aus Nisch, daß während der Schlacht vom 3. bis 7. Dezember, in deren Verlauf die Serben Valjevo zurückeroberten, genau 121 österreichische Offiziere, 22 134 Soldaten gefangengenommen, 68 Geschütze,

42 Maschinengewehre, 8 Haubitzen, 10 000 Gewehre, 52 Caissons, 1315 Wagen, darunter 10 Sanitätswagen, 4 Ambulanzen, 2 Geldkisten und 327 Pferde erbeutet wurden. Zu dieser Meldung bemerkt Wolffs Telegraphenagentur: „Maßlos übertrieben." Wir aber: „Wenn nicht mehr."

Auch vom feierlichen Einzug König Peters, der Prinzen Georg und Alexander in Belgrad und vom Tedeum im Dom ist jetzt zu lesen. Der öst.-ung. Bericht über die Räumung Belgrads kann allerdings keineswegs als maßlos übertrieben bezeichnet werden: „Die durch das notwendig gewordene Zurücknehmen des eigenen rechten Flügels geschaffene operative Lage ließ es als ratsam erscheinen, auch Belgrad zunächst aufzugeben. Die Stadt wurde kampflos geräumt. Die Truppen haben durch überstandene Strapazen im Kampf wohl gelitten, sind aber vom besten Geist beseelt."

Mittwoch, den 23. Dezember 1914.

Die Anekdote von dem alten Feldwebel, der nach dem Kriege die Soldaten zu strammerem Exerzieren auffordert: „Schlappschwänze, ihr glaubt wohl, es sei noch Krieg, jetzt fängt der Ernst wieder an", wird ewig wahr bleiben. Schwerer ist die Befolgung der für das Retablierungslager ausgegebenen Vorschriften, als vor dem Feind zu stehen: Visiten, Wachen, Sperrstunde, Ehrenbezeigungen, Exerzieren.

Donnerstag, den 24. Dezember 1914.

Weihnachten! Mittags faßten wir Extramenage, Gulasch und Tee, und auch am Abend Suppe. Jeder Soldat bekam vom Präsidium des Prager Stadtrats ein Paket mit einer Lithographie der Karlsbrücke, einer hölzernen Tabakspfeife, Zwieback, Schokolade, warmer Wäsche, Wintermütze u. dgl.

Der Armeeoberkommandant hat einen Befehl erlassen, die Armee sei nicht geschlagen, es sei noch nicht Frieden, nur wegen erschwerten Munitions- und Verpflegungsnachschubs habe man sich zum Aufgeben der Offensive entschließen müssen. Solches ist Potioreks Schwanengesang, mit Handschreiben vom 22. Dezember hat ihn der Kaiser „auf Grund seiner aus Gesundheitsrücksichten unterbreiteten Bitte in den Ruhestand zu versetzen geruht".

In Widerspruch zu dieser Angabe, Potiorek sei von einem Gesundheitszustand befallen, steht ein Kommuniqué, in dem eingestanden wird, daß den zu überwindenden Schwierigkeiten nicht genügend Rechnung getragen und es dadurch unmöglich wurde, der Armee die notwendige Verpflegung und Munition zuzuführen. Also Fehler der Führung. Vor einer Woche ist für den jetzt Davongejagten eine eigene Ordensklasse geschaffen worden, vor einer Woche hat ein anderes Handschreiben den Helden Potiorek gefeiert.

An seine Stelle kommt jetzt ein Feldherr aus dem Kaiserhaus. Es ist der Erzherzog Eugen, Hoch- und Deutschmeister des Deutschen Ritterordens. Vielleicht bloß deshalb, damit das Lied Aktualität gewinnt: „Prinz Eugen, der edle Ritter, wollt' dem Kaiser wied'rum kriegen Stadt und Festung Belgerad."

Vor drei Wochen ward Erzherzog Josef Armeekommandant in Galizien, vor vierzehn Tagen Erzherzog Friedrich Feldmarschall, so daß jetzt alles von Erzherzogen befehligt ist und jede Kritik an der Führung als Majestätsbeleidigung bestraft werden kann. Das Ei des Kolumbus. – Landeskommandant von Bosnien wird FMLt. von Sarkotic, Generalstabschef des neuen Prinzen Eugen FMLt. Alfred Krauß.

Anläßlich des Weihnachtsabends kaufte ich mit einem Freund ein Huhn, und wir ließen es von Frau Brássevics, der Gattin des Kustos im Othonklub, kochen; sie machte es mit süßem eingelegtem Paprika an, was sehr gut schmeckte, aber nachher wurde uns übel. Der Magen verträgt nichts mehr. Er ist der Nahrungsaufnahme entwöhnt.

Freitag, den 25. Dezember 1914.

Die Nacht verbrachte ich, mich übergebend, auf dem Hof. Gegen Morgen schlief ich ein, wurde aber gleich geweckt: die Hühner waren um die wiedergegebenen Reste meiner gestrigen Weihnachtsmahlzeit in lauten Streit geraten.

In den Straßen ist Kirchgang. Bäuerinnen in geblümten Kopftüchern, Mädchen mit unbedecktem Haupt und Gretchenfrisur, alle Frauen haben den bordeauxroten oder dunkelvioletten Seidenrock über gestärktem Unterrock, so daß sie aussehen, als stolzierten sie in Krinolinen. Außerdem tragen sie Spitzenschürzen, um die Brust ein wollenes Tuch mit Borten und Fransen, am Hals ein Kreuz an goldenem Kettchen, und an einem Seidenband baumelt ein großes Medaillon mit Photographie von Vater, Mutter oder Gatten. Sie halten das Gebetbuch in beiden Händen vor dem Leib und plappern in deutscher Mundart. Sind wir in Thüringen? Nein, in Südungarn, in der Bácska.

Ich bin meine Läuse noch immer nicht los, obwohl ich das Hemd schon oft gewechselt und beinahe meine ganze Löhnung, die ich endlich behoben, für Wäsche ausgegeben habe. Mit Petroleum, mit Reittersalbe, mit Jodoform, mit Perubalsam habe ich mich schon beschmiert, meine Haut ist noch immer entzündet, die teure und tadellose Wäsche habe ich weggeworfen, ebenso Halstuch und Bauchbinde und Sweater, von liebevollen Stricknadeln verfertigt. Alles vergeblich, die Läuse leben, ihre Wohnung ist jedenfalls in meiner Montur, die ich nicht ablegen kann, weil ich keine andere habe, o du fröhliche, o du selige, gnadenbringende Weihnachtszeit!

Samstag, den 26. Dezember 1914.

An Stelle des FMLt. Daniel ist General Schön zum Kommandanten der 9. Division ernannt worden, jener Herr, dessen Eintritt in das Bahnhofsrestaurant von Ujvidek zu unserem Hinauswurf Anlaß gab. Man spricht davon, daß die Strafanzeige gegen mich erstattet worden sei, aber das ist unwahrscheinlich, denn sonst wäre ich längst verhaftet.

Sonntag, den 27. Dezember 1914.

Die Liebesgabenpakete, deren Adressaten gefallen oder gefangen sind, wurden an uns verteilt. Jeder zweite Soldat ist magenkrank vom vielen Biskuit, von Schokolade, Konfekt, Backwerk; nach so langer Zeit des Hungerns verträgt man nichts, am allerwenigsten derartige Extravaganzen.

In Ofutak sind acht Fälle von Cholera festgestellt worden, und auch die Weihnachtsnummern der Wiener Blätter sind wieder da. Die Kriegsberichterstatter haben sich für diesen festlichen Anlaß die Schilderung der Paraschnitza aufbewahrt, auf der wir drei Monate lebten; unter dem Titel „Die blutgetränkte Halbinsel", „Die unterirdische Stadt", „Die Stadt der Laufgräben" verzapfen sie ihre feuilletonistischen Weisheiten.

Montag, den 28. Dezember 1914.

Mannschaft hat vorschriftsmäßig adjustiert zu sein, Seitengewehr zu tragen, erst nach sechs Uhr abends darf man ins Gasthaus gehen, Inspizierungen, Salutiervorschriften und ähnliche Dinge, mit denen der Feldzug unbedingt gewonnen werden muß. Die Offiziere sind wieder arrogant und streng. Aber darf mich das wundern? In der „Kultur" entpuppen sich viele als unmöglich, die im Schützengraben wertvoll waren.

Einer hatte mir in der Front Hunderte von Gefälligkeiten erwiesen, Kaffee gekocht, eine Decke für mich gestohlen, wenn meine gestohlen war, meine Menage aufgehoben, wenn ich auf Patrouille ging, Knöpfe beschafft, wenn auf meinen Gamaschen der letzte abriß – Dienste, ohne die ich vielleicht Hungers gestorben, erkrankt oder trübsinnig geworden wäre, Dienste, die ich nie in meinem Leben abzuzahlen vermag. Und nun kommt er, der mit mir sein einziges Stück Brot geteilt hat, der mein Bruder war, und sagt: „Kisch, zahl mir einen Schnaps, ich hab ja so oft für dich Kaffee gekocht." Ich bezahle ihm einen Schnaps für vier Kreuzer und noch einen Schnaps für vier Kreuzer und noch einen dritten, und er zwinkert den Gästen der Schnapsbudike zu, daß er eine „Wurzen“ gefunden habe, einen Dummen, auf dessen Kosten er zecht. Beim Verlassen des Lokals schüttelt er mir die Hand, versichert mich seiner Dankbarkeit. Ich habe das bessere Geschäft gemacht, aber es kränkt mich, daß er seine Freundschaftsdienste so niedrig einschätzt. Mit den Offizieren kann man erst recht nicht sprechen, sie haben ihre Themen aus der Friedenszeit: Avancementverhältnisse, Protektionen usw. Nur ist jetzt der Knopflochschmerz dazugetreten.

Dienstag, den 29. Dezember 1914.

Während wir im Felde oft wochenlang kaum einen Offizier bei der Kompanie hatten, sind sie jetzt in Fülle da. Teils sind sie auf die im vorigen Monat veröffentlichten Nachrichten von der „Zertrümmerung der serbischen Armee“ hierher aufgebrochen, teils haben sie bereits erfahren, daß die Armee auf Retablierung ist, und sich gesund gemeldet, um während dieser Zeit einen „Felddienst“ absolvieren zu können.

Mittwoch, den 30. Dezember 1914.

Die Cholera hat in Ofutak sechs neue Todesopfer gefordert, obschon ihr ein Isolierspital gewidmet und ein neues Latrinensystem eingeführt wurde. Heute vormittag inspizierte General Schön. Auf die Frage, wer Läuse habe, trat etwa die halbe Mannschaft vor, ich aber nicht, da ich seit vorgestern keine gefangen habe; im Desinfektionsapparat werden die Kleider ja bloß zerrissen, und trotzdem hat man am Abend neues Ungeziefer, oft mehr als tags vorher.

Donnerstag, den 31. Dezember 1914.

Bei Strafe des Anbindens wird der Mannschaft verboten, am heutigen Silvesterabend nach neun Uhr die Straßen oder die Schankwirtschaften zu betreten, denn „fröhliches Feiern entspricht nicht unserer militärischen Lage“; außerdem seien für das Verbot hygienische und disziplinäre Gründe maßgebend. Das wäre wohl ein Malheur, wenn arme Soldaten, die monatelang froren, hungerten, dürsteten und in Todesgefahr schwebten, einmal ihr Elend vergessen und sich betrinken würden! Obwohl „fröhliches Feiern unserer militärischen Lage nicht entspricht", wurden alle Klaviere der Privatwohnungen für die Offiziersmessen requiriert. – Bei Freunden, die ein Zimmer gemietet haben, tranken wir Kognak, und ich las mitternachts folgendes Gedicht vor:

Nun stirbst du selbst, du Jahr des Mordens,
Und deine Schuld, mit Blut gebucht,
Wird tausendfältig wild verflucht
Auf unserer Flur und der des Nordens.
De mortuis . . .? Wer kann dich preisen?
Was hast du Großes denn gelehrt:
Daß nur der Frieden Glück beschert,
Das mußtest du mit Blut beweisen?!
Du lächelst auf der Todesfähre?
Nur Truggold ist dein Glorienschein,
Und Trug das Wort vom „Feld der Ehre".
Wohl. Was dein Name, das wird bleiben,
Doch nur in Klios wirrem Buch,
Wir aber wollen deinen Fluch
Für ewig in den Himmel schreiben.
Fahr hin, vermaledeites Wesen!
Wir aber wenden heiß bewegt
Zum Jahr den Blick, das sich erst regt,
Um dich vom Posten abzulösen.
Noch kommt es feldgrau aus den Sphären,
Noch ist es nicht mit Blut befleckt,
Noch ist's mit Grauen nicht bedeckt,
Jedoch: was wird es uns bescheren?
Bringt es uns Glück, den Millionen?
Bringt es im Rucksack Frieden mit?
Bringt es des Schlachtgetümmels Tritt?
Bringt es das Heim? Bringt es Patronen?

Es läßt uns alle Fragen offen . . .
Doch seine Reinheit ist schon Pracht
Und gibt in der Silvesternacht
Den Mut zu neuem, frohem Hoffen.
So wollen segnend wir begrüßen
Des neuen Jahres neuen Keim.
Es führe glücklich uns ins Heim
Und möge endlich Frieden schließen.

Freitag, den 1. Januar 1915.

Es gibt keinen Menschen, der daran zweifelt, daß uns das heute begonnene 1915 den Frieden bringen wird. Ich aber blicke dem Jahr mit Besorgnissen entgegen, was kann mir ein Jahr, das mit einem Freitag beginnt, Gutes bescheren? Werde ich ein Krüppel werden, werde ich irgendwo hilflos krepieren, wer wird mir noch entrissen werden? Qui vivra?

Der Kaiser hat einen Neujahrswunsch an die Truppen geschickt und das Kriegsministerium Abt. 5 als Akt Nr. 9072 eine Druckschrift „Kriegserfahrungen und Folgerungen für die Ausbildung". Sie umfassen nur vier Seiten, die Kriegserfahrungen des Ministeriums, aber man staunt, wieviel Phrasen auf vier Seiten gehen. Und selbst diese Phrasen sind in den unterschiedlichen Reglements längst enthalten, es strotzt von wohlvertrauten Begriffen wie „moralische Erziehung", „soldatische Pflichttreue", „opferwillige Hingabe an Monarchen und Vaterland", „disziplinäre Schulung", „äußerste Zähigkeit", „Hebung des kriegerischen Geistes". Konkret sind eigentlich nur zwei Sätze: „Gegenseitiges Beschießen eigener Truppen muß unter allen Umständen vermieden werden und darf seitens unserer Artillerie niemals vorkommen." Schau, schau! Bisher hat man jedenfalls geglaubt, daß gegenseitiges Beschießen eigener Truppen als harmlose Unterhaltung von Infanterie und Artillerie erlaubt sei. „Bei Vorrückung im Walde ist *Ordnung* (fettgedruckt), Einhaltung der *Direktion* (fettgedruckt) und vor allem große *Stille* (fettgedruckt) erforderlich.“ Wer hätte nicht gedacht, daß man im Walde nur so vor sich hin geht, in ausgelassener Schar, wohin einen gerade die Laune treibt, und Lieder von schönen Mädchen schmettert. Jetzt werden wir in fettgedruckten Lettern von einem k. u. k. Kriegsministerium auf Grund seiner Kriegserfahrungen eines Besseren belehrt.

Samstag, den 2. Januar 1915.

Unser Regiment war seit der Flucht aus Belgrad in zwei spärliche Kompanien formiert gewesen. Gegenwärtig ist es durch zwei Marschbataillone, durch geheilte Offiziere und angeblich geheilte Mannschaften und durch Ablösung von Kommandierten in drei Bataillone rangiert. Drei Maschinengewehrabteilungen werden aufgestellt, denen nichts weiter fehlt als die Maschinengewehre.

Viele Frauen sind in Ofutak. Ehefrauen von Offizieren und Rechnungsunteroffizieren, auch von einigen Reservisten. Bräute kommen zu Kriegsheiraten, gestern vormittag war ich Trauzeuge bei einer solchen Hochzeit, das Kind, das der Ehe am Nachmittag entsprang, soll auf den Namen Egon getauft werden. Kokotten sind da, einige aus Budapest, die meisten aber waren bereits in Belgrad tätig und sind rechtzeitig zurückgenommen worden. Im Bordell ist eine Wache aufgeführt und eine Prophylaxestation eingerichtet.

In den Nachtquartieren wird man wegen jener Sexualbefriedigung, die im Felde die einzig mögliche war, verhöhnt, weil jetzt Huren da sind.

Sonntag, den 3. Januar 1915.

Von 6 Uhr morgens bis 12 Uhr mittags hatte ich einem Zug abgelöster Kommandierter Gewehrgriffe beizubringen, Pferdewärtern, Viehtreibern, Fleischern, Blessiertenträgern, Tragtierführern, Kanzleihilfskräften, Offiziersdienern, Meldereitern und anderen Subspezies der Gattung „Infanterist“.

In Neusatz werden morgen vier Soldaten vom 102. I. R. wegen Meuterei erschossen; ein Offizier und zwölf Mann unseres Regiments sollen die Hinrichtung vornehmen. Leutnant Ingenieur K. meldete sich freiwillig dazu, weil er in Neusatz ins Bordell gehen will, wo seine Sarika ist.

Montag, den 4. Januar 1915.

Die Ortschaften südlich des Raumes Hrtkovci–Brestac–Subotište–Deč–Semlin sind auf Befehl des Armee-Etappenkommandos von der Zivilbevölkerung zu räumen. Diese Evakuierung des ganzen Savebuges bis zum Längengrad von Semlin bedeutet wohl, daß man den dritten Einbruch der Serben erwartet.

Dienstag, den 5. Januar 1915.

Das Wetter ist schlecht, es gießt wie aus Kesseln, die Beschäftigung noch scheußlicher. Ich habe ein Verzeichnis aller Legitimationskapseln von Erschossenen, Ertrunkenen und Gestorbenen unseres Regiments anzulegen und von Toten anderer Regimenter, die von den Unsrigen beerdigt wurden. Es ist eine traurige und auch nicht sehr appetitliche Arbeit, denn die meisten der Schnüre und Kapseln verbreiten Modergeruch, in vielen sind außer Amuletten Verzeichnisse der Angehörigen, die man verständigen soll, Heiligenbilder, Haarlocken u. dgl., die Schriftzüge sind verschwommen und das Papier oft zerknüllt.

Mittwoch, den 6. Januar 1915.

Ofutaks Garnison wurde heute gegen Cholera geimpft. Die Injektion ist schmerzhaft. Das Choleraspital wollte Syphiliskranke nicht aufnehmen, bekam aber vom Etappenkommandanten den Befehl: es müsse.

Den Wirtsleuten meines Hauptmanns ist der Sohn gestorben, der Hauptmann schickte mich zum Gärtner des Chotekschen Schlosses, einen Kranz zu kaufen. Im winterlichen Park traf ich Ehepaare, die die Gestrüppe aufsuchen, weil sie sonst nie allein sein können.

Nachmittags, beim Begräbnis in der serbischen Kirche, hielt ich, wie jeder Trauergast, eine Kerze. Alle waren in besonderer Gewandung, denn die Serben feiern heute Weihnachten, die Katholiken Dreikönigstag. Der Unterschied zwischen Deutschen und Serben wird in der Festtagskleidung noch auffälliger, die Deutschen haben blaugrüne Bratenröcke und uralte Zylinder, auch ihre Frauen sind heute meist in dunklen Stoffen, mit der Tendenz, städtisch zu sein. Die Slawen tragen schreiend helle Farben mit metallenen Knöpfen.

Abends um 7 Uhr ertönte Alarmsignal, Formierung zum Abmarsch. Wir sollen eine cholerafreie Gegend beziehen. Der Befehl wurde aber, nachdem wir schon gepackt hatten und in Doppelreihen vergattert waren, zurückgenommen.

Donnerstag, den 7. Januar 1915.

Voll von serbischer Bevölkerung, die weihnachtlich auf und ab spaziert, sind die Straßen. Die Frauen haben Kleider mit kurzer Schleppe und Samtjacken mit Pelzverbrämung, die verheirateten Männer breite Hosen, die unten umgeschlagen sind, Männer und Burschen weiße Stehkragen über weißen Hemden (die Existenz von Krawatten kennt man noch nicht) und die Mädchen bunte Tücher. Daß es auch heute nicht schneit, freut die Deutschen, denn wenn es zur Weihnachtszeit der Orthodoxen Schnee gibt und zu jener der Katholiken nicht, dann verhöhnen die Slawonier die Schwabas: „Seht ihr, zu uns kommt Gott auf weißem Roß!“ In diesem Jahr ist Gott zu allen auf blutbeflecktem Rappen gekommen.

Freitag, den 8. Januar 1915.

Oberstlt. F. sucht jemanden, der ausgezeichnet stenographieren kann. In der Kanzlei macht man ihm weis, ich sei der beste Stenograph, und so wurde ich von der Kompanie geholt. „Können Sie wirklich gut stenographieren?“ – „Hundertvierzig Silben in der Minute“, erwiderte ich, obwohl ich noch nie gezählt hatte. – „Das wird genügen. Nehmen Sie sich einen Bogen Konzeptpapier und eine gute Unterlage und schreiben Sie: ‚Erfahrungen‘ – haben Sie ‚Erfahrungen‘? – ‚über die Mängel in der‘ – haben Sie ‚Mängel in der‘? – ‚Ausbildung der jetzt eingerückten Rekruten.‘ Haben Sie das? Weiter: ‚In Erledigung des Dions. Kdo. Bef. Z. 188 765 wird berichtet: die im letzten Monat‘ – nein, ‚in der Zeit der Retablierung‘ – nein, . . .“ Dieses Diktat hatte ungefähr zwanzig Minuten gedauert, der Oberstlt. ließ den ersten Satz fünfmal durchstreichen und sagte dann: „Schreiben Sie’s lieber allein auf, Sie wissen doch eh, was den Rekruten fehlt, die Kerle haben keine Ahnung. Sie werden’s schon zusammenbringen, ein Federfuchser sind Sie ja auch, also bringen Sie mir’s abends in die Kanzlei. Ich werd’s dann korrigieren.“

Samstag, den 9. Januar 1915.

Madame de Thèbes prophezeit das Ende des Krieges für das erste Drittel dieses Astraljahres, also für den Zeitraum zwischen 21. März und 21. Juli 1915. Zwar fügt sie hinzu, der Krieg in Serbien werde länger währen als an den anderen Fronten, aber da sie vorher von den Türken und Bulgaren spricht, ist anzunehmen, daß sie die üblichen Balkanwirren im geistigen Auge hat, und ich hoffe, an dem ferneren Krieg in Serbien nicht mehr beteiligt zu sein.

Sonntag, den 10. Januar 1915.

Übermorgen wird der neue Armeeoberkommandant, Erzherzog Eugen, die Truppen inspizieren. Potemkinsche Vorbereitungen. Oberstlt. F. ließ mich wieder rufen, diesmal nicht durch eine Ordonnanz, sondern durch seinen Diener, nicht in die Kanzlei, sondern in die Wohnung, und sagte mir, er werde mich zur Stilisierung von Dienststükken verwenden, doch müsse ich den Mund halten, heute sei „vorläufig“ nur eine Dekorierungseingabe zu verfassen.

Er machte mir Angaben über Heldentaten, die Oberleutnant J. in Ljeschanski Kljuc im August vollbracht habe. Oberleutnant J. war überhaupt nur die ersten acht Kriegstage beim Feldregiment, als die Schießerei in Ljeschanski Kljuc losging, hatte er sich krank gemeldet und war seither nicht mehr an der Front zu sehen gewesen. Vor einer Woche ist er hierher eingerückt, und seine junge Frau kommt täglich um sechs Uhr nachmittags zum Herrn Oberstleutnant zu Besuch. Nachdem ich das Konzept verfaßt, mußte ich den Belobungsantrag ins reine schreiben, der Oberstleutnant hatte einen Bogen Papier vorbereitet und sogar den Stempel aus der Regimentskanzlei mitgenommen, damit die Offiziere nicht Glossen darüber machen, das Signum laudis werde als Strumpfgeld verliehen. Ich kenne die Frau Oberleutnant J. Sie ist eine Fabrikantentochter aus Prag, blond und kaum zwanzig Jahre alt, und sie läßt sich wegen eines Stückes Blech für ihren Mann vom Oberstleutnant mißbrauchen, von diesem alten Kracher, der vor drei Wochen ins Feld gekommen ist und stundenlang von seinen Hämorrhoiden erzählt.

Übrigens ist dergleichen schon üblich. Die Frau eines als Infanterist eingerückten Beamten hat mit dem Regimentsarzt ein Verhältnis, und der hat den Gatten nach formeller Beobachtung im Spital als lungenkrank zur Abgabe ins Hinterland vorgeschlagen. Der Spitalshauptmann, der den Grund wußte (wie ihn hier jeder weiß), verweigerte die Durchführung des Antrages, bis die Frau ihm gleichfalls zu Willen war. Dann stellte er dem Mann eine Marschroute aus, die erst nach drei Tagen Gültigkeit bekam, damit er sich solange mit der Dame vergnügen könne.

Ein Oberleutnant der 8. Kompanie ist dem Rechnungsunteroffizier vormittags daraufgekommen, daß er Menagegeld für Leute anrechne, die gar nicht im Stand der Kompanie sind, und verfaßte eine Strafanzeige. Bereits mittags war die Frau des Beschuldigten in der Wohnung des Oberleutnants, um Nachsicht zu erbitten, und blieb bis abends – die Anzeige wurde zurückgezogen.

Das alles spielt sich ziemlich öffentlich ab, da in jedem Haus mehrere Leute gemeinsam wohnen und die Offiziersdiener und die Ordonnanzen alles wissen.

Montag, den 11. Januar 1915.

Die Potemkinschen Vorbereitungen werden fortgesetzt, Monturen, Waffen, Mützen gefaßt, um dem hohen Herrn das Bild einer Armee zu bieten, die „tulli" aussieht und nur des Augenblicks harrt, wieder loszuschlagen. Er hätte uns vor drei Wochen sehen sollen, als auf unseren Gesichtern und auf unseren zerfetzten Stiefeln der Schmutz von fünf Monaten serbischer Front starrte, er müßte sich die Hunderte anschauen, die in den Spitälern liegen und vielleicht morgen wieder einrücken werden, ohne neue Uniformen und ohne neue Waffen, er müßte im Innern der Leute lesen, die schon drei Rückzüge mitgemacht haben! Dann würde er erkennen, welche Siegeszuversicht uns innewohnt. Seit ein paar Tagen sind zaghafte Reden unter besonders schweren Androhungen untersagt. Wahrscheinlich geschah das, weil Kaiser Wilhelm erklärt hat: „Schwarzseher dulde ich nicht!" Das ist der ganze Unterschied zwischen Deutschland und Österreich, dort verbietet der Kaiser das Schwarzsehen, hier wird die Zaghaftigkeit im Verordnungsweg untersagt. Ich kann mir nicht helfen, ich sehe schwarz für Deutschland und blicke der Zukunft Österreichs zaghaft entgegen.

Dienstag, den 12. Januar 1915.

Der Erzherzog inspizierte, heftete Tapferkeitsmedaillen auf vorher festgesetzte Brüste, unterhielt sich mit dem Oberst, schritt die Front ab, die Musik spielte das Kaiserlied, und aus war's. – In den heute eingetroffenen Wiener Blättern ist die Prophezeiung von Madame de Thèbes, die ich in einem Berliner Blatt gelesen hatte, konfisziert.

Mittwoch, den 13. Januar 1915.

Meine totgeglaubten Läuse waren nur scheintot. Zweite Impfung gegen Cholera. Seit der ersten sind dreißig Menschen gestorben. Darunter ein gewisser A. B. von meinem Zug, der Ruhr simuliert hat und sich jeden zweiten Tag eine ganze Flasche Bitterwasser ins Spital schmuggeln ließ, um Durchfall vorweisen zu können; man brachte ihn ins Isolierspital, und dort starb er nach zwei Tagen.

Es ist übrigens bekannt, daß im Isolierspital alle sterben, und deshalb ging Frau H., Gattin eines Reservisten, eine sehr brave Frau und Mutter von drei Kindern, zum Regimentsarzt Dr. Sl. und blieb drei Stunden bei ihm. Am Abend traf ich sie, sie war ganz aufgeregt und verwirrt, bat mich um Stillschweigen und erzählte mir, ihr Mann werde morgen aus dem Spital entlassen.

Donnerstag, den 14. Januar 1915.

Wieder ist Bummel festlich geputzter Bauern, griechischkatholisches Neujahrsfest. Schon gestern hatten die Schwabas unwillig davon gesprochen, daß auf dem Marktplatz serbokroatische Bauern, Bäuerinnen und Händler Waren feilhielten, obwohl in Ofutak erst am Donnerstag Wochenmarkt ist; aber wegen des heutigen Feiertages haben die Serben den Markt einen Tag vorher etabliert. „Das tun sie immer so“, schimpfen die Deutschen, „während die Magyaren und wir den Termin respektieren, wenn ein Feiertag auf den Donnerstag fällt; wir kommen nicht am nächsten Tag und nicht am Tage vorher. Aber die . . .“

Freitag, den 15. Januar 1915.

Es wird verkündet, daß wir Montag von hier fortgehen, die ganze Division nach Josefsdorf (Zsablya) an der Theiß. Was das zu bedeuten hat, ob den Weg nach Rußland oder den nach Serbien oder die Flucht vor der Cholera, wissen wir nicht. Die Nachricht fällt schwer aufs Herz, die vier Wochen Ofutak waren schön. Manche hatten einen Porzellanteller, von dem es sich besser ißt als aus der verrosteten Menageschale – und man kann ihn nicht mitnehmen.

Auch an die Scheune, die unser Schlafzimmer ist, haben wir uns gewöhnt und sie liebgewonnen. Das Stroh reicht freilich nicht mehr bis unters Dach, durch die Schwere unserer Körper ist es tief eingesunken, und wir können jetzt auf dieser natürlichen Matratze spazierengehen, ohne mit dem Kopf an Sparren zu stoßen; auf dem Balken ist eine Kerze befestigt, bei deren Licht wir uns abends auskleiden und unsere Zeltblätter, Decken, Mäntel oder Schlafsäcke aus dem Heu graben, in das wir sie aus Angst vor Dieben jeden Morgen verscharren.

Sonntag, den 17. Januar 1915.

Trude schreibt mir: „... also ich war nicht zur Zauberflöte, siehst Du, man soll sich nie auf etwas freuen. Ich hab Dich wohl sonst nie mit kleinen Erlebnissen gelangweilt, aber da ich Dir schon schrieb, daß ich mit einem Bekannten ins Theater gehe, so kann ich Dir ja auch sagen, warum ich nicht da war. Donnerstag traf ich Herrn L., mit dem ich Sonnabend ins Theater gehen sollte, auf dem Potsdamer Platz, und er lud mich ein, mit ihm bei Josty Kaffee zu trinken. Ich hatte ihn sonst nie allein gesprochen, immer nur im Café des Westens mit unseren Bekannten. Nachdem wir uns nun eine halbe Stunde unterhalten hatten, machte er mir eine regelrechte Liebeserklärung, obwohl er weiß, daß ich Dich habe und wo Du bist. Was ich ihm geantwortet habe, kannst Du Dir denken, ich kann Dir nicht sagen, wie frivol ich das fand, was für einen Abscheu ich empfand, neben einem solchen Menschen im Theater sitzen zu müssen. Ich sagte also ab.“ Na ja, deshalb leiden wir hier Hunger, Schüsse, Schmutz und Disziplin, damit wir den Daheimgebliebenen Spielraum zu erotischen Abenteuern geben.

Montag, den 18. Januar 1915.

Von 6 Uhr morgens an gingen wir über Neuhof, den Kaiser-Franz-Joseph-Kanal und die Römerschanzen, Neusatz rechts und südlich lassend, gegen Katy (Kácz), wo wir gegen 3 Uhr nachmittags ankamen. Mit zwölf Mann wurde ich in die Küche eines Bauernhauses einquartiert; es gibt kein Stroh, und wir liegen auf Steinfliesen.

Dienstag, den 19. Januar 1915.

Aus Kácz brachen wir um 7 Uhr 30 morgens auf, via Tisza-Kalmanfalva nach Szajkas-Szent Iwan. Obwohl kaum vierzehn Kilometer lang, schien der Weg doch unendlich, es war zu warm zur Kälte und zu kalt zur Wärme, und durch flüssige Schokolade marschiert es sich jämmerlich; wenn wir querfeldein gingen, sanken wir tief in die Furchen, aber es war noch besser als auf der Chaussee, die eine Kette von Pfützen bildete. Um drei Viertel zwölf kamen wir in Kovil-(Szajkas-)Szent Iwan an, wo sich unsere Kompanie in einem Meierhof einquartierte. Mir wurde mit fünf anderen ein Schweinekotter zugewiesen, und da der Rest des Tages dienstfrei war, wollte ich einmal den Versuch machen, selbständig ein Bett zu mieten. Ich fand ein Zimmer mit zwei Betten, bezahlte zwei Kronen, und den ganzen Nachmittag lebte ich in der Besorgnis, von Offizieren ausgemietet zu werden.

Es kam nichts dazwischen, und als ich abends nach der Menage (Kaffee) nach Hause ging, war mein Bett bereit. Ich schnürte die Stiefel auf und befreite mich von den Kleidern – oh, über das Ausziehen von Stiefeln und Kleidern! Und dann ... ein Bett. Sechs Monate lang war es meine Sehnsucht gewesen, wieder in einem Bett liegen zu dürfen, ausgekleidet und ausgestreckt, an niemand gequetscht und von niemand gequetscht, durch keine Bewegung eines unruhigen Schlafgenossen geweckt, nicht mit dem Haken meiner Bluse oder den Knöpfen meiner Hose an irgend etwas hängenbleibend, nicht gepeinigt vom Stroh, das nie eine Unterlage war, sich aber immer in die Augen bohrte, keinen getrennten Boden unter den Knochen, sondern Matratzen, keinen Brotsack mit der zinnernen Eßschale und der nikkelnen Feldflasche als weichste Unterlage unter dem Kopf, sondern breite Polster. Bett, Bett! Ich strecke mich in die Unendlichkeit und bebe vor Angst, einzuschlafen, mich durch Schlaf um das Bewußtsein meines Besitzes zu bringen. Dieses Tagebuchblatt schreibe ich in einem Bett.

Mittwoch, den 20. Januar 1915.

Nie ist mir das Aufstehen schwerer gefallen als heute morgen. – Das 6. Marschbataillon unseres Regiments rückte ein, Knirpse von Gestalt, flaumbärtige Gesichter und die Muffe, deren Schnur um ihren Hals gelegt war, erhöhten den Eindruck, man habe Kinder vor sich; zehn Mann Musik, zehn Skiläufer und neue Kadettaspiranten, achtzehnjährige Jungen, kamen mit.

Mein Zimmer hat der quartierregulierende Offizier für zwei Oberleutnants requiriert, aber meine Wirtsleute luden mich zum Mittagessen ein, ihre Nichte las „Die Judenbuche“, wie sie mir erzählte, zum ungefähr zwanzigstenmal, ich sprach mit ihr über die Novelle, sie sah mich ganz groß an, wollte immer Neues wissen und war sehr traurig, daß ich mich auch dem Bácsi und der Néni widmen mußte; wir verabredeten uns für den Abend, und es war sehr schön, obwohl ich nachher im Schweinestall schlafen mußte.

Donnerstag, den 21. Januar 1915.

Zum drittenmal in den drei Tagen hat der Herr Stationskommandant auf tadellose Adjustierung und strammes Salutieren aufmerksam gemacht, in den Kompanien werden Gewehrgriffe geklopft und Gelenksübungen vorgenommen. Die Offiziere sind eben mit dergleichen Schnickschnack erzogen worden, und wenn sie jetzt, nach den Erfahrungen des Feldzugs, alle geschlossenen Übungen, Griffe, Ehrenbezeigungen und ähnliches als Unsinn erkennen würden, so müßten sie ihr ganzes bisheriges Leben damit als Unsinn bezeichnen und hätten vor dem Unteroffizier nichts mehr voraus, dem sie ja nur durch Kenntnis dieser Friedenstätigkeit überlegen sind.

Freitag, den 22. Januar 1915.

Für den weiteren Verlauf des Serbischen Krieges scheint eine Erklärung Bülows wichtig, die ein Schwächegefühl Österreichs bekundet und eine Patzigmacherei Deutschlands: „Der neue deutsche Botschafter in Rom bestätigt amtlich, daß auch das Deutsche Reich Truppen gegen Serbien entsendet habe. Fortab wird jede gegen Serbien operierende Armee aus österreich-ungarischen und deutschen Truppen zusammengesetzt." Einer neuen Armee muß es jetzt leichtfallen, das Land, das bereits von uns überflutet war und dessen Gefechtsverhältnisse man kennt, dessen Zivilbevölkerung in furchtbarer Weise durch Hinrichtungen und Verschleppungen dezimiert und dessen Heer durch ungeheure Verluste geschwächt und kampfesmüde gemacht wurde, zu besetzen. Das wird nun auf Konto Deutschlands gehen und irgendeinem General Feldherrnruhm eintragen, die Truppen aber werden auf den entscheidenden Kriegsschauplätzen fehlen.

Samstag, den 23. Januar 1915.

Ankömmlinge erzählen uns, daß das Prager Hausregiment, die Achtundzwanziger, von Prag nach Szegedin verlegt wird. Der Grund dieser Dislokationsänderung soll in antiösterreichischen Tendenzen der Prager Bevölkerung liegen. Die Achter Landwehr ist (nach Salzburg) transferiert worden, weil eines ihrer Marschbataillone das Lied „Hej slovane" sang, mit dem unterlegten Text: „Der Russe ist mit uns, wer wider uns ist, den wird der Franzose hinwegfegen."

Sonntag, den 24. Januar 1915.

Nachmittags war ich bei der Platzmusik, die von der einigermaßen komplettierten Kapelle der Elfer gestellt worden war. Man spielte unter anderem „Bobby, wo hast du deine Haare“, den vorjährigen Saisonschlager von Berlin. Wie oft hab ich in der Taverne und im Lunaballhaus dazu getanzt! – Ein deutsches Armeekorps ist angeblich bereits in Temesvar eingetroffen.

Die Ehefrauen von Offizieren, Längerdienenden und Reservisten sind angekommen, manche aus Ofutak, manche aus der Heimat; es gibt wieder Weibergeschichten, Kabalen, Verhältnisse, Protektionen. Neben unserem Quartier wohnt ein Generalstabsmajor K. und sieht jeden Abend in seiner Wohnung den Oberleutnant d. R. Baron H., Ordonnanzoffizier der Division, und dessen Frau zu Gaste. Nach dem Nachtmahl begibt sich der Herr Oberleutnant in den Hof, im Zimmer verlöscht das Licht. Eine Viertelstunde später wird's oben hell, und die Baronin ruft harmlos aus dem Fenster: „Willy, komm doch schon herauf.“ Gestern mußte der pflichttreue Ordonnanzoffizier zweimal verschwinden, auf die Straße geht er nicht, damit kein Offizier ihn nach der Frau Gemahlin frage und deren Aufenthaltsort errate.

Die Soldaten, Sexualnot leidend und daher klatschlüsternneidisch, beobachten solche Szenen genau, das meiste vollzieht sich auch öffentlich, sogar offiziell. Zum Exempel hat dem Oberleutnant J. und seiner blonden Frau der Oberstleutnant liebenswürdigerweise ein Zimmer seiner Wohnung abgetreten. Der Diener des Hauptmanns S., der während der Schlacht auf dem Avalaberg zu uns eingerückt ist, hat erzählt, wie verliebt die Frau Hauptmann in ihn (den Diener) und daß sie von ihm schwanger sei; tatsächlich ist die Hauptmannsfrau jetzt in Szajkas-Szent Iwan bei ihrem Gatten und dem Diener eingetroffen, und es läßt sich erkennen, daß die Renommagen des Burschen keine Lügen waren.

Montag, den 25. Januar 1915.

Unbegründet wäre es, wollte man den deutschen Bewohnern von Bács-Bodrogh den Vorwurf machen, sie seien von monistischen oder freidenkerischen Ideen angekränkelt. Oh, im Gegenteil. Sie sind sehr fromm, und in jedem Haus ist eine Bibliothek, bestehend aus vier Büchern, zwei Lutherbibeln und zwei evangelischen Gesangbüchern, von denen je eines der Hausfrau und eines dem Vater des Hausherrn gehört. An der Wand hängen zwei oder mehrere Exemplare des gleichen Lutherporträts in Farbendruck und die Versicherung, daß wo Glaube, auch Segen, wo Segen, dort Gott, wo Gott, keine Not sei, und mehrere aus verschiedenen Jahren stammende Kalender einer Ujvideker Samenhandlung, immer mit demselben Bild.

Die Leute sprechen korrektes Deutsch, aber statt „bitte" sagen sie „tessék", was ungarisch ist, statt „Kartoffel" sagen sie „krumpirn", was serbisch ist, und statt „Trikot" sagen sie „Duxer", was auch aus irgendeiner Sprache ist. Szajkas-Szent Iwan im besonderen betreffend, würde man fehlgehen, wenn man sich von den beiden an der Ecke der Deutschen Gasse und der Hauptgasse einander gegenüberliegenden Festungen, nämlich der serbischen und der evangelischen Kirche, zu der Ansicht verleiten ließe, das Dorf sei ein stattliches. Ebenso grundlos wie diese Annahme ist die Fahrbahn. Sümpfe, die sie vom Gehsteig trennen, täuschen den Fuhrmann: wer aus Furcht vor der Tiefe des Wassers lieber in den Kot lenkt – nimmermehr kommt er heraus.

Es soll hier eine Dampfsäge und eine Ziegelei geben, sicher dagegen ist, daß der Ort südlich von Josefsdorf und westlich von Tisza-Kalmanfalva liegt und auf der Spezialkarte Kovil-Szent Iwan heißt. Sonst wäre nichts Rühmendes über unseren jetzigen Aufenthalt zu sagen; denn daß die Leute habgierig und mürrisch sind, ist nichts Besonderes. Wir sehnen uns nach Ofutak.

Dienstag, den 26. Januar 1915.

Heute verstreicht ein Halbjahr seit der Mobilisierung. Wieder traf ein Marschbataillon ein, und die Neuen erzählen viel über Stimmung und Vorfälle im Hinterland. Ursache der Verlegung von Achtundzwanzig: beim Abmarsch des VII./28. Marschbataillons aus Prag wollte einer der zur Absperrung des Perrons kommandierten Dreiundsiebziger die Frau eines Reservisten nicht auf den Bahnsteig lassen, sie widersetzte sich, er stieß, sie stürzte, der Gatte wurde tätlich gegen den Dreiundsiebziger, ein Offizier von Achtundzwanzig gab dem Soldaten seines Bataillons einen Säbelhieb, großer Exzeß und angeblich ein Schuß aus dem Waggon.

Unveröffentlichbare Kriegswitze kursieren: „Als General Liborius Franck dem Kaiser die Schlüssel von Belgrad übergeben wollte, erfuhr er im Audienzsaal, er müsse sie auf einem Polster darreichen. Franck ergriff nun das erstbeste Sofakissen, der Kaiser nahm es entgegen und las die darauf gestickten Worte: ‚Nur ein Viertelstündchen‘."

Auf König Peter und General Franck bezieht sich die Scherzfrage: Welches ist der Name von Belgrad? Antwort: im vorigen Monat „Peterwardein", jetzt „Franckfort".

Eine andere Frage: Wie lautet das Regimentslied von Achtundzwanzig? – „Ich hab mich ergeben . . ."

Die Frau eines Reservisten hat Zwillinge bekommen, und Erzherzogin Zita ist Patin; die beiden Buben werden auf die Namen „Franz Joseph" und „Willi" getauft. Die Patin fragt die Mutter, wie sie die beiden Kinder unterscheide. „Ganz leicht. Der, der immerzu schläft, ist der Franzl, und der, der fortwährend plappert, ist der Willi."

Auf die Tatsache, daß bei österreichischen Siegen die Beflaggung von Prag durch die Militärbehörden angeordnet wird, ist der Witz gemünzt: Ein eben in den Himmel Gekommener fragt nach dem Klosett, und Petrus weist ihm einen Platz an. „Aber da unten liegt doch Prag?" wendet der Neue ein. „Eben deshalb", antwortet Petrus, „dort wird jeder Scheißdreck gefeiert."

Andere Witze: Ein Druckfehler. „Erzherzog Friedrich hat sich auf den Kriegszuschauplatz begeben." – Die Bevölkerung des Hinterlandes wohnt an den Mawattochdaseen und besteht aus Mawatsachiten und Mawatochscholesen. (Man wird doch da sehn, man wird sich hüten, man wird doch schon lesen.) – Als Kaiser Franz Joseph mitgeteilt wurde, daß Czernowitz genommen sei, fragte er: „Hat er sich's denn nicht richten können?" – „Sind Sie patriotisch gesinnt?" – „Wenn ich gesund wär, wär ich nix patriotisch." – Eine Dame bewirbt sich um einen Reisepaß ins Etappengebiet und füllt im Fragebogen das Rubrum „Militärverhältnisse" mit dem Worte „Ja" aus. – Pollak und Spitzer rücken gemeinsam ins Feld ein. Pollak kommt nach vierzehn Tagen zurück und erzählt, wie er jeden Tag zur Marodenvisite gegangen sei, einmal mit Kopfschmerz, einmal mit Herzschwäche, einmal mit Bauchweh. „So lange, bis dem Regimentsarzt mies vor mir geworden ist und er mich zurückgeschickt hat." Und Spitzer? „Spitzer? Der traut sich doch nicht zum Regimentsarzt, der Feigling liegt im Schützengraben." – General Brudermann fährt nach der verlorenen Schlacht von Rawaruska erster Klasse nach Hause. Unwillig darüber, daß ein Jude ins Abteil kommt, brummt er verächtlich: „Kriegsgewinner!" – „Sie nicht!" gibt der Jude zur Antwort. – Auf die deutschen und österreichischen Truppen bezieht sich die Bemerkung: „Die Aufgabe der Österreicher ist es, den Feind so lange aufzuhalten, bis Militär kommt." – Ein Wiener fragt einen Berliner: „Na, wie ist denn bei euch in Deutschland die Stimmung?" Der Berliner: „Ernst, aber zuversichtlich. Und bei Ihnen?" – „Bei uns? Hoffnungslos, aber optimistisch."

Mittwoch, den 27. Januar 1915.

Der Winter ist gekommen mit viel Kälte und Schnee. Trainoffiziere und andere uneingestandene Tachinierer bringen täglich Soldaten zur Anzeige, weil diese angeblich nicht vorschriftsmäßig gegrüßt haben. Der Rittmeister unseres Regimentstrains hat Leute gezwungen, Exkremente, die am Rande des Lagerplatzes lagen, in bloßer Hand wegzutragen; er gibt an, daß sie den Unrat selbst verursacht hätten, aber das ändert wenig. – Das Siechenhaus des Ortes wurde geräumt, um als Arrest eingerichtet zu werden.

Donnerstag, den 28. Januar 1915.

Gemeinsam mit einem Freund habe ich ein Zimmer gemietet. Da ich jedoch wieder Jucken verspüre, ging ich nicht hin, um den Leuten die Betten nicht zu verlausen. Mein Freund wollte um drei Viertel 9 nach Hause, als er die Tür des Hofes öffnete, machten die beiden Hunde Miene, ihn anzufallen, so daß er retirieren mußte. Trotz des Gekläffs kam keiner der Hausbewohner, und wir trafen einander im Schweinekober.

Freitag, den 29. Januar 1915.

Abends kam ich mit slawonischen Bauern ins Gespräch, die vor ihrem Hause saßen. Ihre Klagen gleichen denen der Deutschen: daß in diesem serbisch-deutschen Bezirk die Kinder weder Gelegenheit haben, Deutsch zu lernen, noch Serbisch, sondern bloß Magyarisch. Zwar unterrichtet der Pope in Cyrillika und serbischer Sprache, doch ist das fakultativ und nicht viel wert. Sie fühlen sich unterdrückt, und ihre Zuneigung für Serbien ist mehr als verständlich, wenn sie sich auch wegen der Massenhinrichtungen nicht mehr hervorwagt. Die deutschen Bewohner aber haben nicht einmal für die deutschen Truppen Sympathie, weil diese ja die Bundesgenossen ihrer magyarischen Unterdrücker sind. Welch Labyrinth! Es wird kaum viel helfen, daß der Divisionär heute verfügt hat, jeder Soldat, gleichgültig welcher Nationalität, habe den Text des Kaiserliedes in deutscher Sprache auswendig zu kennen.

Montag, den 1. Februar 1915.

Anzeichen bevorstehender Übersiedlung verdichteten sich am Abend zur Gewißheit. Zuerst ein Befehl wegen zurückgelassener alter Montursorten in Ofutak und scharfe Verwarnung an die Kommanden, ähnliches im Wiederholungsfalle zu verhüten; die vorbeugenden Maßnahmen seien eiligst zu treffen. Zweitens: die Pionierabteilung, die für einen Monat zu Übungsarbeiten nach Titel kommandiert war, mußte zum Regiment zurückkehren. Drittens (und nun war es gewiß): der Diener eines Generalstäblers hat von seinem Herrn den Auftrag zum Packen bekommen. Um 7 Uhr abends tutete das Feldtelefon, ein Telegramm von „Lenzstaze" – dies ist das Stichwort der Division – an die Kommanden: „Abmarsch der Truppen zwischen 6 und 8 Uhr morgens." Fünf Minuten später tönte auf der Hauptwache das Signal „Tagchargen Laufschritt", und im Augenblick war die Ruhe von Szajkas-Szent Iwan von tausend Rufen und Befehlen, von Rennenden, Schleppenden, Reitenden und Fahrenden gestört.

Dienstag, den 2. Februar 1915.

Die Sonne war noch nicht aufgegangen. Nebel dampfte zwischen den Häuserreihen, und dennoch war es hell: vom Widerschein des Schnees, der auf Giebeln und Gassen lag. Wir gingen zwanzig Kilometer durch Tünderes, Szajkaslak und Titel, dahinter auf einer großen Kriegsbrücke über die reißende und mindestens sechshundert Meter breite Theiß, dann längs des Flusses Bega bis nach Perlesz. Hier erfuhren wir von unserem Feldkuraten, der es seinerseits vom Divisionspfarrer weiß, daß wir nach der Bukowina gehn. In diesem Frost nach Rußland! In Serbien kennen wir bereits jeden Berg und seine Tücken, jede Straße, jedes Gewässer.

Mittwoch, den 3. Februar 1915.

Ein achtzehn Kilometer weiter Marsch bei minus sieben Grad Celsius nach Németh-Eszka, einem rumänisch-deutschen Dorf mit katholischer und serbischer Kirche und einer Synagoge. Wir sind jetzt im Banat, Komitat Torontal. Vor dem roten Schloß des Markgrafen Pallaviccini ließ der

Oberst die Musikkapelle aufstellen, um just dort die Defilierung abzunehmen, und er hatte denn auch den Erfolg, daß der junge Herr Markgraf mit zwei perlenüberladenen Damen herauskam, um ihn zum Abendessen ins Schloß einzuladen. Unsere Kompanie wurde in einer Scheuer untergebracht.

Donnerstag, den 4. Februar 1915.

Aber ich machte keinen Gebrauch von diesem Quartier, sondern saß mit einigen Unteroffizieren in einer Schenke, wo wir 130 Flaschen und ein Viertelhektoliterfaß Bier so weit austranken, bis wir unter dem Tisch liegenblieben. Erst morgens leerten wir den Rest und kamen noch zum Abmarsch zurecht. Über Szigmondfalva gingen wir elf Kilometer und langten mittags in Lazarföld ein. Das ist eine deutsche Gemeinde von zweitausend Seelen im Beczkereker Stuhlbezirk des Komitats Torontal, aus der Zeit nach dem Frieden von Passarowitz (1718) stammend, als das verwüstete und unbevölkerte Gebiet an Kolonisten verschenkt wurde. Franzosen waren unter den Einwanderern, hauptsächlich wohl Lothringer, und in der Nähe unseres Kantonierungsortes heißen die Dörfer „Solteur", „Saint-Hubert" und „Charleville". Auch Familiennamen sind vielfach französisch. Unser Wirt zum Beispiel heißt Lafleur, er ist der Notar der Gemeinde, und wir sind im Sitzungssaal des Rathauses einquartiert.

Der aus Beczkerek ankommende Postunteroffizier brachte uns die Nachricht, daß die große Kriegsbrücke über die Theiß, auf der wir vorgestern gekommen waren, vom Eisgang zertrümmert worden ist.

Freitag, den 5. Februar 1915.

Vorbereitungen zur Abreise auf den nördlichen Kriegsschauplatz. Trüb die Stimmung, man zieht, auch wenn's hier noch so arg war, nicht gerne in ein unbekanntes Land, um Krieg zu führen. Um 9 Uhr 16 wurden wir einwaggoniert, nordostwärts, quer über die Landkarte Europas, geht die Fahrt und bedeutet für uns das Ende des serbischen Feldzugs.

Samstag, den 6. Februar 1915.

Je vierzig Mann sind wir in einem Lastwaggon eingepfercht, die Offiziersdiener haben einen Personenwagen; es ist uns verboten, in den Stationen den Bahnsteig zu betreten, damit man nicht an den Aufschlägen erkenne, welches Regiment da zur Verstärkung nach Norden fährt. Die Offiziere aber setzen sich feuchtfröhlich ins Bahnhofsrestaurant und trinken und essen, obschon die Offiziersmenage reichlich für ihren Reiseimbiß gesorgt hat, während wir unsere Konserven nicht öffnen dürfen und auf das ungenießbare Gulasch angewiesen sind, das uns die ungarischen Landstürmer in den Verköstigungsstationen aus Badewannen kredenzen. Um halb 11 Uhr vormittags kamen wir in Szegedin an, nachmittags um 4 Uhr in Békes-Szaba, um Viertel 12 Uhr nachts in Großwardein, wo der Zug lange hielt.

Sonntag, den 7. Februar 1915.

Die Vormittagsstationen heißen Kismaria, Poszaj-Eszter, auch auf offener Strecke stehen wir oft, und Schneeballschlachten entbrennen mit Flankenfeuer und Sturm. An einem total zertrümmerten Eisenbahnzug fuhren wir vorbei – es muß einen großen Zusammenstoß gegeben haben, doch jetzt erfährt man nichts von derlei Katastrophen. Die Dreiundsiebziger kommen uns in einem Personenzug entgegen, die Soldaten unseres Regiments sind darüber erbittert: „Natürlich, uns steckt man in Hüttelwagen und Viehwaggons, die Deutschen reisen wie die Herren." Auf dem Perron in Debreczin sehen wir zum erstenmal reichsdeutsches Militär.

Montag, den 8. Februar 1915.

Gegen 8 Uhr abends hatten wir Debreczin verlassen, und zwar nicht gegen Osten, sondern gegen Norden, also geht es in die Karpaten. In Nyiregyháza bekamen wir zuckerlosen Kaffee, doch wäre er wohl auch mit Zucker nicht genießbar gewesen, in den Stationen Kisvarda, Fényeslitka, Zahony und Czap faßten wir Schneebrillen, weiße Mäntel und weiße Kapuzen. In Ungvar traf ich einen alten Bekannten, den Photographen Alt-Prags, Siegmund Reach, der als Oberleutnant des Landsturms eingerückt ist und mir unerfreuliche Dinge von der Gegend erzählte, in die wir fahren, die Verpflegungsverhältnisse sind die denkbar schlechtesten, die Möglichkeiten, etwas zu kaufen oder zu requirieren, längst erschöpft, die Gefechtslage schwankend, unsere Verluste sehr groß. – Durch Schluchten und Pässe gegen Pereseny und andere Orte, deren Namen auf den Stationsgebäuden übertüncht sind.

Dienstag, den 9. Februar 1915.

In Reföly wurden wir um 5 Uhr auswaggoniert, erhielten Kaffee oder Tee – der Koch wußte selbst nicht genau, was es war – und brachen nach Sikosfalva auf, durch Hohlwege voll Buchen, Schnee und Fuchsspuren. Die Sonne brannte, als wären wir nicht im hohen Norden, nicht mitten im Winter. Ein Auto des Divisionskommandos überholte uns, nachdem wir fünf Kilometer zurückgelegt hatten: Kehrt euch und Marsch nach Ungvar! Eine Stunde später waren wir in Pereseny, einem Ort östlich der Kultur, mit Figuren, wie von Karl Emil Franzos gezeichnet, kleine Judenkinder mit gekräuselten Schmachtlocken, Judenfrauen, Perücken über ihrem eigenen (bei der Hochzeit abgeschnittenen) Haar, Männer in Kaftanen und Schaftstiefeln, Huzulen und Slowaken in Schafpelzen. Und unter diesen exotischen Volkstypen bewegten sich blonde Germanen des Potsdamer Garde-Artillerie-Regiments in Uniformen, die unseren Neid weckten.

Um 4 Uhr Ankunft in Ungvar. Die Not der Gegend ist unbeschreiblich, die Bewohner betteln bei den Soldaten um ein Stückchen Brot oder ein paar Teeblätter. Wir sind in der auf einer Anhöhe liegenden Schule untergebracht, die Mutter des Lehrers zerhackt den Rest der Bänke und der

Schultafeln, um einheizen zu können. Die Gattin des Lehrers, der an der Front steht, ist vor einer Woche irrsinnig geworden. In einer Familie des Nachbarhauses sind zwei Kinder an Hungerödem gestorben, ein drittes liegt in Agonie, die vier anderen und die Mutter umgeben schreiend und weinend das Bettchen und danken kaum, als wir ihnen einen halben Laib Kommißbrot und ein Stück Salami geben.

Mittwoch, den 10. Februar 1915.

Schnee und Sonne leuchten auf dem zwölf Kilometer langen Weg von Ungvar über Ladoměr nach Kiskolon. Der Divisionär hat zwei Aufrufe erlassen, einen warnenden, der in dem Satz gipfelt: „Die Kälte ist unser größter Feind", und einen anfeuernden: „In fünfmonatigem Feldzug, der überreich an Strapazen und Opfern war, haben wir unvergleichliche Heldentaten geleistet und dem haßerfüllten Feind im Süden unseres Reiches solche tiefe Wunden geschlagen, daß er es unterlassen wird, uns je wieder leichtfertig zu höhnen und herauszufordern." Anschließend daran wird mitgeteilt, uns falle die Aufgabe zu, „die Russen aus Galizien zu vertreiben. Nicht jeder Soldat", heißt der Hauptsatz, „wird die Auszeichnung haben, im Süden und Norden fürs Vaterland gekämpft zu haben, und deshalb soll euch die Berufung des Allerhöchsten Kriegsherrn und unsere neue Aufgabe mit besonderem Stolz erfüllen."

Am Abend sprach ich mit jüdischen Auswanderern, die das Pferd ihrer Karre fütterten. Was sie erzählten, war fürchterlich, oft las man von Kosakengreueln, ebensooft von Schrecknissen der Pogrome, aber man hielt das im Frieden für Übertreibungen aus Sensationsgier, im Kriege für Stimmungsmache. Widerstrebend, in abgebrochenen Sätzen, einer dem anderen aushelfend, berichteten diese armen Leute von ihren Leiden. Das konnte nicht erlogen sein. Sie waren in ihrem galizischen Ort geblieben, als zum erstenmal die Russen kamen; „es sind doch auch Menschen, haben wir uns gesagt", doch sie brachen in die jüdischen Wohnungen ein, raubten mit vorgehaltenem Revolver, verprügelten die Männer, und alle ihre Fragen gingen nach Frauen und Mädchen, ja sogar Halbwüchsige zerrten sie in die Nebenzimmer, um sie zu notzüchtigen.

Einmal näherten sich die Kosaken dem Haus, die Mädchen verbargen sich, als jedoch die Russen den Vater umzubringen drohten und mit den Bajonettgriffen auf seinen Kopf schlugen, stürzten die Töchter mit Zetergeschrei herbei und erzielten, daß der Vater zwar losgelassen, zwei von ihnen aber vergewaltigt wurden. Die dritte sprang aus dem Fenster und floh auf den halbgefrorenen San, wo sie die ganze Nacht stand und hörte, wie die Kosaken sie suchten.

Ein andermal drohten sie einer Mutter, ihrem Säugling den Kopf zu spalten, wenn sie das Versteck ihrer dreizehnjährigen Tochter nicht verrate; das dreizehnjährige Mädchen sitzt weinend im Wagen, es ist an Gonorrhoe erkrankt. Eine Frau hat den Kopf verbunden, sie ist von zwei Säbelhieben verwundet worden, damit sie angebe, wo ihre Töchter seien. Auf die Bitte um Schutz erwiderte der Kommandant, ein russischer Graf (wie denn überhaupt die meisten Offiziere dieser Kosakenabteilung Aristokraten waren), man möge eine Deputation von jungen Mädchen schicken, dann werde er sehen, was er tun könne.

Bis zum Herannahen der Österreicher hatte sich ein Teil der Juden in dem Kessel einer Fabrik versteckt gehalten und dort gehungert. Nachdem die Österreicher jetzt den Ort wieder räumen mußten, flüchteten die Familien, gänzlich vernichtet und verarmt.

Donnerstag, den 11. Februar 1915.

Längs des zugefrorenen Flüßchens Ternovec bis nach Takszaný und dann entlang der Cziroka südwestlich bis Szinna, wo wir nach vierstündigem Marsch um halb eins anlangten. Der Kanonendonner kommt aus nächster Nähe, die Russen befinden sich im Raume Lupkow-Mezölaborz. Szinna ist zerstört und geplündert, die Bewohner umlagern die Fahrküchen, um Abfälle oder gar etwas Suppe zu erbetteln, auch ist der Ort voll von Maroden, die abgefrorene

Gliedmaßen haben. Sie erzählen uns, wie sich hier der Krieg abspielt, die Schwarmlinien liegen etwa zweitausend Meter voneinander entfernt, es gibt keine eigentlichen Nahkämpfe, aber ärger als die Schußwunden schmerzen die erfrorenen Zehen und Finger.

Freitag, den 12. Februar 1915.

Die Lerchen zwitscherten ganz deplaciert, die Sonnenstrahlen zermanschten den Schnee zu jener braunen Materie, deren Bekanntschaft wir schon im anderen Winkel Europas gemacht hatten, und beschwerlich war der Weg, den wir von 8 Uhr morgens bis 6 Uhr abends gingen, keuchend, fluchend, wankend entlang der kristallklar zwischen vereisten Teilen dahinstömenden Cziroka, entgegen ihrer Strömung, genau in nördlicher Richtung. In Mehesfalva nahmen wir mittags Menage, am Nordausgang von Telepocz, wo wir erschöpft ankamen (ein echter Freitag!), wurde das Regiment einquartiert, ich mit einigen Kameraden in der Kammer einer Hütte, in der eine Familie von Mann und Frau mit sechs Kindern wohnt; die Gatten schlafen oberhalb des Herdes, über ihnen schaukelt eine am Dachsparren aufgehängte Wiege, von der liegenden Frau mit dem Fuß in Bewegung gesetzt, wenn der Säugling zu brüllen anfängt.

Samstag, den 13. Februar 1915.

Dementsprechend war auch die Nacht vom Freitag auf den Dreizehnten. Früh 5 Uhr Tagwache. Ich hatte gestern während des Marsches meinen Tornister auf einen Trainwagen geworfen, mit dessen Kutscher ich befreundet bin, aber der Train war abends überhaupt nicht zu uns gestoßen, und es heißt, daß er jetzt von uns abgetrennt bleibt, da wir ins Gefecht kommen. Ich mußte den Tornister haben! Während sich also die Truppe rangierte, eilte ich im Dunkel zurück, fiel, suchte und wußte vor allem von der Gefahr, als Deserteur behandelt zu werden, wenn man mich erwischte. „Immer war er mit der Truppe marschiert“, konnte man mir vorwerfen, „und gerade, wenn es ins Gefecht geht, findet er das Regiment nicht.“ Ich rannte daher, als ich endlich meinen Tornister hatte, mit der schweren Last doppelt so rasch vorwärts.

Meine Eile war unnötig gewesen. Das Regiment ging im Gänsemarsch, jeder kletterte einzeln die unwegsame Höhe des Waldgebirges empor. Die Steigung 1:4, der Boden aufgeweicht, das Maultier der Gebirgsbrigade Valek sucht im Nebel seinen Weg, den gleichen wie wir, die Kochkisten und Packsäcke stießen auf dem engen Pfad jeden Moment mit unseren Tornistern zusammen, wobei sich die Tragtiere als die Standfesteren erwiesen, das Hinfallen war schmerzlich, die Last des Tornisters noch schmerzlicher, Wind und Hitze in ihrem ewigen Wechsel am schmerzlichsten.

Zwischen 1 und 2 Uhr nachmittags erreichten wir die Kammhöhe Wierch Rydoszowa, 828 Meter hoch, und vor uns lag Galizien. Man sah Berge voller Buchen und Schnee, wir Halbkrepierten aber hatten durchaus keinen Sinn für landschaftliche Reize. In Balnica sammelte sich das Regiment, Gefechtsinstruktion wurde ausgegeben, wir unterhielten uns mit den Kanonieren der hier aufgefahrenen Batterie; gestern haben die Russen einen Teil des 92. Infanterieregiments umzingelt und zwei Kompanien gefangen.

Marode schleppten sich vorbei, nur wenige hatten Schußwunden, die meisten Erfrierungen; diese unblutigen Blessierten wirkten noch schrecklicher als die blutenden Verwundeten, die uns in Serbien vor jedem Gefecht entgegengekommen waren.

Drei Selbstverstümmler wurden zum Divisionsgericht eskortiert, sie klapperten vor Frost und Schmerz, der eine hatte den linken Unterarm zerschmettert, der zweite zwei Finger durchschossen, der dritte die linke Schulter – alle drei trugen selbstangelegte primitive Bandagen, blutüberströmt. Sie können vor dem Feldgericht nichts in Abrede stellen, denn die Schüsse sind auf der linken (dem eigenen Gewehr erreichbaren) Körperhälfte, die Wundränder zeigen Merkmale der Verbrennung von der Stichflamme und

Pulverschleim – typischer Nahschuß. In Serbien war es leichter – man brauchte nur absichtlich den Arm aus der Deckung zu strecken und hatte schon einen Schuß von drüben, „eine ehrenvolle Verwundung". (Wenn man sich hier anschießen will, muß man zuerst ein [mit Urin] genäßtes Taschentuch auf die Stelle legen, die man treffen will, dann sind die Vergasungs- und Pulverspuren nicht zu sehen.)

Gegen 3 Uhr marschierten wir vorwärts, das unaufgelöste Südbataillon von Achtundzwanzig in unserem Verbande. Wir waren noch nicht in Wola Michowa, rechts und links von uns flogen Granaten und Schrapnelle in die verstreuten Hütten oder platzten hart neben der Straße, längst entwöhnte Töne. Wola Michowa ist das letzte Dorf in unserem Besitz, im nächsten vor uns sind die Russen, und auf den Höhen zwischen Wola Michowa und Smolnik liegen die österreichische und die russische Schwarmlinie einander gegenüber. Das Regimentskommando wurde im Pfarrhof etabliert, darin auch das 57. Brigadekommando untergebracht ist. Die Truppe bewegt sich in Kolonne weiter, um die Hügel zu besetzen, auf denen die abzulösenden Zweiundneunziger und Vierundsiebziger sind.

Kaum eine halbe Stunde marschieren wir, da pfeifen, bschenng, Gewehrkugeln über unseren Köpfen, bschenng. Im selben Augenblick wird Entwicklung zur Schwarmlinie befohlen, und in Plänklerreihe geht es auf den Kamm und an die Schießscharten der Deckungen.

Donnerstag, den 18. März 1915.

Der heutige Tag ist bis jetzt der verhängnisvollste in diesem Kriegsjahr für mich gewesen. Früh bekam ich reichliche Post von zu Hause, darunter ein Bild meiner Mutter. Gestern hatte mir mein mit dem Marschbataillon wieder eingerückter Vetter Dr. Stransky als erster Mensch seit siebeneinhalb Monaten eine Schilderung des Lebens in meinem Vaterhause gegeben.

Um halb 3 Uhr nachmittags händigte mir der Generalstabschef der Brigade, Hauptmann Löhr, einen unwichtigen Befehl an das Regimentskommando ein, der sich auf Abholung von Stacheldraht bezog. Da sich der Sappeur, der gemeldet hatte, daß der Draht zum Abholen bereitliege, gerade entfernen wollte, glaubte ich geschickt zu handeln, wenn ich mich auf dem Weg zum Regimentskommando beim Bataillonskommando stelle, damit dieses dem Sappeur eine Ordonnanz zur Fassungsstelle mitgebe; diese Ordonnanz hätte dann dem Abholungsdetachement den Weg zeigen können. Der Sappeur wartete vor dem Haus, welches auf dem Marktplatz von Wola Michowa gelegen war. Ich ging hinein. Darin waren Hauptmann Allé, der eigentliche, aber derzeit marode Kommandant des Bataillons, Hauptmann David, der provisorische Kommandant, Oberleutnant Klatovsky, der Bataillonsadjutant, der am Tisch eine Feldpostkarte schrieb, Leutnant Basch, ein eben von seiner Schußrekonvaleszenz zurückgekehrter Offizier, dann der gleichfalls neueingetroffene Leutnant Gustav Svoboda, der Sohn des Prager Universitätsrektors, Oberleutnant Doležal und Kadett Dr. Michal sowie drei Offiziersdiener, die beim Ofen saßen.

Ich trat zu dem Tisch, ließ den Oberleutnant Klatovsky die Meldung lesen und bat um eine Ordonnanz, als ich mitten in meinem Satz dadurch unterbrochen wurde, daß ich unter grauenhafter Detonation einen furchtbaren Schlag auf den Kopf bekam, so daß ich rücküber steif zu Boden stürzte.

Ich verlor nicht die Besinnung, auch nicht für den Bruchteil einer Sekunde, aber ich weiß, daß ich im ersten Moment ganz erstaunt den Kopf erhob, nicht recht wissend, was los sei. Im zweiten Hundertstel der Sekunde wußte ich bereits, daß eine Granate in das Zimmer geflogen sei, gerade auf mich. Was ich tun sollte, wußte ich im dritten Hundertstel der Sekunde noch nicht, ich sah nur, daß das ganze Zimmer dunkel und voller Rauch war, ein Geräusch vernahm ich nicht.

Dann stieß jemand heftig mit den Füßen an meinen Kopf, einer, der die Tür suchte. Nun sprang auch ich auf, tappte auf die gegenüberliegende Seite, aber als die Tür von einem anderen geöffnet wurde, war ich orientiert und rannte etwa zehn Schritte aus dem Haus heraus, gegen das Regimentskommando zu.

Unterwegs spürte ich, daß Blut in dicken Strömen mir über Nase und Ohren vom Kopf auf die Bluse strömte und daß auch mein Körper irgendwie durchlöchert sei, da sich mein Hemd auf dem Rücken, auf dem Oberarm und auf dem Schenkel mit warmem Blut füllte. Jetzt blieb ich eine Sekunde stehen und dachte: Vielleicht brichst du im nächsten Moment zusammen und bist tot. Es schien mir wahrscheinlich, denn die Granate war direkt an meinen Kopf geflogen, sie hatte sich nicht vorher eingebohrt und mich dann mit ihren Sprengstücken überschüttet. Auch viele andere, die ich im Kriege sterben sah, waren wenige Minuten vorher bei Besinnung gewesen. Ich reckte mich und merkte, daß ich noch sehr intensiv lebe. Die linke Kopfseite schmerzte mich, und von dort floß mir das Blut über die Augen. Ist vielleicht mein linkes Auge weg? Ich hielt das rechte mit der Hand zu und konstatierte, daß ich zwar schlecht sehe, aber wohl nur deshalb, weil Blut aus einer über dem Auge befindlichen Wunde rann.

Alle diese empirischen Untersuchungen meines Zustandes dauerten nur eine Sekunde, dann eilte ich weiter, der Wohnung unseres Chefarztes zu. Vor mir sah ich den Mann, der an mich gestoßen und dann, die Tür öffnend, hinausgelaufen war, und erkannte in ihm den Oberleutnant Klatovsky. Ohne mich gerade des Satzes „cogito ergo sum“ ausdrücklich zu erinnern, kam ich zu der gleichen Erwägung wie Cartesius.

Und schon stieg in mir eine neue Befürchtung auf. Wie, wenn meine Wunde überhaupt nur eine Lappalie ist und die Gelegenheit verpaßt, nach siebeneinhalb Monaten grausamsten Elends wenigstens für einige Tage in eine Atmosphäre von Sauberkeit und Ordnung zu kommen? Wie, wenn der Arzt mir lächelnd ein Pflaster aufpappen und mich wieder in den Dienst schicken würde? Dazu habe ich keine Lust. Also werden wir dem Arzt eine traumatische Neurose und innere Schmerzen vorspielen!

Ich lief, ostentativ wankend, weiter zum Hilfsplatz und sah, wie die auf die Detonation hin aus den Stallungen und Häusern geeilten Soldaten mir entsetzt nachschauten. Vor der elenden, am Bach gelegenen Hütte, die der Chefarzt mit einigen Offizieren bewohnte, da ein Hilfsplatz noch nicht etabliert ist, lag in einer Ecke wimmernd schon Oberleutnant Klatovsky.

Hier begann ich nun meine Komödie. Ich brach in der Mitte des kleinen Zimmers absichtlich zusammen und drehte das Weiße der Augen auswärts. Einige Sanitäter und Kameraden packten mich und trugen mich auf das Stroh, wobei ich kläglich zu winseln anfing. Ein Arzt war noch nicht da, den Chefarzt bekam ich überhaupt nicht zu Gesicht (wahrscheinlich hatte er bei den durch die Granate verwundeten Offizieren zu tun), aber einige Sekunden später kam Assistenzarzt Dr. Hausdorf. Er wandte sich zuerst dem Oberleutnant zu, dann mir, schaute meine Kopfwunden an. Von seiner Anwesenheit scheinbar keine Notiz nehmend, zog ich die Beine in Todeszuckungen an den Körper und bemerkte, daß sich der Arzt mit erschrecktem Kopfschütteln zu mir neigte und meine Behandlung in Angriff nehmen wollte. Aber der Oberleutnant rief ihn so verzweifelt oder energisch zu sich, daß er sich von mir abwandte und zunächst den Offizier vornahm.

Das besorgte Kopfschütteln des Medikus ließ mich innerlich frohlocken. Nicht eine Sekunde dachte ich an die Möglichkeit, wirklich schwer verletzt zu sein. Ich wußte nur, daß meine Wunde nicht als eine „dienstbare" belächelt werden und mir zum Schaden nicht noch Spott bringen werde.

Was wäre nun weiter zu tun? Ich will jetzt trachten, nicht in ein Spital des Etappenraums geschafft zu werden, wo ich bis zu meiner Heilung bleiben müßte; ich will eine Reise nach Prag herausschlagen. Das könnte nur geschehen, wenn – nun kam mir ein Gedanke, der Verrat an meinen Prinzipien bedeutet: ich müßte zum Offizier befördert werden. Ich überlegte: soll ich mir jetzt die so oft von mir abgelehnte Beförderung zum Kadetten verschaffen? Sollte ich mich der Möglichkeit einer schlampigen Behandlung, der Möglichkeit eines Wundbrandes, eines qualvollen Herumstoßens in Viehwaggons und in den Spitälern aller Winkel der Monarchie aussetzen, ohne die Bewilligung zur Heimkehr zu bekommen, während ich als Offizier direkt nach Prag fahren könnte? Jetzt ist der Moment. Ich tat also, als ob ich aus meiner Apathie und Unempfindlichkeit gegen die Umgebung erwache, und rief den Feldwebel Švec zu mir heran: er möge den Hauptmann Schöch rufen, ich müsse von ihm Abschied nehmen ... Er rannte davon. Alles sah mich besorgt an.

Mein Vetter Dr. Stransky stürzte ins Zimmer und war entsetzt, als er mich im Todeskrampf liegen sah. Ich deutete ihm durch Winke an, daß ich ihm etwas sagen wolle. Alle traten scheu und feierlich zurück, während er neben meinem Kopf niederkniete und sein Ohr über meine Lippen beugte, um besser zu hören, was ich ihm in meinem letzten Stündlein anvertraute: „Ich spüre gar nicht, daß mir etwas fehlt, aber ich spiele Theater. Ich mache so, als ob ich eine Granate beim Krepieren wäre." Der arme Junge mußte lächeln. „Lach nicht", herrschte ich ihn leise an, „du wirst doch beobachtet. Schreib nach Hause, daß ich einen Streifschuß bekommen habe und mich freue, wieder einen Monat lang in Prag Schlapak tanzen zu können." Er wurde wieder ernst, er glaubte, ich spiele ihm die Komödie von meinem Komödienspiel nur vor, um ihn und damit meine Familie zu beruhigen. „Du glaubst doch nicht, daß es mir Erleichterung verschafft, wenn ich die Beine mit leisem Wimmern emporziehe, zum Beispiel so." Ich zog die Beine mit leisem Wimmern empor – alle Anwesenden bekamen bei dieser Annäherung des Todes eine Gänsehaut. „Oder wünschst du einen jähen Aufschrei mit Geste gegen das Herz? Voilà!" Ich schrie auf und griff mir an das Herz. Mein Vetter wußte nicht, ob er lachen oder weinen solle. Ich aber wußte es und erklärte ihm den Grund meiner Simulation: „Ich will jetzt Kadett werden, damit ich nach Hause komme."

Der tragikomische Dialog wurde dadurch unterbrochen,

daß sich der Arzt nunmehr zu mir wandte. „Apathisch und völlig teilnahmslos“ betrachtete ich seine besorgt gerunzelte Stirne, als er mich abtupfte. Er konstatierte, daß die Stirnader durchgeschlagen sei, behandelte die Wunde, ließ mir den Ärmel zerschneiden, um einige Wunden am Arm zu verbinden, und fragte mich dann, wo mir noch etwas fehle. Zuerst gab ich keine Antwort, dann spielte ich, obwohl ich nun wirklich große Schmerzen zu spüren begann, den Schmerzverzerrten und stöhnte: „Rücken.“ Auch auf den Oberschenkel deutete ich. „Du bist ja ganz durchlöchert“, bemerkte der Arzt und verband die neuentdeckten Verletzungen. „Die Wirbelsäule ist bloßgelegt“, flüsterte er meinem Vetter zu.

Hauptmann Schöch trat ein. Ich tat so, als ob ich ihn nicht sehe. Feldwebel Švec: „Du, Kisch, der Herr Hauptmann Schöch ist hier.“ Ich schien aus dem Jenseits zu erwachen: „Wo?“ Dann erkannte ich ihn und streckte ihm die Hand entgegen: „Ich danke Ihnen für alles Gute, das Sie mir erwiesen haben, Herr Hauptmann“, stöhnte ich, und es war bei diesem Betrug mein Dank ziemlich ehrlich gemeint. „Nichts zu danken, Kisch, Sie sind ein braver Soldat, und einem braven Soldaten muß man schon helfen.“ – „Nein, Herr Hauptmann, ich habe Ihnen viel zu danken“, beharrte ich mit der Starrköpfigkeit von Sterbenden, dann streckte ich ihm die Hand von neuem entgegen, die er ergriffen drückte. „Herr Hauptmann.“ Ich zog ihn zu mir hernieder. „Könnten Sie nicht veranlassen, daß ich ein Grab bekomme, ein eigenes Grab für mich allein.“ – „Aber, Kisch, soweit ist es doch noch nicht.“ Er dachte nach, wie man das machen könne, daß für den Korporal ein eigenes Grab geschaufelt werde. „Jeder Kadett hat sein eigenes Grab, warum soll ich nicht auch eins haben.“ Ihm kam eine Idee: „Jetzt haben Sie doch nichts dagegen, wenn wir Sie zum Kadetten machen?“ – „Ja, das wäre gut“, wimmerte ich, „dann bekäme ich ein eigenes Grab.“ – „Also warten Sie, ich gehe gleich zum Obersten.“

Ich wollte warten, bis er zurückkomme, aber das Fuhrwerk war bereits vorgefahren, und Oberleutnant Klatovsky drängte zum Aufbruch. Man trug uns zum Wagen, legte uns nebeneinander, meinen Schlafsack breitete man über mich, und es ging ab. Ich schaute, ob mir der Hauptmann nicht die Ernennung bringe, aber sie kam nicht. Wir fuhren die Straße von Wola Michowa südlich gegen Maniow zu, wo sich die Divisionssanitätsanstalt 29 befindet. Es ging schnell. Ein Kanonier hielt nach wenigen Minuten den Wagen an. „Fahren Sie nicht weiter, der Weg ist von Schrapnellen bestreut." – „Ach was", schrie ich ihn und den Kutscher an, der schon gehalten hatte, „nur weiterfahren." Aut – aut, dachte ich mir, entweder die Geschosse erschlagen uns, oder wir sind endlich außerhalb des Feuerbereiches. Wir wurden nicht getroffen.

Der Offizier neben mir stöhnte schrecklich. „Herr Oberleutnant, jetzt hört uns ja niemand mehr", sagte ich, denn ich konnte mir nicht vorstellen, daß er wirklich vor Schmerz jammere, aber ich bat ihm wenige Minuten später im Geiste ab, als ich seine schweren Wunden sah.

Die Sanitätsanstalt war in einer hölzernen Kirche in Maniow etabliert, deren Bretter so beinschwarz waren wie alte Steinkirchen. Einige Schritte vor der Kirche ritt der Bataillonsadjutant Leutnant Weiser an unseren Wagen heran und hob die Plache in die Höhe. „Kisch, bist du bei Besinnung?" – „Ja." – „Der Herr Oberst läßt dir sagen, daß du zum Kadetten befördert bist." – „Haben Herr Leutnant das nicht schriftlich, damit ich mich legitimieren kann?" – „Nein, aber ich kann es dir aufschreiben."

Er kritzelte die Bestätigung auf ein Papier.

So! Jetzt war ich zufrieden, und an der Kirche sprang ich „elastischen Schrittes" aus dem Wagen. In der Kirche waren die Betstühle ausgeräumt, und an der Wand lagen oder saßen die Kranken. Nur vor der aus Heiligenbildern zusammengesetzten Sakristeiwand (es war natürlich eine Kirche der Pravoslavna) standen eine Bank und einige Stühle, auf denen operiert wurde. Hier saß schon Oberleutnant Doležal, der also noch vor uns hierher transportiert worden war und sehr schwere Wunden am Rücken hatte. Man verband ihn gerade und legte ihn auf das Stroh. Er war gelb im Gesicht, aber doch nicht so wächsern wie der Infanterist, der hart neben ihm lag, mit der linken Hand eine Konserve umkrampft hielt und – – bereits tot war.

Oberleutnant Klatovsky wurde auf die Bank gelegt und narkotisiert. Mir banden sie die Verbände los, was verteufelt schmerzte. „Die Ader muß hergerichtet werden", sagte der Oberstabsarzt, „sollen wir dich narkotisieren?" – „Nein, aber eine Zigarette möchte ich gern dabei rauchen." Das wurde mir gestattet, und während mir die Wunde mit dem Chirurgenmesser vergrößert und die beiden Enden meiner zerrissenen Arterie zu einer koketten Schleife zusammengebunden wurden, strengte ich mich an, keine Miene zu verziehen. „Hat der Kerl eine Konstitution", meinte der Oberstabsarzt, „man sieht, daß du noch nicht lange im Felde bist." – „Erst siebeneinhalb Monate, Herr Oberstabsarzt." – „Sapperlot, ohne Urlaub?" – „Ohne Urlaub." – „Na, jetzt wirst du dich ein paar Wochen ausruhen. Wie heißt du?" – „Kadett Kisch", stellte ich mich zum erstenmal in meinem Leben vor. – „Kisch? Mit dem Balneologen verwandt?" – „Mein Onkel", log ich. – „Und mit dem Schriftsteller?" – „Das bin ich." – „Ah, Egon Erwin. Also, wenn Sie nach Prag kommen, grüßen Sie mir meinen Bruder, den Advokaten Arthur Freund."

Ich ließ auch mein Ohr untersuchen, das sehr schmerzte. Der Doktor konstatierte, daß das linke Trommelfell zerrissen, das rechte anscheinend beschädigt sei.

Gegenüber der Sanitätsanstalt lag der Bahnhof. Man wollte mich auf eine Tragbahre laden, aber ich zog es vor, selbst hinzuhumpeln. Der Bahnhof war eine Bretterbude, die Eisenbahn eine schmalspurige Vizinalbahn, die Waggons gewöhnliche Loren, ungedeckte Kohlenwagen, auf deren Boden sich Soldat neben Soldat sitzend drängte. Die Füße an den Leib gezogen, was furchtbar schmerzte, zwischen Ruhrkranken, deren Gebaren unbeschreiblich war, Schwerverwundeten und Halberfrorenen warteten wir drei Stunden im Schneegestöber. Während wir dort standen, kam ein Bote den Zug entlang, der laut „Korporal Kisch" rief. Als ich mich meldete, übergab er mir einen Zettel, der die Bescheinigung des Regimentskommandos enthielt, daß ich ab 1. März zum Kadetten befördert sei. Der Überbringer erzählte mir, daß von der Granate acht Offiziere und zwei Offiziersdiener getroffen worden seien, Hauptmann David habe zehn Verletzungen, die wohl tödlich seien, Leutnant Gustl Svoboda eine Bauchwunde, die Offiziersdiener seien bereits tot.

Das Zügle fuhr ab, gegen Osten. Nach zwei Stunden waren wir in Cisna, wo sich ein kleines Spital befindet. Die Fahrt war schaurig, die Lokomotive wölbte über uns ein Dach von Rauch, das nicht verhinderte, daß wir mit Schneeflocken und Hunderttausenden von Funken überschüttet wurden. In Cisna ging ich in die Offiziersabteilung des Spitals, niemand beachtete mich, obwohl ich keine Distinktionssterne hatte. Auf der linken Seite konnte ich vor Schmerzen nicht liegen, auch der übrige Körper war zerschlagen, die Ohren summten und schmerzten, besonders wenn ich mich räusperte, wozu ich fortwährenden Drang verspürte, und im Kopf funktionierte ununterbrochen das Läutewerk eines Signalapparates. Einzuschlafen mißglückte. So wollte ich zu denken beginnen. Aber die unverhofften Schmerzen kreuzten sich mit den unverhofften Freuden.

Freitag, den 19. März 1915.

Morgens, als ich aufstand und Kaffee haben wollte wie die Offiziere, stellte es sich heraus, daß man mich am Abend für einen Offiziersdiener gehalten hatte. Schleunigst stahl ich ein Stückchen einer Säbelkoppel und zerschnitt sie in zwei Streifen. Diese goldenen Tressen nadelte ich mir auf den Kragen und heftete ein Halstuch darüber.

Gegen 9 Uhr früh wurde uns gesagt, daß die Staffel zum Transport bereitstehe und wir in den wenig Vertrauen erweckenden Landesfuhren bis in das Feldspital nach Nagy Polan, also 24 Kilometer, zu fahren hätten; wenn dort nicht genug Platz sei, so müßten wir noch heute bis Takcsany, mehr als 38 Kilometer weit. Die Fahrt war schauderhaft. An die jede Sekunde regelmäßig zweimal wiederkehrenden Stöße in Längsrichtung und in Querrichtung hätte man sich wohl gewöhnt, aber es gab auch Stolpern, Stoßen, Straucheln, Schwanken. Ich glaube, auch ein Unverwundeter müßte wohl in dieser fahrbaren Folterkammer seine Seele aushauchen. Wie weit es nach Polan sei? fragte ich meinen Kutscher, einen Stockmagyaren, indem ich meine Uhr zeigte und „Polan" in fragendem Ton aussprach. Er erwiderte: „Rechts um, links um, rechts um, links um . . ." und wiederholte diese vier Worte sage und schreibe sechsunddreißigmal. Ein Irrtum im Zählen war unmöglich, denn er hob bei jeder Reprise einen Finger. Nach dem sechsunddreißigstenmal sagte er: „Nagy Polan." Zuerst hielt ich den Mann für verrückt, aber bald erkannte ich, was er meinte: von der Höhe herab schlängelte sich eine endlose Serpentine, an deren letzter Windung (jedenfalls der sechsunddreißigsten) die Ortschaft lag.

Bei unserem Decrescendo konnte ich ein Crescendo der allgemeinen Sorglosigkeit konstatieren, man spürte den Etappenraum, den Weg in das Hinterland. Die Serpentine hinauf fuhren endlose Trains, russische Gefangene zerrten und schoben die Wagen und halfen den Troßknechten, die Pferde aufwärts zu reißen. Ich freute mich, nicht gefangen zu sein, solche Fron ist schrecklich. Natürlich war in Nagy Polan kein Platz im Feldspital, und wir mußten unsere Passion noch 14 Kilometer fortsetzen. Es war halb 12 Uhr nachts, als ich in Takcsany aus dem Wagen kroch. Nun erst spürte ich, daß ich schwerverwundet war. In dem bereitstehenden Malteserzug erhielt ich einen Platz.

Samstag, den 20. März 1915.

Es war ein eigenartiges Gefühl, als ich heute nacht den Malteserzug betrat. Wie bei einem Adelsball sah es aus, o Gott, wie nobel und piekfein. Lange Gestalten, denen man die Aristokraten auf Artilleriedistanz ansah, in blauer Flottenkappe mit kleinem Malteserkreuz, standen herum und gaben, befehlsgewohnt, Befehle. Der alte Prinz Franz Liechtenstein (wenn ich nicht irre: gewesener Botschafter in Petersburg), „Se. Königl. Hoheit“ der Herzog von Braganza, ein Rittmeister Prinz Liechtenstein, ein Hofarzt Dr. Ritter von Bielka, einige andere Herren, reizvolle Pflegerinnen in schwarzem Kleid mit weißem Häubchen und weißer Schürze ...

Ich bekam ein Bett, eine Stellage, aber ich übersiedelte bald, als ich in einem der hereingetragenen Schwerverwundeten meinen Freund Glaser erkannte, der vor drei Tagen in Wola Michowa verwundet worden ist. Man hatte ihm den rechten Arm abnehmen müssen, und er sieht zum Erbarmen schlecht aus. Ich legte meinen Schlafsack auf die Bettstatt oberhalb der seinigen, womit die Übersiedlung beendet war.

Gegen halb 12 Uhr nachts waren wir einquartiert, früh gegen 5 Uhr fuhr der Zug, der auf allen Waggons außen und auf allen Geräten innen das weiße, gezackte Malteserkreuz auf rotem Grunde mit der Umschrift „Großpriorat für Böhmen und Österreich des souveränen Malteser-Ritterordens“ trug, von Takcsany ab. Vormittags kam der Hofarzt mit einem kleinen Verbandtischchen, öffnete die Verbände und behandelte. Wir bekamen reine Wäsche, einen Eimer reinen Wassers und einige Handtücher. Ich rieb mir Gesicht, Kopf, Oberkörper und Hände gründlich ab.

Es waren kaum fünf Minuten vergangen, seit ich mich abgetrocknet hatte, als ich mir wieder Wasser in das Waschbecken goß und mich von neuem zu waschen begann. Ich tat dies ganz unbewußt, denn meine Sehnsucht nach Waschung war durch das eine Mal nicht befriedigt. Erst als ich die Prozedur zum dritten oder vierten Male wiederholte und mich die anderen Patienten zu verspotten begannen, ob ich Hydromane sei, wurde ich mir der Lächerlichkeit meines Benehmens bewußt.

Unsere Strecke: Takcsany, Szinna, Homonna, Nagy Mihaly, dann in nordöstlicher Richtung über Nagy Szalancz, Kaschau, Abos, Szepes, Olasy, Iglo.

Sonntag, den 21. März 1915.

In der Nacht hatte ich Fieber und wälzte mich auf meiner Bettstatt umher. Früh schlief ich endlich ein, als mich schon ein Mitpassagier, Fähnrich Payer, aufweckte: wir seien in Poprad. Ich hatte ihm nämlich versprochen, seine Angehörigen, die das Hotel National am Bahnhof innehaben, aus den Federn zu trommeln, da er selbst wegen seiner erfrorenen Füße die Liegestelle nicht verlassen konnte. Also machte ich Alarm im Hotel: „Ernö ist da." Binnen wenigen Sekunden liefen die Mutter im Kopftuch, der Bruder in unzugeknöpfter Landsturmuniform, die Schwester in Morgentoilette, das Hotelpersonal mit Schinken und Kognak (meine Anregung!) in den Waggon. Während der Weiterfahrt stand ich draußen auf der Plattform und ließ einen Film (Naturaufnahme in Farben) „Die Hohe Tatra" an mir vorüberrollen.

Die Fahrt geht über Ruttka, Szolna, Teschen, Oderberg, ein Umweg auf der Fahrt nach Wien, über den wir fluchen. Ebenso schimpfen wir über das Essen. Wenn 15 oder 20 Offiziere im Zug sind, erklärte uns der Wärter, werde für sie Extramenage gekocht, aber heute fahren 92 Offiziere mit, und da reicht die Küche nicht aus. So müssen wir uns mit der Mannschaftsmenage begnügen. Das ist besonders für mich schmerzhaft: „Ich und Mannschaftsmenage!" Wie lange bin ich schon nicht mehr Mannschaftsperson!

Montag, den 22. März 1915.

In der Nacht kamen wir über Prerau, morgens gegen 6 Uhr, als ich wieder auf der Plattform stand, sah ich schon bei Leopoldau die drei Gürtel von Schützengräben, Artilleriestellungen, Stacheldrähten, Wolfsgruben und andere Befestigungen, die um Wien neu hergestellt wurden. Es seien nur „Notstandsarbeiten", hat die Regierung die Bevölkerung beruhigt, aber das Wort ist ein zweideutiges.

Auf dem Bahnhof in Wien wollte ich vom diensthabenden Bahnhofsoffizier die Bewilligung zur sofortigen Weiterreise nach Prag erhalten, jedoch der Arzt machte die Einwendung, daß ich Quarantäne halten müsse. Also fuhr ich im Sanitätsauto in das Spital Rudolfinerhaus, wo ich neuerlich meine Bitte vorbrachte, aber ebenso höflich wie bestimmt abgewiesen wurde. Zum Glück erkannte ich unter den Ärzten einen alten Prager Bekannten, Dr. Bunzl, der mir sofort eine Überweisung „in das Spital nach Prag" ausstellen ließ, auch für Schnellzüge gültig. So blieb ich noch zu einem guten Gabelfrühstück im Spital und fuhr dann mit dem Sanitätsomnibus auf den Nordwestbahnhof. Auf dem Bahnhof sandte ich, da ich nicht wußte, ob ich nicht in Prag direkt vom Bahnhof in ein Spital transportiert werden würde, ein Telegramm nach Hause: „Ankomme dienstlich heute 7 Uhr 52 abends Franz-Josephs-Bahnhof. Bin glücklich und pumperlgesund. Egon." Ich malte mir aus, welche glückliche Aufregung dieses Telegramm zu Hause hervorrufen werde; meine Mutter, die vor Sorge fast krank war, wenn keine Feldpostkarte von mir ankam, und doch oft vierzehn Tage auf eine solche warten mußte, meine Mutter, die sich wohl tausendmal die Hoffnung auf das Wiedersehen mit mir vereint hatte, wird nun dieses Telegramm bekommen, das ihr ganz unerwartet zuruft, daß ich, den sie im Schützengraben in Todesnähe glaubt, in zwei oder drei Stunden in ihren Armen liegen werde.

Ich stieg in den Zug, und die Fahrt ging näher zur Heimat. Von 6 Uhr abends an vermochte ich, obwohl ich im Abteil nette Gesellschaft hatte, meine Unruhe nicht mehr zu bemeistern. In 245 Tagen und Nächten hatte es kaum eine Stunde gegeben, in der ich mir nicht die Frage vorgelegt hatte, wie sich das Wiedersehen mit der Heimat wohl gestalten werde, ob man mich als Krüppel, als Leiche nach Prag schaffen werde, ob ich unverletzt nach einem siegreichen Feldzug heimkehren werde oder mit einem Transport aus Feindesland entlassener Gefangener, wie oft hatte ich mir sehnsüchtig die Freude eines Wiedersehens mit meiner Mutter ausgemalt, aber auch nach der Stadt hatte ich mich gesehnt, nach meinen Jugendfreunden und nach der alten Wohnung im alten Bärenhaus, nach meinem Bett und nach einem Bad ... Und jetzt bin ich soweit. In wenigen Minuten soll ich alles wieder haben, was mir zu einem Traum geworden war. Kann es sein?

Nein, es kann nicht sein. Plötzlich fällt mir ein: der Zug wird entgleisen! Natürlich, das ist der Witz des Schicksals. Unvermutet? O nein, Schicksal, ich durchschaue dich, und wenn du mich auch quälen kannst, überraschen kannst du mich nicht! Ich weiß ganz gut, daß du jetzt einen Zusammenstoß beabsichtigst! Ich weiß es, ich warte sogar darauf.

In einer Station kaufte ich mir eine tschechische Zeitung und las sie mechanisch. Franz Zavřel ist gestorben, steht darin. Ich versuche mir zu vergegenwärtigen, wie schwer der Verlust für mich ist. Mein Chef und Freund. Ich möchte ihm gerne meinen Schmerz weihen, aber ich kann es nicht, ich zittere vor Aufregung, ich schwitze kalten Schweiß, stehe immerfort von meinem Sitz auf und laufe auf den Korridor, dann wieder vom Korridor in das Abteil zurück, die Passagiere belästigend.

Ein Ruck, die Waggons bäumen sich ein wenig auf: Aha, das ist der Zusammenstoß. Ich schließe die Augen.

Aber der Zug fährt weiter. Eine Haltestelle. Vorort von Prag. Ein Herr, der aussteigt, wird von einer Dame erwartet, die ihm etwas mitteilt. Der Herr dreht sich um und ruft uns zu: „Przemysl ist heute gefallen." Große Aufregung bei allen Fahrtgenossen. Also Österreichs beste Festung ist in russischen Händen! „Das ist das Ende des Krieges." – „In vierzehn Tagen sind die Russen in Wien. Glauben Sie nicht?" Ich erkenne, daß die Frage an mich gerichtet ist. „Es ist schrecklich", erwidere ich.

Es ist auch schrecklich. Aber nicht für mich, was stört mich Przemysl! Dort unten, unter meinem Eisenbahnzug, flimmern tausend Lichter, die ich nicht mehr zu sehen geglaubt hatte, man sieht Straßen, durch die Menschen gehen und durch die auch ich gehen werde, ohne von Granaten getroffen, ohne aus dem Hinterhalt beschossen zu werden, ich werde von Tellern essen, eine Mehlspeise zum Fleisch bekommen, meine Mutter wird bei mir sitzen, und die ganze Wohnung wird mein sein, kein schmutziger Korporal werde ich mehr sein, der sich in der Nähe der Fahrküchen herumtreibt, um etwas von den Abfällen zu erhaschen, ich werde im Bett liegen und Bücher lesen, und vielleicht werde ich Mädchen küssen, im Kaffeehaus sitzen und mit Freunden sprechen . . .

Przemysl ist gefallen. Ja, ja, ja – es ist schrecklich, habe ich gesagt. Und ich werde ja nicht in Prag bleiben, ich muß ja doch wieder zurück ins Feld, im Gegenteil, der Abschied wird noch schwerer sein, Zavřel ist tot, ein Künstler . . . Ich rufe mir das alles krampfhaft in das Gefühl, ich denke gewaltsam an meine Kameraden, die noch in den Schützengräben vor Wola Michowa liegen, vielleicht eben stürmen, ich will an tote Kameraden denken, an viele hundert tote Freunde, denen keine Heimkehr beschieden war, die verscharrt und unverscharrt in schrecklichen Winkeln Serbiens und Galiziens liegen, aber ich kann nicht, ich kann nicht, mag ich ein Schuft sein, ich möchte schreien vor Freude.

Noch zwei Minuten. Es wird sicher eine Verspätung sein . . .

Meine Mutter war auf dem Bahnhof.

NACHWORT

Egon Erwin Kischs Erinnerungsband „Marktplatz der Sensationen“, ein dichterischer Bericht, der Kindheit, Jugend und frühe Mannesjahre umschließt, endet an einem Punkt, der für so viele Menschen seiner Generation die entscheidende Zäsur brachte. Mit dem Weltkrieg von 1914 führt der Imperialismus zu jener ersten großen Menschheitskatastrophe, die mit zerstörerischer Gewalt in das Leben von Millionen eingreift und den Beginn vom Ende des imperialistischen Zeitalters bedeutet.

In den Mahlstrom dieses Geschehens wird auch Kisch hineingerissen. Der neunundzwanzigjährige Journalist wird Soldat. Rückblickend schreibt er selbst darüber: „Zu Beginn des Weltkrieges, gleich mit den ersten Truppen, ging ich als Korporal der österreichisch-ungarischen Armee in die Schwarmlinie. Das wurde mir schwerer gemacht als jenen, die sich nicht dazu drängten, weil die mir vorgesetzten Kommandostellen in Heimat und Etappe mich als Historiographen (wie der Euphemismus für Reklamechef lautet) bei sich behalten wollten.“

Nein, der Journalist will kein Geschichtsschreiber sein. Vielerlei Gründe veranlassen ihn zu dieser Weigerung. Ihm passen die Leute nicht, für die er die Feder führen soll. Ungehörig und unsauber erscheint es ihm, ihrer Gunst einen Posten im Hinterlande zu verdanken. Und zudem hat er ganz anderes im Sinn, als Historie zu schreiben. Vor kurzem ist sein erster Roman erschienen, „Der Mädchenhirt“, ein Prager Sittenbild, das die französische Schule nicht verleugnen kann. Gespannt wartet Kisch auf die Kritiken; er erwartet eine Wendung seines Lebens und seines Schaffens von diesem Debüt in der schönen Literatur. Und als die

Kritiken erscheinen, sparen sie nicht mit Lob. Hermann Bahr fühlt sich an die Technik der Goncourts und Zolas erinnert und fügt hinzu: „In diesen sehr dokumentierten Schilderungen schlägt ein Menschenherz." Paul Wiegler preist die fabelhafte Sicherheit in der Behandlung des Milieus, die zwingende Objektivität und den Unterton des Erbarmens, „der das in jeder Hinsicht selbständige Buch an den slawischen Naturalismus Dostojewskis anklingen läßt. Man spürt die elementare Kraft und den kompositorischen Witz . . ."

Und dennoch wird Kisch kein Romancier. Wohl erfolgt die Wendung seines Lebens – aber sie führt in eine ganz andere Richtung, als er erwartet hat. Der von den ersten Strahlen literarischen Ruhms Berührte, der es ablehnt, offizieller Historiograph zu werden, wird wider Willen zum wirklichen Historiographen seines Zeitalters, wird es gewissermaßen, ohne es selbst zu merken. Als Knabe hat er einmal ein Tagebuch zu führen begonnen, zwanzig Jahre später fällt ihm das wieder ein. Mit dem 31. Juli 1914, in den Tagen der österreichischen Mobilisierung, beginnt er seine Notizen, am 22. März 1915, als der Verwundete zum erstenmal in die Heimatstadt Prag zurückkommt, bricht er sie ab. „Nicht für den Druck gedacht", sind diese flüchtigen stenographischen Aufzeichnungen, über deren Entstehung Kisch im Vorwort selbst Rechenschaft gegeben hat, später doch im Druck erschienen. Unter dem Titel „Soldat im Prager Korps" 1923 in Prag erstmals veröffentlicht, erlebte das Buch 1930 als eine Kampfschrift gegen den sich wieder rührenden deutschen Militarismus – nachdem „Der rasende Reporter", „Hetzjagd durch die Zeit", „Zaren, Popen, Bolschewiken" und „Paradies Amerika" den neuen Meister der Reportage bekannt gemacht hatten – seine Neuauflage in Deutschland. Jetzt führt es einen anderen Titel, einen Titel, der zur Lebens- und Schaffensdevise des Autors werden soll: „Schreib das auf, Kisch!"

So ist aus dem Tagebuch dennoch ein Buch geworden, auch wenn es ein Tagebuch geblieben ist, denn der Autor hat sich jeder Veränderung oder Bearbeitung enthalten.

Das persönliche Dokument war inzwischen ein Zeitdokument geworden und bestand damit auch die Probe als literarisches Dokument. Freilich haftet ihm als solches manche Unvollkommenheit an, wie es bei dem Charakter seiner Entstehung gar nicht anders sein kann. Alles wird in Eile und unter den besonderen Umständen des Krieges notiert, im Feldlager nach langem Marsch, im Schützengraben während einer Gefechtspause. Es kommt darauf an, das Geschehene überhaupt festzuhalten, um die Gestaltung kann man sich nicht kümmern. Oft genug fragen wir uns beim Lesen dieses Berichts, woher der Autor nach dem Erlebten noch so viel Energie nahm, um das Erlebnis aufzuzeichnen. Die Antwort finden wir im kategorischen Imperativ des Titels. „Schreib das auf, Kisch!“ rufen ihm nicht nur spottend oder mahnend die Kameraden zu. „Schreib das auf, Kisch!“ war die Forderung, die er an sich selbst, die die Zeit an ihn richtete.

Mit welcher Zähigkeit, mit welcher Ehrlichkeit und Besessenheit Kisch dieser Forderung entsprach, das spüren wir noch heute beim Lesen seiner Aufzeichnungen, in denen der Drang zur Wahrheit, auch wenn zur vollen Einsicht noch so manche Erkenntnis fehlte, ein unverhülltes Bild des imperialistischen Krieges zeichnet, ein direkt aus dem Leben geformtes eindringliches Bild voller Grauen und Entsetzen, das in einzelnen Zügen unvergeßlich bleiben wird. Denn wer vermöchte wohl den protokollarisch nüchternen, in allen Einzelheiten exakten und zugleich so erschütternd dramatischen Bericht des Rückzugs über die Drina vergessen? Wer fände nicht in dieser meisterhaft geschriebenen, ergreifenden und anklägerischen Höllenszene den Kern und Grundzug des imperialistischen Krieges wieder: die völlige Entmenschlichung des Menschen?

In dieser und in anderen Szenen – beim Durchmarsch durch Belgrad etwa, in der Schilderung des Etappenlebens, oder bei jenen Aufzeichnungen, in denen der Inhalt einer Heimatzeitung mit den Fronterlebnissen des Soldaten gegenübergestellt wird – beginnt sich trotz der Flüchtigkeit der Notizen die spätere Schaffensmethode Kischs klar und eindrucksvoll abzuzeichnen. Anders als es sonst mit Manuskripten Kischs geschah, hat sein Kriegstagebuch lange in der Schublade gelegen. Als es veröffentlicht wurde, hatte er sich inzwischen die Lehren voll zu eigen gemacht, die er während der Niederschrift erst in ihren Anfangsgründen zu studieren begonnen. Eine entscheidende Wandlung in seinem Leben und Schaffen hatte sich vollzogen. Der es abgelehnt hatte, der untergehenden Klasse als Historiograph zu dienen, erhob sich über diese Klasse, indem er zum Historiographen ihres Unterganges wurde. Hatte er Verzicht geleistet auf den Ruhm des Romanciers, indem er der Forderung folgte: „Schreib das auf, Kisch!", so wurde ihm unbestrittener Ruhm als Meister der gesellschaftlichen Reportage, die er zur höchsten Kunstform entwickelte, die er als literarische Kampfform so sicher zu handhaben wußte. Das Erlebnis des imperialistischen Krieges bildete den Wendepunkt in der Entwicklung Kischs, die Niederschrift dieses Erlebnisses war der erste Schritt auf einem neuen Wege, auf dem er in seinem späteren Schaffen die Forderung erfüllen sollte, die er in einer Rede auf dem Pariser Kongreß zur Verteidigung der Kultur im Jahre 1935 mit folgenden Worten aussprach: „Die doppelte Taktik, die dem sozial bewußten Schriftsteller gestellt ist, die des Kampfes und die der Kunst, würde in ihrer Einheit aufgehoben, sie würde in beiden Teilen wirkungslos und wertlos werden, wenn er in seiner Kunst oder in seinem Kampfe zurückwiche."

Berlin, zum 28. April 1955 *Bodo Uhse*